Franz Kotteder

Die Billig-Lüge

Die Tricks und Machenschaften der Discounter

KNAUR TASCHENBUCH VERLAG

Für Jakob und Nine

Besuchen Sie uns im Internet:
www.knaur.de

Vollständige Taschenbuchausgabe Februar 2007
Knaur Taschenbuch.
Ein Unternehmen der Droemerschen Verlagsanstalt
Th. Knaur Nachf. GmbH & Co. KG, München
Copyright © 2005 by Droemer Verlag.
Ein Unternehmen der Droemerschen Verlagsanstalt
Th. Knaur Nachf. GmbH & Co. KG, München
Alle Rechte vorbehalten. Das Werk darf – auch teilweise –
nur mit Genehmigung des Verlags wiedergegeben werden.
Umschlaggestaltung: ZERO Werbeagentur, München
Umschlagabbildung: FinePic, München
Druck und Bindung: Nørhaven Paperback A/S
Printed in Denmark
ISBN 978-3-426-77925-5

5 4 3 2 1

Inhalt

Druck, Schikanen, Machtgehabe

Turbo-Euter und Big Six

Ausnehmer und Arbeitnehmer

Mobbing als Führungsaufgabe

Die Frühstückssemmel aus Marokko

Der letzte Schrei aus Fernost

Wir sparen uns zu Tode

Wohin die Lust am Knausern führt

Wir leben im Jahrzehnt des Discounts. Alles muss billig sein, sonst ist es nichts wert. Wer im Verbrauchermarkt einen Fernseher kauft, ist tödlich beleidigt, wenn er ihn bei der Konkurrenz eine Woche später für 10 Euro weniger bekommen hätte. Und freut sich diebisch, wenn er ihn anderswo um 15 Euro teurer sieht.

Knausern ist zum anerkannten Volkssport Nummer eins geworden. Als erstrebenswert gilt nicht mehr, sich möglichst viel leisten zu können, weil man nicht auf den Cent schauen muss. Besonders angesehen ist man heutzutage dann, wenn man auf den Cent schaut, *obwohl* man es nicht nötig hat. Man kann sogar prima Geschäfte mit der Knauserei der anderen machen. Das zeigen nicht nur die Erfolge von Discountern und Elektromärkten, die wachsende Zahl der Ein-Eu-ro-Läden, der Fast-Food-Filialen und Billigoptiker. Nein, es gibt sogar genügend Kunden für regionale und nationale Schnäppchenführer und für Bücher, in denen nicht viel mehr steht, als welcher gängige Markenartikel sich hinter den Eigenmarken der Lebensmitteldiscounter Aldi, Lidl oder Penny verbirgt, dort aber um bis zu einem Drittel billiger ist als im normalen Supermarkt.

Es gibt Kochbücher, die alleine auf Discounterwaren zugeschnitten sind, und nicht eben wenige: Diät mit Aldi, Trennkost mit Aldi, Kinderküche mit Aldi, Gesundheitsküche mit Aldi, Weihnachtsbacken mit Aldi, Singleküche mit Aldi – alles da. Mehr als 25 verschiedene Aldi-Kochbücher hat der Onlinehändler Amazon im Angebot, und da sind noch nicht mal jene Jahrbücher dabei, die etwa besondere Schnäppchen für einzelne Monate ankündigen – ja, auch die gibt es. Obendrein bieten obskure Geschäftemacher per Faxabruf Listen an, in denen nichts anderes steht, als welche Marke man wo am billigsten bekommt – für elf bis zwölf Seiten weitgehend nutzloser Informationen fallen da schon mal Telefonkosten um die 70 Euro und mehr an.

Keine Frage, manche Leute lassen sich das Sparen etwas kosten. Sparen ist in, quer durch alle Gesellschaftsschichten. Wie jede Mode ist die Sache nicht umsonst, sondern mit mehr oder weniger imaginären Kosten verbunden. Wer einen bestimmten Turnschuh kauft, um ein sehr klassisches Beispiel zu wählen, bezahlt ja nicht den normalen Preis aus Herstellungs- und Vertriebskosten (im weitesten Sinne), sondern er zahlt einen wesentlichen Betrag für das Lebensgefühl, das er damit erwirbt. Der Schuh an sich wird für ein paar Cent oftmals von einer unterernährten und zudem auch noch minderjährigen Näherin in einem Sweatshop in Indonesien oder Bangladesch zusammengebaut – allein die Werbung, um ihn auf den Markt zu bringen (und dort zu halten), kostet pro Schuh mehr als das Zwanzigfache dessen, was die Näherin als Stücklohn bekommt.

Die Lust am Geiz – das neue Lebensgefühl?

Mal abgesehen davon, dass man der Näherin schon gerne ein paar Prozentpunkte mehr zugestehen würde und den eher schnöseligen Werbern dafür entsprechend weniger – ist das schon die große Lüge? Sicher nicht. Werbeslogans sind ja keine Zaubersprüche, mit deren Hilfe man auf wundersame Weise die Kundschaft in Scharen in die Geschäfte treiben kann. Werbeslogans müssen, wenn sie wirken sollen, das Lebensgefühl einer bestimmten Zeit auf den Punkt bringen. Viel eindrucksvoller und unmittelbarer als mit langen soziologischen Untersuchungen lassen sich verschiedene zeitgeschichtliche Phasen durch ihre Slogans beschreiben. Wer *Rendezvous unterm Nierentisch – die Wirtschaftswunderrolle*[1] gesehen hat, jenen Film, der ausschließlich aus Werbespots der fünfziger Jahre besteht, hat schon eine gute Ahnung davon, wie das Leben in jener Zeit gewesen sein mag. Nicht umsonst ist der Film nahezu immer im Rahmenprogramm zu sehen, wenn irgendwo in der Republik ein Museum eine Ausstellung zum Thema fünfziger Jahre macht.

»Bauknecht weiß, was Frauen wünschen« und »Buerlecithin – wer schafft, braucht Kraft« sagen viel aus über die Restauration der Adenauerjahre, über jene Zeit des Wiederaufbaus und der Hoffnung auf einen Neuanfang. »Was die Braut zur Trauung, ist Bullrich-Salz für die Verdauung« – das mag niedlich klingen, fast biedermeierlich, aber gerade deshalb beschreibt es gut den Wunsch nach der kleinen, überschaubaren heilen Welt. Und nicht umsonst wurde »Hoffentlich Allianz versichert« zu einem der erfolgreichsten Slogans dieser Jahre überhaupt. Der sprach eben direkt und auf knappste Form gebracht das an, was den Menschen damals am wichtigsten war: der Wunsch nach Sicherheit.

Man darf sich ruhig einmal fragen, welche Werbeslogans spätere Zeitgeschichtler einmal als typisch für das beginnende 21. Jahrhundert ansehen werden. Es steht zu befürchten: Das wirft kein gutes Licht auf uns. Denn für die Jahre der Wende zwischen dem 20. und dem 21. Jahrhundert ergibt sich bei dieser Betrachtungsweise ein nicht minder farbiges und aussagekräftiges Bild als für die Fünfziger. »Ich bin doch nicht blöd« wird dabei sein und »Lasst Euch nicht verarschen«, ganz gewiss auch »Geiz ist geil«, der erfolgreichste und meistzitierte Werbeslogan seit jenen Tagen im Herbst 2002, als die Hamburger Werbeagentur Jung von Matt sich den Spruch für die Elektromarktkette Saturn ausdachte.

Geiz ist geil. Aber auf Geilheit folgt nicht eben selten Ernüchterung, wie jeder mit einer durchschnittlichen sexuellen Erfahrung wissen müsste. Die Karstadt Quelle AG zumindest müsste es wissen. Die kam, als direkte Reaktion, mit dem pfiffigen Slogan »Ruinieren Sie uns!« auf den Markt. Der Aufforderung wurde dann offenbar gerne nachgekommen. Im Herbst 2004 stand Karstadt Quelle vor einem Scherbenhaufen, Massenentlassungen standen zur Diskussion und die Schließung vieler Warenhäuser in ganz Deutschland. Mit den Billigheimern konnte man offensichtlich nicht mithalten. Wenn man das will, muss man anders arbeiten.

Marktwirtschaft – bis zum Exzess betrieben

Wie das geht, das ist dann die eigentliche Geschichte. Denn die Werbung ist nicht mehr allein der »geheime Verführer«, wie uns der Bestseller von Vance Packard es in den sechziger Jahren verkündete. Die Slogans sagen immer noch viel aus über den Zeitgeist – mehr als uns lieb ist. Aber im Fall von Aldi beispielsweise hilft uns das kaum weiter. Der Aldi-Konzern gibt zwar immer noch horrende Summen für Werbung aus: 245 Millionen Euro waren es allein im Jahr 2004, so hat es das Marktforschungsinstitut Nielsen Media Research ermittelt,[2] Konkurrent Lidl investierte gar 335 Millionen in die Werbung, und absoluter Spitzenreiter war Media Markt mit fast 349 Millionen. Aber dass der Mega-Händler Aldi sich dabei groß verkünstelt, kann man ihm nicht vorwerfen.

»Aldi informiert« steht seit Jahrzehnten über den großformatigen Anzeigen in den Tageszeitungen und auf den Faltblättern, nicht mehr, aber auch nicht weniger. Darunter wird kein großes Feuerwerk abgebrannt, sondern es werden einfach nur die jeweiligen Aktionsartikel aufgelistet, mit sachlichen Angaben nebst dem natürlich konkurrenzlos günstigen Preis. Auf

Fernsehwerbung verzichtet man ganz, ebenso auf Rundfunk-spots, die sind nämlich auch nicht billig. Die übrige Eigenwer-bung ist spartanisch, ja sie wirkt gar ein bisschen lieblos. Die Verkaufsräume der Discounter sind mehr als schmucklos, oft nur eine bessere Lagerhalle mit ein paar Kassen drin. Und ihre Logos wirken so, als wären sie vom Neffen oder der Nichte des Firmengründers im Kunstleistungskurs mal eben schnell zu-sammengeschraubt worden.

So viel Understatement – und die meisten Lebensmitteldis-counter halten es nicht anders – will uns auch etwas sagen. Hier ist jemand, der nicht protzen will. Hier ist jemand, der ganz seriös seine Waren anpreist und es nicht nötig hat, auf die Pau-ke zu hauen. Von wegen, Klappern gehöre zum Handwerk: Schlichte Information ist genauso gut. Aldi braucht keine teu-ren Werbeverträge für Franz Beckenbauer oder Michael Jordan, Lidl spart sich die Kosten für Franziska van Almsick oder Tho-mas Gottschalk – und was da nicht ausgegeben wird, kommt dem Käufer angeblich durch günstige Preise zugute. Dass unse-re Discounter trotzdem zu den größten Werbetreibenden der Republik gehören, übersieht man dabei ganz.

Hier beginnt bereits das, was in diesem Buch nicht nur der Einfachheit halber die »Billig-Lüge« genannt wird. Damit ist nicht gemeint, die Discounter würden uns bewusst etwas vor-gaukeln, was nicht den Tatsachen entspricht, oder sie würden etwas vor uns verbergen. Es geht vielmehr um das durchgängi-ge Prinzip der Discounter. Dieses Prinzip basiert auf dem, was Aldi als Erster in die Welt gesetzt hat – das Modell, nach dem der Discount funktioniert, das Modell, nach dem er uns scha-det, obwohl er uns nichts als Vorteile verspricht.

Es ist ja nicht so, dass die Eigentümer von Aldi, Lidl, Schle-cker, Penny, Plus und Co. aus reiner Menschenliebe auf etwaige Profite verzichten würden. Ganz im Gegenteil: Die Geschäfts-leute, die hinter diesen Firmen und Marken stehen, gehören nicht nur zu den Reichsten der Republik, sondern sogar zu den Reichsten der Welt. Zu solch märchenhaftem Wohlstand gelangt man nicht, indem man ein paar Tantiemen für Promis einspart und ein paar Werbemillionen weniger ausgibt oder aber seine Läden nicht ganz so Las-Vegas-mäßig aufbrezelt, wie andere das nötig zu haben scheinen. Dahin gelangt man nur, wenn man das Prinzip der Marktwirtschaft ganz besonders gut verstanden hat und auch entsprechend konsequent anwendet. Um genau zu sein: das Prinzip der freien, neoliberalen Marktwirtschaft, nicht das der sozialen.

Bleiben wir noch ein wenig beim Turnschuh, jenem beliebten Musterbeispiel der Globalisierungskritiker. Kostet ein Paar davon im Laden 100 Euro, so bekommt die Arbeiterin in Indonesien etwa 40 Cent dafür. 2 Euro streicht der Sklaventreiber, pardon: der Fabrikbesitzer, in den Betrieben ein, 8 Euro betragen die Materialkosten, 1,60 Euro fallen für Strom und Unterhalt der Werkstätten an. Macht zusammen 12 Euro, an denen sich kaum noch etwas sparen lässt. Ebenso verhält es sich mit Transport und Steuern: macht im Schnitt 5 Euro pro Paar aus.

Die verbleibenden 83 Euro kassieren Handel (50 Euro) und Markenhersteller (33 Euro) – letztere in der Regel abzüglich Forschungs- und Marketingkosten (11 Euro beziehungsweise 8,50 Euro).

An diesem Punkt beginnt man zu verstehen, warum Discounter im Vergleich zu Markenartiklern so erstaunlich billig sein können: Sie investieren nichts in die Forschung, nicht sehr viel in die Werbung einzelner Produkte, und die Handelsspanne schöpfen sie ohnehin selbst ab – denn der Handel, das sind sie ja selbst.

Die Billig-Lüge: Der Wert spielt keine Rolle mehr

So gesehen möchte man meinen, ist der Billig-Trend doch völlig berechtigt. Warum unnötige Mehrkosten für Markenware bezahlen, wenn man das alles unter Verzicht auf das ganze Brimborium bei gleicher Güte auch sehr viel billiger haben kann?

Dies ist die Behauptung der Discounter, seit es diese Form des Einzelhandels gibt. Und sie ist per se ja auch nicht ganz falsch.

Die Billig-Lüge verspricht uns, schlauer zu sein als die anderen, wenn wir beim Discounter kaufen. Weil die Waren, die wir dort kaufen, billiger sind als in normalen Geschäften, obwohl sie doch die gleiche Qualität haben, ja manchmal sogar vom gleichen Hersteller stammen. Die Billig-Lüge besagt: Alle anderen wollen nur abzocken, wir verlangen nichts als den fairen Preis. Wer mehr bezahlt, ist selber schuld.

Nehmen wir zum Beispiel Aldi. Tatsächlich sind die Eier bei Aldi nicht nur die billigsten, sondern auch die frischesten. Die Waren, die der Discounter verkauft, müssen hohen Qualitätsstandards genügen – Lieferanten, deren Produkte bei der Stiftung Warentest nur ein »Befriedigend« erhalten, werden ausgemustert; Aldi hat meist kurzfristige Lieferverträge, um jederzeit auf andere Produzenten zurückgreifen zu können. Andere Discounter haben dieses System übernommen oder abgekupfert; und häufig schneiden die Discountwaren bei den Prüfaktionen von Stiftung Warentest oder Ökotest zumindest mit »gut« ab. Vom Preis-Leistungs-Verhältnis her betrachtet sind sie sowieso unschlagbar.

Wieso also Billig-Lüge? Stimmt doch alles! Mehr versprechen die Discounter ja gar nicht als gute Qualität zum niedrigen Preis. Und, so lautet das Versprechen, alles kann immer noch billiger werden, ohne dass man irgendwelche Nachteile dabei hat. Im Gegenteil: Man bekommt sogar gratis das Bewusstsein mitgeliefert, ein bisschen cleverer gewesen zu sein als andere, die woanders teurer gekauft und dafür auch nicht mehr »Wert« bekommen haben.

Die Billig-Lüge hat viel zu tun mit der Frage des Werts. Der Preis an sich ist eine rein rechnerische Größe in der Marktwirtschaft, die nur sehr lose an die Frage des Werts gebunden ist. Der Preis einer Ware setzt sich zusammen aus den Kosten für ihre Herstellung, die mal niedriger und mal höher sein können, und dem Profit, den der Verkäufer mit ihr machen will. Etwas sehr Wertvolles hingegen kann theoretisch durchaus sehr wenig kosten. Manchmal kostet es ganz einfach überhaupt nichts. Man denke beispielsweise nur an ein Gefühl wie »Liebe«: Die allermeisten Menschen messen ihr größten Wert bei und wissen zugleich, dass sie sich Liebe nicht kaufen können, dass bei ihr der »Preis« schon *per definitionem* keine Rolle spielen kann.

Der Wert hat also wenig mit dem Preis zu tun. Wert entsteht erst durch kollektive, aber auch subjektive Einschätzungen. Das Erstaunliche aber ist, dass der Wert einer Sache dennoch sehr eng mit dem Preis verbunden sein kann. Große Markenartikler leben bekanntlich davon und sagen das sogar immer wieder mehr oder weniger deutlich, dass sie eigentlich keine Waren verkaufen, sondern Lebensgefühle. »I'm loving it«, »Ich liebe es«, lautet der Werbeslogan von McDonald's weltweit zu Beginn des 21. Jahrhunderts – in genialer Verkürzung wird hier ein bewegendes, wertvolles Gefühl mit minderwertigem Fast Food in Verbindung gebracht und auf längere Sicht auch gedanklich verknüpft. Warum wohl?

Der Sportschuh von Nike oder Adidas könnte viel, viel billiger sein, als er es tatsächlich ist, denn seine Herstellungskosten sind minimal – was der Käufer tatsächlich bezahlt, ist das Gefühl, ein großer Sportler vom Weltrang eines Michael Jordan oder zumindest doch ein gutbezahlter Bundesligaspieler zu sein oder werden zu können. Coca-Cola ist eigentlich nur eine stark überzuckerte, braune Brühe. Und zugleich aber auch die stärkste Marke der Welt, weil dieses Gebräu untrennbar verbunden ist mit dem Gefühl von Jugend, Ausgelassenheit, Lässigkeit und einem sorglosen Leben. Die gesamte Welt der Mode lebt eigentlich von nichts anderem als dem Lebensgefühl, das ein paar Meter Stoff versprechen können. Auch wenn eigentlich jedem halbwegs klar denkenden Menschen einsichtig sein müsste, wie uneinlösbar dieses Versprechen überhaupt ist. Ein paar Fetzen Stoff machen aus einem Schmerbauch eben keinen Dressman oder aus einer kleinen, grauen Maus mit zehn Kilo Übergewicht auf den Hüften noch lange keine Claudia Schiffer und keine Naomi Campbell.

Diese wenigen, fragmentarischen Beispiele mögen fürs Erste genügen. Jedem ist klar, dass es in diesen Fällen um nichts anderes geht als um den mehr oder minder schönen Schein. Dennoch scheinen wir das alles nur allzu gerne zu glauben, wider besseres Wissen. Natürlich wollen wir bis zu einem gewissen Grad betrogen werden. Wir wissen alle, dass wir gutes Geld zahlen für Sachen, die uns versprochen werden, von denen wir aber genauso gut von vornherein schon wissen, dass wir sie nie bekommen werden.

Man nennt das dann den »aufgeklärten Verbraucher«. Mit genau diesem arbeitet letztlich das Prinzip des Discounts. Es sagt uns nämlich: Ihr könnt all das, was ihr wollt, auch günstiger bekommen, weil ihr bei uns nicht für die Lügen mitzahlt. Wir ziehen die Lügen der Werbung einfach von den Kosten ab – der Wert, den ihr für euer Geld bekommt, ist der gleiche.

Discount ist nicht das Einkaufsparadies des kleinen Mannes

Dies ist einer der wichtigsten Gründe für den großen Erfolg der Discounter in den letzten 10 bis 20 Jahren. Denn es ist ja keineswegs so, dass bei den Billigheimern der Nation nur die

Unterprivilegierten einkaufen, die sich nichts anderes leisten können. Mit diesen alleine kommt man nicht auf Marktanteile, wie sie Aldi vorweisen kann. Wenn Aldi etwas im Sortiment führt, dann hat Aldi dort in der Regel auch den höchsten Marktanteil. Jedes dritte Glas Gurken wird bei Aldi gekauft, jede vierte Dose Kondensmilch, jede fünfte Packung Waschmittel. Bei Kaffee ist man Nummer drei, und das ist zugleich einer der Gründe dafür, warum Kaffee in Deutschland so billig sein muss. Aldi verkauft die meisten Seidenstrumpfhosen, Aldi verkauft (zusammen mit den anderen Discountern) ein Drittel aller Schnittblumen, Aldi ist mit 27 Prozent Marktanteil sogar Spitzenreiter beim Toilettenpapier. Aldi ist eben einfach überall.

In den neunziger Jahren gab es in Deutschland eine wahre Inflation von Türkenwitzen, in denen immer Aldi vorkam. Der Discounter galt als das Einkaufsparadies des kleinen Mannes vom Bosporus, und die zumeist eher schlechten Scherze fanden ihren Höhepunkt im Sommer 1997 in einem Spiel der Champions League im Münchner Olympiastadion. Dort trat Besiktas Istanbul gegen den FC Bayern München an, und die Südkurve der Bayern-Fans hatte sich einen ganz besonderen Schlachtruf und eine ganz besondere Aktion ausgedacht. Sie hielten den Anhängern der anderen Seite im Stadion Plastiktüten von Aldi entgegen, die nicht nur unter Fußballfans den Namen »Türkenkoffer« tragen, und skandierten im Chor: »Geht zu Aldi!«

Eine »bajuwarische Variante des ›Ausländer raus‹-Rufs« erkannte die *taz* darin, und nicht nur sie. Die türkische Gemeinde Deutschlands mit ihren 2,5 Millionen Mitgliedern protestierte, die türkische Tageszeitung *Hürriyet* berichtete mehrmals landesweit auf Seite eins und beschwerte sich, Türken würden in Deutschland als Asoziale behandelt. Und – ein seltener Fall, der sonst so gut wie nie eintritt – es gab sogar eine Stellungnahme aus der Konzernzentrale von Aldi-Süd: Das Unternehmen sei

»stolz auf unsere türkischen Kunden« und protestiere »gegen Leute, die unsere Plastiktüten missbrauchen«.[3]

Der skurrile Skandal aus der Welt des Sports stammt noch aus einer Zeit, als es offenkundig noch nicht so richtig schick gewesen ist, bei den Discountern zu kaufen (fragt sich allerdings, woher die ganzen Bayern-Fans eigentlich ihre Aldi-Tüten hatten?). Heute ist das doch ein wenig anders geworden. Nur noch für wenige gelten die Lebensmitteldiscounter – und die vor allem, nicht so sehr die Elektronikmärkte – als bevorzugte Einkaufsquelle für jene in der Gesellschaft, die es nicht so dicke haben. Die Bezieher höherer Einkommen, glaubt man in manchen Kreisen noch immer, gingen eh nur hin, weil es irgendwie hip geworden ist.

Doch dieses Klischee stimmt schon lange nicht mehr, wenn es denn je gestimmt hat. Das große Frankfurter Marktforschungsunternehmen A. C. Nielsen hat bereits 1994 untersucht,[4] wer bei Aldi Produkte des täglichen Bedarfs, sowohl Lebensmittel als auch Non-Food, einkauft, und kam dabei zu erstaunlichen Ergebnissen. Nicht nur, dass – damals schon! – mehr als 71 Prozent aller Deutschen im ersten Halbjahr 1993 mindestens einmal bei Aldi eingekauft hatten. Keine schlechte Reichweite für ein Unternehmen, das landläufig als erste Adresse für arme Schlucker gilt. In der Tat war es aber im Erhebungszeitraum, dem ersten Halbjahr 1993, auch so, dass nur 15,7 Prozent der Kunden ein Nettoeinkommen pro Haushalt von unter 2000 Mark monatlich hatten. Stolze 32 Prozent der Kunden verfügten hingegen über ein Nettoeinkommen von mehr als 4000 Mark im Monat, gehörten also zu den einkommensstarken Haushalten. Das Mittelfeld – mit einem monatlichen Einkommen von 2000 bis 4000 Mark – machte 52 Prozent der Kunden aus. Im Vergleich zu den engsten Mitbewerbern, die in der Nielsen-Studie nicht namentlich genannt werden, ist Aldi bei den einkommensstärksten Haushalten offenbar am beliebtesten, gar nicht so sehr bei den schwächsten, die gehen nämlich lieber zur Konkurrenz – dort machen sie im Schnitt rund 19 Prozent der Kundschaft aus.

Überraschend ist aber auch, dass Aldi offenbar gar nicht der Favorit bei Singles ist: Nur jeder dritte Einpersonenhaushalt kauft dort ein, aber jeder zweite der Zwei- bis Dreipersonenhaushalte und nahezu jede Familie, die vier oder mehr Personen umfasst.

Diese Zahlen sind zwar schon mehr als zehn Jahre alt, dennoch lassen sie eine ganze Reihe von Rückschlüssen auf die heutige Situation zu. So dürfte sich die Reichweite deutlich erhöht haben: Schließlich gibt es inzwischen gut 1200 Filialen mehr als 1993 (damals waren es rund 3000), und Aldi ist mit Sicherheit für breite Schichten noch salonfähiger geworden, als es die Ladenkette schon damals gewesen ist. Das sagt uns andererseits auch etwas über die verborgene Macht des Verbrauchers: Wenn es denn so ist, dass nicht nur die dort kaufen, die dort kaufen müssen, dann fragt sich doch, ob sie nicht auch mit Waren zu bedienen wären, die weder die regionale Landwirtschaft noch mittelständische Betriebe in den Ruin treiben und die nicht in fernen Ländern durch Kinderarbeit und Ausbeutung entstehen?

Doch diese Frage scheint sich momentan weder für Aldi noch für Lidl, Schlecker, Penny, Norma oder Plus zu stellen, und auch nicht für die großen Elektrowarenmärkte, die unser Zeitalter mit den schönen Slogans »Geiz ist geil« und »Lasst Euch nicht verarschen« beglückt haben.

Vorerst scheint noch das Diktum von Bertolt Brecht zu gelten: »Erst kommt das Fressen, dann die Moral.« Man kann das den Megaunternehmen nicht vorwerfen. Unsere großen Handelskonzerne sind schließlich keine Institutionen zur Durchsetzung eines gerechteren Wirtschaftssystems, die die Fehler und Mängel einer entfesselten Marktwirtschaft ausgleichen müssen.

Das ist nicht ihre Aufgabe. Ihr Zweck ist es vielmehr, innerhalb der Marktwirtschaft so viel Geld wie möglich zu verdienen und dabei ihre Kundschaft mit den Waren zu versorgen, die sie haben will. Diese Aufgaben erfüllen sie sehr effizient und im Sinne des Systems fast perfekt.

Zu perfekt. Denn längst zeigen sich die Schattenseiten der »Geiz ist geil«-Mentalität, des hemmungslosen Billigwahns. In dem ständigen Bestreben, immer noch preiswerter zu sein als die Konkurrenz, im hammerharten Preiskampf, sind längst alle Schranken gefallen, zum Teil auch die des kaufmännischen Anstands. Zulieferer werden gnadenlos im Preis gedrückt, es geht ja nicht anders. Rücksichten können keine genommen werden. Ob es sich um Lieferanten aus der Region handelt oder aus fernen Entwicklungsländern – sie müssen immer noch mehr nachgeben, damit man an der Kundenfront mit günstigen Preisen punkten kann. Völlig gleichgültig, woher die Ware stammt, welche Kosten mit ihrer Herstellung tatsächlich verbunden sind: Hauptsache, sie ist so billig, dass man binnen kürzester Zeit möglichst viel davon unter die Kundschaft bringt. Und darauf folgt die nächste Runde. Dann, bitte schön, sollte es aber schon noch ein bisschen billiger sein. Man muss schließlich seinem Ruf gerecht werden.

Fünf Riesen beherrschen den Einzelhandel

Was der Trend zu immer billigeren Produkten für den Rest der Welt bedeutet, ist dann eher nicht so wichtig. Nicht so wichtig für die großen Handelskonzerne, die den Markt inzwischen unter sich aufteilen, aber auch nicht für die Kunden. Die wissen ja oftmals gar nichts davon und befinden sich vielleicht immer noch im seligen Kinderglauben, die Kuh, die ihnen ihre Milch zum Frühstück liefert, stehe tatsächlich auf irgendwelchen Weiden herum. Oder der Orangensaft, den sie gerne trinken, werde irgendwo am sonnigen Mittelmeer gepresst. Vielleicht ist es ihnen aber auch schlichtweg egal, wo die Sachen herkommen, die sie zu sich nehmen oder die sie in ihr Wohnzimmer stellen. Hauptsache, es ist so billig, dass sie es sich leisten können und auch in Zukunft, trotz härter werdender Zeiten, werden leisten können.

Und die Konkurrenz ist hart, obwohl es immer weniger von ihr gibt. Einige wenige große Konzerne beherrschen heute den Einzelhandel in Deutschland, ja in Europa. Zu den größten Handelsunternehmen der Welt gehören die Metro-Gruppe auf Platz 4, Rewe auf Platz 8 und Aldi auf Platz 10, gefolgt von der Schwarz-Gruppe (Lidl und Kaufland) auf Platz 14. So hat es zumindest das Marktforschungsinstitut M+M Planet Retail im Juni 2004 ermittelt.[5] Genau kann man es sowieso nicht sagen, weil manche der großen Konzerne noch immer keine genauen Geschäftszahlen veröffentlichen.

Diese internationalen Riesen beherrschen logischerweise auch den Heimatmarkt. Die fünf größten Unternehmen haben in Deutschland einen Marktanteil von 62,4 Prozent am gesamten Lebensmittelhandel, und die 30 größten Unternehmen beherrschten bereits im Jahr 2000 ganze 97 Prozent jenes Marktes, der damals einen Gesamtumsatz von 189,2 Milliarden Euro machte. Nimmt man nur einmal den Lebensmittelhandel in Deutschland, so ergibt sich bereits ein erstaunliches Bild. Ganz vorne standen im Jahr 2003 noch Edeka und Rewe mit rund 24,4 beziehungsweise 21,1 Milliarden Euro Umsatz, doch gleich danach folgten schon Aldi mit geschätzten 19,2 Milliarden und Lidl/Kaufland mit 17,2 Milliarden Umsatz – bezogen lediglich auf Lebensmittel, wohlgemerkt. Die Metro-Gruppe, die nur einen Bruchteil ihres Umsatzes mit Lebensmitteln macht, kommt auf 14,3 Milliarden Euro, auf den weiteren Plätzen folgen Spar (8,3 Milliarden Euro), Tengelmann (7,8 Milliarden Euro), Lekkerland-Tobaccoland (6,6 Milliarden Euro), Schlecker (5,3 Milliarden Euro) und schließlich auf Platz 10 die Dohle-Handelsgruppe mit 2,4 Milliarden Euro.

Kaum ein Markt ist so stark konzentriert wie der für Lebensmittel und Güter des täglichen Bedarfs. Jeder von uns kann das in der eigenen Umgebung beobachten. Die Landschaft des Einzelhandels hat sich längst verändert, und zwar nicht nur in den Großstädten. Wo ein Media Markt oder ein Saturn aufgemacht wird, ist das Ende der kleinen Elektrogeschäfte an der Straßenecke nur noch eine Frage der Zeit. In den Großstädten gibt es kaum noch welche, die mit den Elektrogiganten mithalten können.

Und sehen sich unsere Innenstädte inzwischen nicht schon zum Verwechseln ähnlich? Hier ein Saturn-Markt, dort ein Kaufhof. Keine Fußgängerzone ohne H&M, ohne Zara und Tchibo. Wer Hunger hat, geht zu McDonald's, Burger King oder Pizza Hut, und dazwischen gibt es Aldi, Lidl, Penny und natürlich Schlecker, dm und Rossmann. Gäbe es nicht noch die eine oder andere Sehenswürdigkeit aus vergangenen Jahrhunderten, man wüsste oft gar nicht zu sagen, in welcher Stadt man sich gerade aufhält …

Beim Lebensmittelhandel und bei den Geschäften des täglichen Bedarfs wird es immer enger für die Kleinen, nicht nur in den großen Städten. Auf dem Land ersetzt vielerorts schon die Schlecker-Filiale den Krämerladen. Wenn der dichtmacht, weil man vom Verkauf von Eiern und Mehl nicht mehr leben kann, kommt Schlecker und übernimmt den Laden. Oft wird das Sortiment dann auch erweitert, um Markenartikel und manchmal sogar um Frischfleisch. Schlecker-Filialen auf dem Land gleichen gelegentlich Gemischtwarenläden, und manche Filialleiterin, so heißt es, fühle sich fast schon als Inhaberin, obwohl sie in Teilzeit beschäftigt ist. Gut für Anton Schlecker, den schwäbischen Metzgermeister, der sich ein europaweites Drogerie-Imperium aufgebaut hat. Schlecker gehört heute zu den

25 größten Handelsunternehmen in Europa, 74 Prozent aller Drogeriemärkte in Deutschland sind Schlecker-Filialen – nach Angaben des Unternehmens.

Und der Konkurrenzkampf der Discounter untereinander hat noch eine weitere fatale Folge: Marktanteile lassen sich fast nur noch ausdehnen, indem man neue Filialen eröffnet. Hier liefern sich die großen Discounter einen gnadenlosen Konkurrenzkampf. Wo Aldi eine Filiale aufmacht, entsteht bald unweit davon ein Lidl und umgekehrt. Wo die Drogeriekette Rossmann einen Laden eröffnet, folgt Schlecker. Von dem gibt es, rein statistisch gesehen, in der Bundesrepublik sowieso schon alle drei Kilometer eine Filiale. Das Ergebnis dieses Wettbewerbs ist ein Überhang an Verkaufsflächen. Immer mehr Geschäfte bedienen eine praktisch kaum wachsende Zahl von Kunden.

Die Großen können, ja müssen da mithalten, müssen versuchen, den Konkurrenten auszustechen. Das Nachsehen haben freilich selten die Mitbewerber in der gleichen Liga, sondern die in einigen Ligen darunter. Kleine Lebensmittelläden zum Beispiel, die noch immer von ihrem Inhaber selbstständig geführt werden. Sie werden immer weniger. Eine Studie der Wirtschaftsprüfungsgesellschaft KPMG hat ergeben, dass es sie im Jahr 2010 bestenfalls noch in einigen ländlichen Regionen geben dürfte. Allein zwischen 1990 und 1996 machten 22 000 Tante-Emma-Läden dicht, und die Zeitschrift *Focus* zitierte bereits 1997 eine Studie: »Bis zum Jahr 2005, prognostiziert das Frankfurter Marktforschungsinstitut Nielsen, werden nochmals 20 000 Supermärkte schließen – jeden Tag sieben.«

Die Zahl von damals hat sich weitgehend bewahrheitet, und die Konzentration im Einzelhandel schreitet fort. Im Jahr 2003 gab es 9420 Geschäftsaufgaben, 8 Prozent mehr als im Jahr zuvor und sogar 42 Prozent mehr als 2001. In den fünf Jahren davor, zwischen 1995 und 2000, hatte sich die Zahl der Einzelhandelsunternehmen – bei der alles mitgerechnet wird, vom kleinen Krämerladen bis zum großen Handelskonzern – um 15 Prozent verringert.

Auch daher kommt die hohe Arbeitslosigkeit bei uns: Denn der Einzelhandel ist immer noch der beschäftigungsintensivste Dienstleistungssektor. Und weniger Geschäfte bedeuten auch weniger Arbeitsplätze.

Jede Woche zwei neue Filialen

So sieht es überall aus, wo der Discountgedanke Einzug gehalten hat. Märchenhafte Umsatzsprünge waren für die Billigheimer in den vergangenen Jahren beinahe schon die Regel: Um 44 Prozent legte Lidl zwischen 2002 und 2004 zu, der schwedischen Billigmodekette H&M gelang zwischen 1999 und 2003 gar eine Umsatzsteigerung von 66 Prozent. Das alles, während die privaten Ausgaben der Deutschen für Einzelhandelsprodukte seit 1991 kontinuierlich gesunken sind. Damals hatten sie noch rund 430 Milliarden Euro in den Geschäften des Einzelhandels gelassen, im Jahr 2003 waren es hingegen nur noch 353 Milliarden. Um 14 Prozent sind seit 1991 die Ausgaben für Kleidung gesunken, um 5 Prozent die für Möbel. Um lediglich 1 Prozent angestiegen sind hingegen die Kosten für Ernährung.

In keinem anderen Land Westeuropas sind die Lebensmittel so billig wie in Deutschland. Die Renditen im deutschen Einzelhandel sind entsprechend niedrig: 0,8 Prozent betragen sie im Schnitt. Trotzdem gibt es nirgendwo so viel Verkaufsflächen wie hierzulande. Pro 100 Einwohner gibt es an die 300 Quadratmeter davon – das ist doppelt so viel wie in Frankreich oder England.

Die sinkenden Margen werden also kompensiert durch ein Mehr an Angebot. Und offenbar mit Erfolg. Diejenigen, die im Wochenrhythmus oder gar noch schneller neue Filialen eröffnen, haben auch die höchsten Umsatzzahlen. Aldi, so errechneten Marktforscher, machte im Jahr 2003 weltweit einen Umsatz von stolzen 39,04 Milliarden Euro. Konkurrent Lidl kam zusammen mit seinen SB-Warenhäusern der Marke Kaufland immerhin auch schon auf 32 Milliarden Euro – eine Zahl, die Ende Dezember 2004 auf 36 Milliarden angestiegen war.[6]

Derartige Umsätze lassen sich nur erzielen, indem man Konkurrenten vom Markt verdrängt und das Geschäft, das diese gemacht haben, eben selber macht. Auch niedrige Margen rentieren sich, wenn die Masse stimmt. Dass die stimmt, dafür steht das Konzept des Discounts.

Nach den großen Erfolgen von Aldi, die sich ja schnell seit Eröffnung der ersten Billigläden abzeichneten, begannen auch große Handelskonzerne, das Konzept der beiden Albrecht-Brüder abzuwandeln oder gleich eiskalt zu kopieren. Penny, Plus, Netto, Norma, Lidl – alle diese Ketten taten im Grunde nichts anderes als die Aldi-Brüder. Und zwar schon bald in ganz Europa. Die Folgen lassen sich deutlich beobachten. Überall dort, wo es nicht gelungen ist, die Discounter durch bürokratische Hürden zurückzudrängen, folgte eine Anpassung großer nationaler Handelsketten an das Prinzip des Discounts. In Norwegen stellten die Handelsketten ihr Sortiment schon vor dem Markteintritt von Lidl entsprechend um, und in Finnland fielen gar die Lebensmittelpreise insgesamt, noch bevor Lidl den ersten Markt dort eröffnet hatte.

Wal-Mart: Wie ein Gigant aus Amerika scheitert

International betrachtet, ist Wal-Mart der Beginn allen Übels. Zumindest wenn man Globalisierungskritikern wie Naomi Klein glauben will. Oder auch David Bosshart, dem Leiter des Züricher Gottlieb-Duttweiler-Instituts für Wirtschaft und Gesellschaft. In seinem Buch *Billig – Wie die Lust am Discount Wirtschaft und Gesellschaft verändert* beschreibt er den größten Handelskonzern der Welt, ja sogar das größte Unternehmen überhaupt,[7] als einen von drei Auslösern des weltweiten Billigtrends. Wal-Mart habe mit seinem höchst erfolgreichen Konzept der dauerhaften Niedrigpreise globale Maßstäbe gesetzt und wie ein Bulldozer alles niedergewalzt, was sich ihm in den Weg gestellt habe. Heute bliebe den Zulieferern des Giganten aus der US-Kleinstadt Bentonville nichts anderes übrig, als mitzuziehen und regelmäßig noch günstigere Preise zu bieten, sonst sei es aus mit der Geschäftsverbindung. Immer billigere Waren, immer billigere Jobs: »Wer Wal-Mart begreift«, sagt Bosshart, »begreift heute einen großen Teil der sich globalisierenden Wirtschaft.«

Als Wal-Mart im Jahr 1997 ankündigte, in den deutschen Markt einzubrechen, sahen die Auguren der Wirtschaftspresse den Showdown kommen. An Wal-Mart, dem größten Handelskonzern der Welt mit seiner schier unerschöpflichen Kriegskasse, würden sich die deutschen Riesen die Zähne ausbeißen, lautete die Prognose. Wal-Mart würde den Markt hierzulande kaputtmachen mit seinen Dauerniedrigpreisen, würde eine neue Qualität des Wettbewerbs einläuten. 21 große Warenhäuser der Wertkaufgruppe erwarb Wal-Mart 1997, von Spar kauften die Amerikaner wenig später 74 Interspar-SB-Großmärkte. Es sollte der Beginn einer Großinvasion sein, die den deutschen Markt umkrempeln konnte.

Manche reagierten hektisch darauf. Die Metro-Gruppe, so heißt es, kaufte die Märkte der Ketten Allkauf und Kriegbaum vor allem deswegen auf, damit Wal-Mart sie nicht bekam. Auch Aldi-Nord ließ sich anfangs verunsichern. Als Wal-Mart direkt mit Billigpreisen angreift und in Düsseldorf Flugblätter verteilen lässt, auf denen steht: »Warum für diese Produkte zu Aldi gehen?«, platzt dem Nord-Geschäftsführer Helmuth Wiesemann der Kragen: Er senkte die Preise um bis zu 25 Prozent, Aldi-Süd musste notgedrungen nachziehen, um Einigkeit zu demonstrieren, obwohl Süd-Geschäftsführer Ulrich Wolters zur Besonnenheit gemahnt hatte. Die Rabattschlacht hatte auch gerichtliche Folgen. Aldi-Nord bekam prompt eine Abmahnung vom Bundeskartellamt wegen des Verkaufs unter Einstandspreis.

Heute weiß man, dass Wal-Mart in Deutschland ein zahnloser Tiger gewesen ist. Der amerikanische Riese bekam hierzulande einfach keinen Fuß auf den Boden und gab im Juli 2006 den Verkauf seiner 85 Filialen an die Metro-Gruppe bekannt. Neben eher skurrilen Meldungen wie jener vom März 2005, der neue Ethikkodex des Unternehmens verbiete seinen Mitarbeitern sogar Liebschaften im Betrieb, hat Wal-Mart vor allem mit schlechten Geschäftszahlen zu kämpfen. Hohe operative Verluste musste der Konzern schon 1999 und 2000 für sein Deutschlandgeschäft einräumen, und im Jahr 2005 gab man gar drei Häuser an den Konkurrenten Kaufland ab. Der Rückzug aus dem Deutschlandgeschäft war nur eine logische Konsequenz aus acht Jahren Zuschuss-Betrieb.

Ist das nun eine gute Nachricht? Eher nicht. Es zeigt nur, dass das System der Niedrigpreise in Deutschland so perfektioniert ist wie sonst nirgends auf der Welt. Nicht einmal einem Giganten wie Wal-Mart gelingt es, in die Gruppe der Billigheimer einzubrechen und sie noch zu unterbieten. Wenn in den USA ein neuer Wal-Mart-Superstore eröffnet, verlieren benachbarte Supermärkte in der Regel mindestens 18 Prozent ihrer Umsätze, Drogerien haben sogar 20 Prozent weniger Kundschaft. Für jeden bei Wal-Mart geschaffenen Arbeitsplatz gehen deshalb in der Umgebung – so eine Untersuchung aus den USA – mindestens eineinhalb andere, meist wesentlich besser bezahlte, verloren. Noch gar nicht eingerechnet sind die Verluste bei der zuliefernden Industrie und kleinen oder mittelständischen Betrieben, die gar nicht so günstig produzieren können, wie Wal-

Mart es haben will. Sie müssen entweder irgendwann aufgeben oder weg von der Massenware und sich spezialisieren. Doch das gelingt nur den wenigsten.

Was heißt das aber nun für uns? Wenn ein Weltkonzern mit diesen unangenehmen Nebenerscheinungen hierzulande scheitert – kann es dann wirklich sein, dass diese Nebenerscheinungen bei uns nicht auftreten oder sogar noch schlimmer sind, als man in den USA beobachten kann?

Und genauso ist es. Während uns die Billig-Lüge den Traum vom Wohlstand für immer weniger Geld vermittelt, übersehen wir die nicht unbeträchtlichen Folgen. Die Billig-Lüge besagt, dass wir uns über die Kosten einer Ware keine Gedanken zu machen brauchen, solange der Preis stimmt. Ob Billigschokolade im Discounter, ob Super-Günstig-Flugtarif für 19 Euro von Frankfurt nach London: Eigentlich müsste jedem klar sein, dass es so wenig nicht kosten kann und dass irgendjemand dafür bezahlen muss.

Letztlich sind es aber dann doch wir selbst, die die Kosten zahlen. Waren, die hergestellt werden müssen, kosten Arbeitskraft und Materialkosten. Wird die Ware billiger, wird auch die Arbeitskraft billiger oder aber die Materialkosten werden es. Oder beides.

Hier beginnt ein Teufelskreis. Je mehr wir am Einkauf sparen, desto mehr sparen wir an Arbeits- und Materialkosten. Was bei uns zu teuer ist, wird eben irgendwo anders hergestellt, wo es nicht so viel kostet. Da geht es dann irgendwann nicht mehr nur um politische Korrektheit oder darum, dass man nicht profitieren soll von der Ausbeutung in anderen Teilen der Erde. Da geht es dann schlichtweg auch darum, dass wir uns selbst das Wasser abgraben. Wer heute seinen Arbeitsplatz verliert, weil man anderswo in der Welt preisgünstiger arbeitet und williger ist, muss sich natürlich einschränken und dort kaufen, wo es am günstigsten ist. Und in einigen Fällen auch dort arbeiten.

Wie manche Verkäuferin, die etwa in jener Drogerie um die Ecke angestellt war, die leider dichtmachen musste wegen der Konkurrenz von Schlecker, Rossmann oder dm, und die jetzt halt einfach um ein Drittel weniger verdient, bei Schlecker, Rossmann und Co.

Das Beispiel klingt nach Klassenkampf oder nach Frank Bsirske und Oskar Lafontaine. Aber es trifft ja mittlerweile nicht nur die einfache Verkäuferin. Sondern auch die so genannten wesentlich höher qualifizierten Jobs: den Softwareentwickler, dessen Arbeit von Experten in Indien sehr viel preiswerter gemacht werden kann; den Ingenieur und Konstrukteur, der vielleicht noch gar nicht weiß, was seine chinesischen Kollegen inzwischen schon alles draufhaben; und vielleicht auch bald den Arzt, dessen Fachausbildung heute auch nicht mehr besser ist als die seines Kommilitonen aus einem asiatischen Tigerstaat und der nicht mal mehr über eine bessere Ausstattung verfügt, wie vielleicht noch vor einigen Jahren ...

*

Man sieht schon: Wer an allem spart, spart bald auch am eigenen Leben und an der eigenen Lebensqualität. Das Schnäppchen mag kurzfristig befriedigen – auf lange Sicht ist es die Ursache späteren Übels. Wenn ein hoher Wert nicht mehr für wenig Geld produziert werden kann, wird eben weniger Wert für weniger Geld hergestellt. Wenn unsere Lebensmittelgesetze zu streng sind für Nahrungsmittel, die immer weniger kosten dürfen: Was soll's! Dann müssen die Gesetze eben ein klein wenig liberaler werden: ein bisschen mehr Schadstoffe, ein bisschen mehr Genmanipulation vielleicht. Na und wenn schon ... Wer genug Geld hat, kann sich ja immer noch Premiumware leisten.

Der Discount war nur der Anfang einer Entwicklung, die

vielleicht schon gar nicht mehr aufzuhalten ist. Doch was steht am Ende? Wenn die Preise immer niedriger werden, werden auch die Einkommen immer niedriger, weshalb diejenigen, die niedrige Einkommen haben, auf niedrige Preise angewiesen sind. So setzt sich die Billigspirale fort, bis es irgendwann nicht mehr geht. Wohl erst dann werden wir wirklich wissen, was hinter der Billig-Lüge steckt, der wir so lange geglaubt haben.

In diesem Buch wird anhand zahlreicher, bisweilen drastischer Beispiele beschrieben, wohin die Billig-Lüge führen wird und welche ihrer Auswirkungen schon jetzt zu beobachten sind. In vielen Fällen ließe sich die Reihe der Beispiele beinahe beliebig fortführen. Denn die Öffentlichkeit ist aufmerksamer geworden, was die Folgen des Discounts angeht.

Ist ein Ende des Billigwahns in Sicht?

Langsam, aber mit zunehmender Tendenz wird die Kritik lauter am allseits um sich greifenden Billigwahn. Es melden sich sogar jene zu Wort, die man am allerwenigsten als Betroffene sehen würde. So sah sich ausgerechnet der Personalvorstand der Volkswagen AG dazu veranlasst, in der mit 14 Millionen Exemplaren auflagenstärksten Zeitschrift Europas, dem Mitgliedermagazin *ADAC Motorwelt,* unter der Überschrift »Geiz ist nicht ›geil‹« gegen die Billigheimer zu wettern. Es ging dabei gar nicht so sehr um die Auswirkungen auf die Dritte Welt, wie man sich vorstellen kann; es ging auch weniger um Mitleid mit unterbezahlten Beschäftigten oder den Verlust der heimischen Kulturlandschaft. Nein, der Herr Personalvorstand argumentierte im Interesse seines Unternehmens.

Denn auch Volkswagen spürt die Auswirkungen der Billig-Mentalität, selbst die großen Automobilkonzerne kommen nicht mehr darum herum, ihren Kunden Rabatte zu gewähren – sprich: billiger zu werden. Denn immer weniger Käufer sehen ein, warum sie sich einen Neuwagen kaufen sollen, wenn das gleiche Modell zwei Jahre später nur noch die Hälfte wert ist. Das aber, sagt der Vorstand aus der Kenntnis seines Geschäftsfeldes, sei genau betrachtet ein Irrtum. Denn was der Käufer zahle, sei ja nicht der reine Warenwert – sondern er zahle auch für den Service und für die Forschung und Innovation, die in so einem Auto drinstecke. Wenn sich ein Unternehmen die Forschung und Entwicklung im bisherigen Maße aber nicht mehr leisten könne, weil alles billiger werden müsse, dann schade das auf lange Sicht dem Produkt und letztlich auch der deutschen Wirtschaft, dem deutschen Arbeitnehmer und damit auch dem Käufer.

Der Artikel enthielt eine Menge sehr überlegenswerter Gedanken – schade nur, dass sein Verfasser nicht gerade zu den großen Sympathieträgern der Leserschaft des ADAC-Magazins zählen dürfte. Peter Hartz, so heißt der damalige Personalvorstand der Volkswagen AG, hat nun einmal das Pech, als Namensgeber für das unpopuläre Reformprogramm der rot-grünen Bundesregierung unter dem Stichwort »Hartz IV« zu dienen. Da wirkt es schon fast ein wenig unfreiwillig komisch, wenn ausgerechnet der Mann, der als Erfinder der Ein-Euro-Jobs gilt, den Deutschen das übertriebene Sparen ausreden will ...

Aber es sind inzwischen keineswegs nur besorgte Wirtschaftsführer, die selbst eher weniger sparen müssen, die sich kritisch äußern zur Billig-Mentalität. Es scheint, als ob sich das Bewusstsein zumindest ein wenig zu wandeln begänne.

Wenn das *Greenpeace-Magazin* im März 2005 mit »Billig! Der wahre Preis der Schnäppchenware« auf dem Titelbild erscheint, mag das noch nicht weiter verwundern. Wenn aber der *Spiegel* im Dezember 2004 mitten im Vorweihnachtsgeschäft mit der Titelgeschichte »Stille Nacht, billige Nacht – Deutschland im Rabattwahn« erscheint, ist das schon eher ein deutliches Zeichen, dass sich etwas zu regen beginnt in der Heimat der Billigheimer.

Ist der Markt schon ausgereizt?

Ein Trost, wenngleich ein mäßiger, mag auch sein, dass die Discounter mit einem satten Marktanteil von 40 Prozent ihren Höhepunkt erreicht zu haben scheinen. 2004, so ermittelte die Gesellschaft für Konsumforschung (GfK), ist ihr Umsatz nicht mehr angestiegen, nach regelrechten Boomjahren in der jüngsten Vergangenheit. Stagniert hat allerdings keineswegs der Verkauf von Lebensmitteln, für das Nullwachstum waren vielmehr die Non-Food-Artikel verantwortlich. In diesem Bereich brach das Geschäft 2004 um 20 Prozent ein – und mit Waren, die nicht zu den Lebensmitteln zählen, machen die Discounter immerhin bald ein Viertel ihres Umsatzes.

Noch versuchen sie gegenzusteuern, mit immensem Aufwand, was das Marketing angeht. Als sich 2004 abzeichnete, dass die Umsätze stagnieren würden, erhöhte Lidl prompt seine Werbeausgaben um 24 Prozent, Aldi gar um 33 Prozent. Discounter sparen eben an allem, nur nicht an der Werbung, so scheint es.

Das System des konsequent praktizierten Geizes ist es auch, mit dem die Discounter viel Geld verdienen. So sparen die einen, die Händler nämlich, ebenso wie wir, die Kunden, sparen. Der Unterschied ist nur: Während die Discounter immer reicher und mächtiger werden, sparen wir uns langsam, aber sicher zu Tode.

Das Sparschwein als Wappentier

Schrecklich normal: die Herren des Discounts

Von Herrn Schwarz heißt es, er sei so geizig, dass er seine Gäste in der Besuchertoilette per Anschlag darauf hinweist, möglichst nur ein Papierhandtuch zu verwenden und auch immer brav das Licht auszumachen, wenn man wieder rausgeht. In seinem Büro ließ er noch Jahre nach der Einführung neuer Postleitzahlen das alte Briefpapier benutzen: Die neue fünfstellige musste von der Sekretärin jeweils mit einem Stempel ausgebessert werden. Herr Theo Albrecht steht ihm da nicht nach: Noch 1997 antwortete er, wieder einmal, abschlägig auf eine Interviewanfrage, und auf dem Fax war die alte Postleitzahl 4300 für Essen mit der Schreibmaschine ausgeixt und durch die aktuelle fünfstellige ersetzt worden. Die neuen Postleitzahlen wurden übrigens im Juli 1993 eingeführt.

Herr Albrecht ist auch sonst ein sparsamer Mensch. Er ist bei seinen Leuten bekannt dafür, dass er überall, wo er hinkommt, erst einmal das Licht ausschaltet, wenn er meint, es sei noch hell genug im Raum. Als ein Angestellter einmal gleich vier neue Kugelschreiber zu bestellen wagt, platzt ihm der Kragen. Er solle ihm doch mal zeigen, sagt er zu dem Mann, wie man mit vier Kugelschreibern gleichzeitig schreiben könne. Und eine Putzfrau erhält am Rande einer Verwaltungsratssitzung schon mal einen schweren Rüffel, weil sie in der Herrentoilette zu frühzeitig die Seife ausgewechselt hatte, denn das gute Stück hätte noch leicht für ein paar Mal Händewaschen gereicht. Albrecht erklärte der Frau dann ausführlich, wie Seife zu behandeln sei, damit sie auch zur Gänze aufgebraucht werden könne.

Und Herr Schlecker? Der ist auch ein rechter Geizkragen und weigerte sich zum Beispiel bis in die neunziger Jahre hinein, in seinen Filialgeschäften Telefone installieren zu lassen, weil die ja doch bloß für Privatgespräche genutzt würden. Über Jahre hinweg hat der gelernte Metzgermeister Hunderte seiner Angestellten auch schlichtweg beschissen, indem er ihnen tarifgerechte Bezahlung vortäuschte, obwohl er tatsächlich weniger bezahlte, als der Tarifvertrag bestimmte. 1998 wurde das sogar gerichtsbekannt. Das Landgericht Stuttgart erließ einen Strafbefehl gegen Herrn Schlecker und seine Frau: jeweils zehn Monate Haft auf Bewährung und eine Geldstrafe von umgerechnet einer Million Euro.

Leicht skurrile Figuren also, die man gemeinhin belächeln würde und mit dem Satz abtut: »Na ja, solche Typen muss es wohl auch geben«? Gewiss. Nur handelt es sich bei diesen Typen nicht um irgendwelche schrulligen Knicker, die sich halt so durchwursteln mit dem wenigen, was sie haben. Sondern sie gehören allesamt zu den reichsten Männern der Republik und – wenn man dem amerikanischen Wirtschaftsmagazin *Forbes* glauben will – sogar der ganzen Welt. 2004 listete es Karl Albrecht mit einem geschätzten Vermögen von 23 Milliarden US-Dollar auf Platz 3, seinen Bruder Theo auf Platz 14 (18,1 Milliarden), Anton Schlecker auf 143 (3,3 Milliarden Dollar). Ein Jahr später sackte Karl Albrecht übrigens überraschend auf Platz 8 ab, die *Forbes*-Leute schätzten sein persönliches Vermögen plötzlich nur noch auf 18,5 Milliarden Dollar, das seines Bruders Theo (Platz 20) gar nur noch auf 15,5 Milliarden Dollar.

Wie die beiden Albrecht-Brüder allerdings innerhalb eines ganz ordentlichen Geschäftsjahres und trotz steigender Eurokurse im Vergleich zum Dollar in nur zwölf Monaten 7,1 Milliarden Dollar verloren haben sollen, bleibt das Geheimnis der *Forbes*-Redaktion und ihrer immer wieder gern zitierten, aber offensichtlich wenig aussagekräftigen Rangliste, sieht man einmal davon ab, dass hier wohl wirklich die Superreichen dieser Welt versammelt sind. Dieter Schwarz kommt in beiden Listen übrigens gar nicht vor, was aber noch nicht heißt, dass man sich um ihn Sorgen machen müsste. Er wird seit 1999 ganz einfach nicht mehr in die Liste aufgenommen, auf der er zuvor schon Platz 37 erreicht hatte, weil er sich nämlich bei der *Forbes*-Redaktion beschwert habe, er besitze gar nicht so viel Geld, wie die behaupte ... Sein Unternehmen jedoch steht immerhin auf Platz 14 unter den 30 umsatzstärksten Händlern der Welt, mit einem Jahresumsatz von rund 36 Milliarden Euro. Da wird für den Gründer und obersten Chef wohl schon noch was übrigbleiben.

Alle diese Zahlen sind weitgehend geschätzt; die deutschen Discounthändler legen keinen großen Wert auf Publizität, weshalb sie in den Medien in schöner Regelmäßigkeit mit dem Beinamen »Geheimniskrämer« belegt werden. Sie geben allesamt grundsätzlich keine Interviews, veröffentlichen nur äußerst selten halbwegs offizielle Geschäftszahlen und haben ihre Firmenkonglomerate so geschickt aufgeteilt und verschachtelt, dass in der Regel auch die gesetzlich vorgeschriebene Publizitätspflicht nicht zum Tragen kommt.

Wenig ist offiziell bekannt über die Herren Theo Albrecht, Karl Albrecht, Dieter Schwarz und Anton Schlecker, sehr wenig. Und doch: Würde man eine Werbeagentur damit beauftragen, ein Image zu entwerfen für einen mächtigen Discountunternehmer, es würde mit Sicherheit genauso ausfallen wie das, was über die großen vier im deutschen Einzelhandel so verbreitet wird: stinkreich, aber knauserig bis zum Letzten. Allesamt Selfmade-Männer, die es aus kleinsten Anfängen durch eiserne Sparsamkeit zu riesigem Reichtum gebracht haben. Was lernen wir daraus? Wer die Tugend der Sparsamkeit so verinnerlicht hat, wird alles tun, um seine Waren so günstig wie möglich anbieten zu können – denn er kann sich ja gar nicht vorstellen, dass andere nicht auch mit ihrem Geld geizen, wo es nur geht.

Ja, sie sind nun doch eigentlich schrecklich normal, die Herren über den deutschen Discounthandel. Das *Manager Magazin* zitiert zum Beispiel genussvoll einen Banker, er habe Dieter Schwarz auf den ersten Blick für einen Lidl-Kunden gehalten. Der Mann will auch unscheinbar sein, trägt keine Maßanzüge, keine Rolex oder teuren Schuhe. Das Bild des schwäbischen Biedermanns, das es in weiten Teilen der veröffentlichten Meinung noch von ihm gibt, scheint ihm recht zu sein. So wird immer wieder gerne kolportiert, Schwarz habe bis vor ein paar Jahren noch gelegentlich auf der Kanzel seiner Kirche gestanden – als Laienprediger. Oder er gehe gern mit seinem Kollegen Anton Schlecker unerkannt zu den Spielen des örtlichen Fußballclubs. Schöne Legenden, die an seinem Wohnort Heilbronn aber keiner glaubt. Verbürgt hingegen ist, dass Dieter Schwarz unerkannt bleiben will. So lehnte er gar die Verdienstmedaille des Landes Baden-Württemberg ab, weil er bei der Verleihung fotografiert worden wäre. Manchmal geht seine Bescheidenheit so weit, dass er sich bei einem Handelskongress in Berlin einfach das Namensschild eines seiner Vertriebsmanager ansteckt, um nicht erkannt zu werden.

Öffentliche Aufmerksamkeit durch Entführungen

Theo Albrecht hat so etwas nicht nötig – er ist von Natur aus sowieso schon unscheinbar. Zum ersten Mal kam er 1971 in die Schlagzeilen, als Opfer der damals spektakulärsten Entführung der Nachkriegszeit. Der zwielichtige Rechtsanwalt Heinz-Joachim Ollenburg und der Exhäftling Paul Kron kidnappten den Unternehmer am 29. November um 18 Uhr abends mit vorgehaltener Pistole einfach vom Firmenparkplatz weg – und waren erst sehr im Zweifel, ob sie auch den Richtigen hatten, wie sich später vor Gericht herausstellte. Das Entführungsopfer erschien ihnen doch sehr durchschnittlich, mit dem abgetragenen Mantel und dem Anzug von der Stange. Anfangs fürchteten sie, wie sie später aussagten, nur einen Buchhalter geschnappt zu haben, und angeblich hat Kron Albrecht zweimal gefragt: »Sie sind doch der Herr Albrecht? Der Theo Albrecht?« Der bejahte zwar, aber die beiden Gauner glaubten ihm erst, nachdem sie sich von ihrem Opfer den Personalausweis hatten zeigen lassen.

Die letzten Zweifel haben die Entführer dann wohl spätestens bei den Verhandlungen über das Lösegeld verloren, denn da erwies sich Albrecht als Geschäftsmann par excellence: 10 Millionen Mark hatten sich Kron und Ollenburg vorgestellt. Albrecht, selbst in dieser Situation sparsam wie gewohnt, bot erst einmal 100 000 Mark. Es wurde dann wohl einige Tage lang gefeilscht, denn erst am 16. Dezember 1971 kam es auf einem abgelegenen Feldweg an der B 227 bei Breitscheid zur Geldübergabe. 7 Millionen Mark hatten die Geiselnehmer bekommen. Viel Freude hatten sie daran nicht, sie wurden bald geschnappt, und schon 13 Monate später fand die Verhandlung vor der Großen Strafkammer des Landgerichts Essen statt. Vom Lösegeld aber tauchten nur 3,3 Millionen Mark wieder auf.

Theo Albrecht erwies sich auch Jahre nach der Entführung als kühl kalkulierender Kaufmann. 1979 klagte er in einem Musterprozess vor dem Finanzgericht Düsseldorf: Er wollte das Lösegeld von der Steuer absetzen. Schließlich, so Albrecht-Anwalt Karl Ronkel, sei die Zahlung des Lösegelds eine »betriebsbezogene Ausgabe« gewesen; die Entführer seien nicht an Albrecht als Privatmann, sondern als Firmeninhaber interessiert gewesen. Diese Sicht der Dinge konnte freilich weder die breite

Öffentlichkeit teilen noch das Gericht: Die Klage wurde abgewiesen.

Auch die Familie des Albrecht-Kollegen Anton Schlecker wurde übrigens einmal Opfer einer Entführung, genauer: die beiden Kinder Lars und Meike, damals 16 und 14 Jahre alt. Die bewaffneten und maskierten Gangster waren am 22. Dezember 1987 in das Haus der Familie eingedrungen, während die Schleckers auf einem Fest waren. Nach deren Rückkehr nahmen sie die beiden Kinder als Geiseln und forderten vom Vater 18 Millionen Mark Lösegeld. Schlecker erwies sich hier ebenfalls als krisenfest und preisbewusst – er handelte die Kidnapper auf zweimal 4,8 Millionen herunter mit dem schlagenden Argument: »So viel hat keine Bank vorrätig.« Die Entführer verschleppten die Kinder in eine Hütte, bis Schleckers Prokurist das Geld bei den Banken besorgt hatte. Lars und Meike kamen unversehrt wieder frei, die Entführer wurden erst elf Jahre später gefasst und vom Landgericht Ulm verurteilt.

Diese ganz reale Gefährdung des persönlichen Lebens erklärt zu einem gewissen Teil auch die Zurückhaltung der Großunternehmer, was Öffentlichkeit angeht. Denn im Falle Schlecker waren die Entführer auf die Familie erst aufmerksam geworden, nachdem in der Illustrierten *Stern* eine große Homestory über den Unternehmer mit dessen Zustimmung erschienen war. Kein Wunder, dass nicht nur die Schleckers fortan keine Lust mehr hatten, Reportern Zugang zu gewähren, sondern auch viele andere im Club der Superreichen. Die beständige Angst vor dem Verbrechen scheint der direkte Begleiter des großen Geldes zu sein.

Dieter Schwarz ist angeblich nur auf Anraten von Sicherheitsberatern vom ursprünglichen Familiendomizil, idyllisch an einem Weinberg, aber auch am Ende einer Sackgasse gelegen, in eine belebtere Wohngegend umgezogen. Das unscheinbare Haus ist mit vergitterten Fenstern und Videokameras gesichert.

Und die Albrechts, so wird kolportiert, haben sich und den engsten Familienmitgliedern sogar fingernagelgroße Chips unter die Haut transplantieren lassen, auf dass sie im Falle einer Entführung von der Polizei sofort zu orten sind. Beide Albrecht-Brüder wohnen übrigens vergleichsweise bescheiden für ihre finanziellen Verhältnisse. Karl Albrecht lebt mit seiner Frau Mia in einer Villa in Essen, besitzt aber auch ein Hotel in Donaueschingen mit eigenem Golfplatz und einem Privatbungalow; zumindest bis vor einigen Jahren war er gelegentlich noch mit seinem Bruder Theo, der ebenfalls ein begeisterter Golfspieler ist, auf dem Green anzutreffen. Ansonsten widmet sich Karl gerne seinem anderen Hobby, dem Züchten von Orchideen. Theo hingegen scheint sich, wenn man der Illustrierten *Bunte* glauben will, aus seinem gediegenen, aber schmucklosen Einfamilienhaus in Essen-Bredeney zurückgezogen zu haben und mittlerweile die meiste Zeit des Jahres in seinem Domizil auf der Nordsee-Insel Föhr zu verbringen.

*

Erstaunlich, wie sich die Geschichten aus der Welt der Discountmilliardäre gleichen, was aber vielleicht daran liegen mag, dass das Konzept des Discounts ganz einfach eine bestimmte Persönlichkeitsstruktur erfordert. Und dass die Erfinder dieses Konzepts vielleicht gar nicht draufgekommen wären beziehungsweise nie auf die Idee gekommen wären, es so konsequent umzusetzen, wie sie es später taten, wenn sie anders strukturiert gewesen wären.

Dieses Discountkonzept jedenfalls ist in der Tat einmalig, wenn man es einmal auf dem Hintergrund des geschäftlichen Erfolgs betrachtet, der damit zu erreichen ist. In seinen Grundlagen basiert es heute noch auf dem, was zwei Brüder und Kriegsheimkehrer aus einem kleinen Bergarbeiterviertel im

Ruhrgebiet über die Jahrzehnte hinweg entwickelt haben. Alles, was nach den Gebrüdern Albrecht kam, ist nichts weiter als entweder eine sklavische Kopie ihres Konzepts und ihrer Methoden, oder es ist eine nur geringfügige Adaption und Abwandlung, um auch noch andere Kundenkreise zu erschließen. Aus diesem Grund ist es ganz hilfreich, sich zuerst einmal die erstaunlichen Firmenbiografien der beiden Albrecht-Brüder anzusehen.

Aldi – die Pioniere des Discounts in Deutschland

Die Erfolgsgeschichte der beiden 1920 und 1922 geborenen Albrecht-Brüder Karl und Theo nahm in einem wenig vielversprechenden und eher traurigen Milieu ihren Anfang. Die Familie lebte im Bergarbeiterviertel Essen-Schonnebeck, und der Vater musste seinen Beruf als Bergmann aufgeben, weil er unter Tage eine Staublunge bekommen hatte. Jetzt blieb ihm nur noch eine Aushilfsstelle bei der Brotfabrik Staufenberg im Essener Stadtteil Katernberg, und weil das nicht reichte, um die Familie zu ernähren, musste die Mutter einspringen. Sie eröffnete einen Tante-Emma-Laden in der Huestraße, gerade mal 100 Quadratmeter groß. Der jüngere Sohn Theo hilft nachmittags nach der Mittelschule als Lehrling. Karl, der Ältere der beiden, macht seine Lehre im angesehenen Essener Feinkostgeschäft Weiler. So schlägt man sich erst einmal durch bei den Albrechts, mehr schlecht als recht.

Mit dem Ende des Zweiten Weltkriegs – Karl kehrt mit einer Verwundung aus dem Russlandfeldzug heim, Theo geriet als Angehöriger einer Nachschubeinheit für Afrika am Schluss in Italien in amerikanische Gefangenschaft – ist dann auf einmal alles anders. Die beiden Brüder, so scheint's, wollen was vom Leben, und zwar vor allem Geschäftserfolg. 1946 übernehmen sie die Klitsche der Mutter. »Vermutlich muss man bereits dieses Jahr als die gedankliche Geburtsstunde des Konzerns ansehen«, schreibt Hannes Hintermeier in seinem Buch *Die Aldi-Welt,* »denn Karl und Theo beginnen unverzüglich mit der Expansion, getrieben von einem Ehrgeiz, den man wohl auf der zweiten Silbe betonen müsste, falls man nicht doch zum feineren Wort ›Sparsamkeit‹ greifen möchte.«

Die große Konkurrenz für sie waren damals die Konsumläden der Gewerkschaft. Die köderte ihre Kunden mit Rabatten und einer Treueprämie, die am Ende des Jahres ausgezahlt wurde. Den Rabatt, dachten sich die Brüder wohl, geben wir lieber gleich. Dafür wurde dann am Verkaufspersonal gespart und obendrein mit Lockvogelangeboten gearbeitet: Die Butter verkauften sie zum Selbstkostenpreis und manchmal sogar darunter. Wenn die Kunden schon mal wegen der Butter da waren, kauften sie sicher auch andere Dinge des täglichen Bedarfs.

So war es auch. Bereits 1950 hatten die beiden Albrecht-Brüder 13 Filialen, nicht nur in Essen, sondern auch in Gelsenkirchen und Mülheim – meist in schlechten, also billigen Lagen. Auch sonst wurde gespart, wo es ging. Für die Butter beispielsweise gab es anfangs keine Kühltruhen. Die Angestellten mussten die Ware nach Geschäftsschluss in den Keller tragen, wo es kühl war …

So kommt man zu was. 1953 gehörten schon 30 Filialen zur Aldi-Kette, und 1961 hatten die beiden Albrechts mehr als 300 Filialen in ganz Deutschland und einen Jahresumsatz von 90 Millionen Mark.

Das war damals schon eine sehr beachtliche Leistung, erklärlich vielleicht am ehesten durch die Wirtschaftswunderjahre und die wachsende Konsumbereitschaft der Deutschen. Das System Aldi aber war zu dieser Zeit noch nicht ausgeprägt – noch immer herrschte Bedienung durchs Ladenpersonal vor. Das, wofür Aldi einmal stehen sollte, für das deutsche System des so genannten »Hard-Discounters« mit strikter Kostenkontrolle und geringstmöglicher Ladenausstattung, bildete sich erst Anfang der sechziger Jahre so richtig heraus – der erste klassische Aldi-Markt, benannt nach den Anfangsbuchstaben von »Albrecht« und »Discount«, wurde 1962 in Dortmund eröffnet. Zu einem Zeitpunkt, als die beiden Brüder beschlossen, ihr immerhin schon ganz stattliches Filialimperium aufzuteilen in ein Nord- und ein Südreich. Die Grenze verläuft bis heute in etwa entlang der Ruhr zwischen Kassel und Dortmund, und auch das übrige Einflussgebiet in ganz Europa hat man sich sauber aufgeteilt. Konkurrenz innerhalb der Familie gibt es selbstverständlich nach wie vor nicht.

Die Mär besagt übrigens, Karl und Theo hätten sich zerkriegt über die Frage, ob man auch Billigzigaretten anbieten sollte. Karl sei dagegen gewesen, Theo dafür. Im Übrigen ging es dabei keineswegs um irgendwelche moralischen Bedenken, so weit war man zu Beginn der Sechziger noch nicht. Nein, Karl glaubte einfach, mit Zigaretten ließen sich keine so hohen Margen erzielen wie mit anderen Waren, und außerdem würden sie öfter geklaut. Theo glaubte aber an einen lukrativen Umsatz und fügte die Glimmstängel deshalb auch folgerichtig seinem Nordsortiment hinzu, sobald die Teilung des Aldi-Reichs beschlossene Sache war.

Ob die Kippenfrage tatsächlich ausschlaggebend für die geschäftliche Trennung der beiden Brüder gewesen ist, darf bezweifelt werden. Viel wahrscheinlicher dürfte eine andere Version sein, nach der die beiden Brüder erkannt hatten, dass sich ein derart schnell zu beachtlicher Größe angewachsenes Unternehmen viel leichter führen lässt, wenn man nicht jedes Detail miteinander absprechen muss. Ab einer gewissen Größe wird das schwierig; und nicht umsonst haben die Aldi-Brüder später ihr Reich in zahlreiche Regionalgesellschaften aufgeteilt, die allesamt weitgehend unabhängig vor sich hin arbeiten dürfen, solange die Umsatzzahlen stimmen.

Auch sonst lässt sich in den folgenden Jahrzehnten kaum einmal etwas beobachten in der Aldi-Geschäftspolitik, was auf ein gröberes Zerwürfnis zwischen den beiden Brüdern hindeuten würde – sieht man einmal ab vom Sommer 2000, als der Norden zu Felde zog gegen die Wal-Mart-Invasion und der Süden notgedrungen mit Supertiefpreisen nachziehen musste. Im Einkauf und bei größeren strategischen Entscheidungen wie dem Senken von Preisen für bestimmte Waren sprach man sich auch weiterhin ab, und als einzigen größeren Unterschied könnte man vielleicht festhalten, dass sich Bruder Theo über lange Jahre hinweg im Norden immer schon ein wenig innovationsfreudiger zeigte als Karl und gerne mal Aktionsware in sein Sortiment aufnahm, an die sich der Bruder erst mal nicht so recht herantraute und erst dann nachzog, wenn die ganze Sache sich zum Erfolg entwickelte.

In den letzten Jahren hat sich das freilich geändert. Inzwischen gilt Aldi-Süd als das modernere Unternehmen, das sich etwas traut, was Insider auf das jüngere und strategisch weitsichtigere Topmanagement zurückführen. Im Süden scheint man sich überdies in letzter Zeit zu bemühen, das Image vom Billigheimer loszuwerden. Da wird schon mal die Ladenausstattung im Vergleich zum Norden aufgemöbelt und der Personaleinsatz erhöht, um auch Kunden aus der oberen Mittelschicht zu gewinnen.

Ein Konzept, das auch Erfolg zu haben scheint, wie die Verkaufszahlen für Aldi-Champagner und »Alaska Wildlachs« zeigen. Überhaupt schafften es Aldi-Süd als Vorreiter und Aldi-Nord als baldiger Nachzügler, mit diverser Aktionsware auch in ganz branchenfremde Bereiche einzubrechen, und zwar nicht zu knapp. So ist Aldi heute nicht nur der siebtgrößte Bekleidungshändler Deutschlands, sondern inzwischen auch Deutschlands wichtigster Computerhändler mit PCs und Laptops. Der Discounter hat hier einen Marktanteil von 21,5 Prozent.

Die 1961 beschlossene Arbeitsteilung funktionierte also mehr als prächtig. Wurde der erste klassische Aldi-Markt 1962 in Dortmund eröffnet, so gab es knapp zehn Jahre später bereits mehr als 600 Filialen in 300 bundesdeutschen Städten. Der Gesamtumsatz stieg bis 1975 auf 4 Milliarden D-Mark an; Geld genug für weitere Expansion, auch ins Ausland. In Deutschland gab es 1980 bereits 1800 Filialen, der Inlandsumsatz war auf stolze 18,6 Milliarden Mark geklettert, und die Beschäftigtenzahl hatte immerhin schon die Achttausendermarke erreicht. Alle diese Zahlen sind selbstverständlich nur Schätzungen, denn die Aldi-Brüder vermieden es peinlichst, irgendetwas an die Öffentlichkeit dringen zu lassen, aus dem die Konkurrenten vielleicht hätten Rückschlüsse ziehen können.

Es wäre müßig, die Geschäftszahlen weiter aufzulisten – es läuft ohnehin auf ein stetig steigendes Wachstum der beiden Aldi-Ketten hinaus. Heute sind die beiden Brüder etwa bei 6500 Filialen weltweit angekommen, rund 4000 davon in Deutschland, und bei einem Gesamtumsatz von rund 39 Milliarden Euro, national und international. Darauf kamen jedenfalls Marktforscher für das Jahr 2003. Sie konnten sich dabei auf jene Zahlen stützen, die Aldi mittlerweile für das Deutschlandgeschäft herausgibt – nicht aus freien Stücken, versteht sich, sondern wegen einer Änderung der Publizitätspflichten.

Aus dem Tagesgeschäft haben sich die beiden Albrecht-Brüder formell zumindest schon seit 1993 und 1994 zurückgezogen. Theo Albrecht, damals 71 Jahre alt, übertrug Ende 1993 seine Anteile an Aldi-Nord auf seine beiden Söhne Berthold und Theo junior, behielt als Vorsitzender seiner Firmenstiftung aber weiterhin maßgeblichen Einfluss auf die Geschäfte. Die beiden Söhne brachten ihre Anteile in zwei Holdinggesellschaften ein, die Hutha- und die Weba Holding GmbH, deren Stammkapital jeweils 15 Millionen Mark umfasste.

Bruder Karl machte es 1994 ähnlich. Die operative Leitung

der Geschäfte übertrug er zwar den Managern Ulrich Wolters und Horst Steinfeld. Über die Familienstiftung aber behielt er weiter die Kontrolle über die Unternehmensgruppe, in der auch sein Sohn Karl junior als Jurist eine maßgebliche Rolle spielt.

Die ersten Nachahmer

Der durchschlagende Erfolg des Aldi-Konzepts rief schon bald Nachahmer auf den Plan, vor allem auch bei den etablierten Handelskonzernen, die um ihre Pfründe fürchteten. So richtete Tengelmann schon 1972 den berüchtigten Schachtelladen Plus ein, in dem die Ware direkt aus dem Karton verkauft wurde. Später dann probierte man es mit einem eigenen Hard-Discounter unter dem schönen Markennamen Ledi – das brachte vor allem Ärger mit den Aldi-Brüdern ein, die gegen die Namensähnlichkeit jahrelang juristisch vorgingen, letztlich aber keinen Erfolg bei den Gerichten hatten und im April 1997 in letzter Instanz unterlagen.

Weitgehend erfolglos freilich blieb auch der Tengelmann-Vorstoß mit Ledi in die Domäne der Discounter, weshalb die neue Kette, die Aldi doch eigentlich Paroli bieten sollte, bald wieder aufgegeben wurde und die bestehenden Filialen in die Plus-Kette integriert wurden. Plus, der Name war Programm, denn damit sollte der Discount noch eine Stufe härter werden. Heute hat Plus, mit der Marktmacht von Tengelmann im Rücken, immerhin auch so um die 3000 Filialen in Deutschland, aber so erfolgreich und so umsatzstark wie Aldi ist die Kette längst nicht. »Tengelmann scheiterte in der Vergangenheit offenbar an seiner wenig konsequenten Politik«, schreibt Dieter Brandes in seinem Aldi-Buch *Konsequent einfach,* »und eben diese Konsequenz ist es, mit der Aldi seine Meisterschaft begründet hat.«

Andere waren wohl ein bisschen konsequenter, obwohl auch sie nicht ganz die Zahlen der Albrecht-Brüder erreichten. Die

Rewe-Gruppe etwa stieg mit der Kette Penny ins Discountgeschäft ein und brachte es damit immerhin auch auf stolze 2500 Filialen. Die Spar AG rief Netto ins Leben, eine Discounterkette, die heute etwa 1200 Filialen umfasst, vor allem im Nordosten, im Osten und in der Mitte Deutschlands. Seit dem Frühjahr 2005 gehört Netto zum Edeka-Konzern. Die deutsche Aktiengesellschaft übernahm Spar und Netto vom französischen Handelskonzern ITM, der 1997 bei Spar eingestiegen war.

Einer der frühesten Nachahmer war jedoch der Fürther Unternehmer Manfred Georg Roth. Dessen Vater Georg Roth hatte bereits 1921 einen Lebensmittelhandel in Fürth gegründet, der sich im Laufe der Jahrzehnte zu einer kleinen Ladenkette ausgewachsen hatte. Sohn Manfred hatte dann in den sechziger Jahren schnell die Vorteile des Discountkonzepts erkannt und die Ladenkette der Familie entsprechend umgebaut. Norma hieß sie von nun an, und er hielt sich strikt an das, was die großen Vorbilder auch machten. »Viele Jahre hat sie Aldi sklavisch kopiert«, behauptet Aldi-Biograf Dieter Brandes, hat teilweise auch Spitzenmanager direkt vom großen Konkurrenten geholt, zwei Geschäftsführer zum Beispiel sowie zwei Zentraleinkäufer.

Wichtig ist für Norma noch heute eine »discountgerechte Kostenstruktur«, sagt ihr heutiger Spitzenmanager Armin Rehberg, was heißt: strikte Kostenkontrolle, die auch schon mal »bodenständig und hemdsärmelig« vonstatten gehe, wie der neue Firmenchef, der zuvor bei Aldi-Süd im Management für die USA tätig war, einräumt. Das Sortiment bei Norma umfasst auch heute noch lediglich um die 800 Artikel, ergänzt durch wöchentliche Sonderangebote. Damit kann man auch Ladenflächen bespielen, die Supermärkten oder auch anderen Discountern zu klein sind: ein Platz in der Nische also, ergänzt durch größere Norma-Märkte auf der grünen Wiese – dort, wo die Mieten niedrig sind und damit auch die Kosten.

Auf diese Weise hat es Manfred Georg Roth immerhin auf Platz drei unter den deutschen Hard-Discountern geschafft. Der Jahresumsatz – Stand 2003 – wird auf 2,5 Milliarden Euro geschätzt. An die 1300 Filialen hat Norma immerhin, einschließlich der rund 130 Auslandsniederlassungen in Tschechien und in Frankreich. Und 2005 eröffnete man erste Filialen in Österreich; sieben bis zehn weitere pro Jahr sollen es dort werden. Besonders stark ist die Kette im Heimatgebiet Franken und in Ostdeutschland. In beiden Gebieten hat sie vor allem auch deshalb Erfolge zu verzeichnen, weil sie beliebte Produkte aus der Region ins Sortiment aufnimmt. Im Osten Deutschlands läuft diese Warengruppe unter dem Signum »Qualität aus unseren Landen«, umfasst vor allen Dingen ehemalige DDR-Marken, und das macht dort immerhin einen Anteil von 35 Prozent an den verkauften Waren aus. Ansonsten setzt Norma sehr auf Eigenmarken, die 75 Prozent des Sortiments ausmachen.

Auch was den Umgang mit den Mitarbeitern angeht, steht Norma seinen großen Konkurrenten in nichts nach. Bundesweit Schlagzeilen machte das Unternehmen im August 1996, als es 20 Mitarbeiter in seinem Regensburger Lager nach einem Warnstreik einfach aussperrte, indem es den Streikenden Hausverbot erteilte. Um dies durchzusetzen, hatte Norma eigens einen Sicherheitsdienst engagiert. Der stand dann morgens in schwarzen Uniformen mit Handschellen und Gummiknüppeln vor der Lagereinfahrt, um den Streikenden den Zutritt zu verwehren. Derart raubeiniger Umgang mit der Belegschaft ist auch unter den insgesamt nicht gerade sehr personalfreundlichen Discountern etwas Ungewöhnliches, und selbst den Norma-Verantwortlichen war das Auftreten des Sicherheitsdienstes damals etwas peinlich. Was nicht bedeutet, dass man inzwischen den Schulterschluss mit den Gewerkschaften übt, ganz im Gegenteil. Unter Arbeitnehmervertretern gilt Norma nach wie vor als harte Nuss.

Lidl: Erfolg durch Imitation

Der weitaus Erfolgreichste unter den Aldi-Nachfolgern kommt jedoch aus dem Schwäbischen. Er begann nicht ganz so armselig wie seine beiden großen Vorbilder, für die er heute noch in seinen spärlichen öffentlichen Äußerungen – wenn er überhaupt irgendwo in Erscheinung tritt, dann höchstens bei Handelskongressen oder dergleichen – große Bewunderung hegt.

Es handelt sich natürlich um Herrn Schwarz. Dieter Schwarz, so heißt er mit vollständigem Namen, wurde am 24. September 1939 in Heilbronn geboren, lernte nach dem Abitur am Heilbronner Theodor-Heuss-Gymnasium Kaufmann und stieg in den Obstgroßhandel ein, den sein Vater Josef anfangs gemeinsam mit einem Komplementär namens Lidl führte. Sohn Dieter freilich hatte Größeres vor, als Äpfel, Birnen und Bananen en gros zu verkaufen.

Schon mit 29 eröffnete er in Backnang seinen ersten Großmarkt unter dem Namen »Handelshof«. 1968 war das, und bereits fünf Jahre später kam er auf den Trichter, der ihn zu einem der reichsten Menschen der Republik machen sollte. Im Discount liegt die Zukunft, sagte er sich. Sein Vater wollte ihm da nicht recht folgen. Billigläden fand er wohl nicht standesgemäß für seine eigenen »Lidl & Schwarz«-Läden. Der Sohn jedoch wollte einerseits nicht auf den Werbeeffekt der eingeführten Marke verzichten, andererseits aber auch ungern »Schwarz-Markt« über seine Geschäfte schreiben. Da trifft es sich gut, dass er im Sommer 1972 in der Lokalzeitung *Heilbronner Stimme* auf Seite 13 einen Artikel über einen Hobbymaler aus der Gemeinde Schuchtern liest. Ludwig Lidl heißt der Mann passenderweise. Schwarz, so geht die Kunde, besucht den Mann und kauft dem pensionierten Berufsschullehrer zwar keine Bilder, dafür aber zum Preis von 1000 Mark die Rechte an der Nutzung seines Namens ab. So kann er ein Jahr darauf, 1973, seinen ersten Lidl-Markt in Ludwigshafen eröffnen.

Vier Jahre später starb sein Vater, und Sohn Dieter – inzwischen gehörten ihm schon 30 Lidl-Filialen – verkaufte dessen Obstgroßhandel an die Metro. Er investierte weiter: in neue Discountläden, in SB-Warenhäuser und in Verbrauchermärkte. Die wichtigste Säule des entstehenden Imperiums waren jedoch die Billigläden. Schwarz konzipierte sie ganz nach dem Vorbild des großen Konkurrenten Aldi – mit ein paar entscheidenden Unterschieden freilich. So setzte er auf ein größeres Warensortiment – 1200 Artikel statt 650 wie damals bei Aldi – und verzichtete erst einmal weitgehend auf Eigenmarken, ganz anders als der Konkurrent.

Der Verkauf aus dem Karton heraus, wie anfangs bei den deutschen Discountern üblich, genügte Schwarz freilich nicht. Als zweites, nicht ganz unbedeutendes Standbein kamen 1984 die großen Kaufland-Einkaufszentren hinzu. Das erste in Neckarsulm, der Firmenzentrale seit 1972, auf 15 000 Quadratmetern. Diese riesigen Selbstbedienungswarenhäuser kamen gut an, und Schwarz präsentierte dort eine kluge Mischung aus eigenen Angeboten und konzessionierten Geschäften – ergänzende Einzelhändler, die sich unter dem Dach des Kauflands gegen entsprechende Pacht einnisten durften. Für das Kaufland-Konzept gründete Schwarz, dessen Firmengruppe schon Anfang der achtziger Jahre beim Umsatz die Milliarden-Mark-Grenze überschritten hatte, aber auch eigene Einzelhandelsfirmen. Etwa das Kaufland-Fleischwerk mit vier Produktionsstätten und Verteilerzentren oder die Anbieter »Das Restaurant« und »Der Frischbäcker«. Man sieht schon: Auch bei der Namensgebung gab man sich bei Schwarzens von Anfang an nicht lange mit Schnörkeln und Verzierungen ab.

Auf diese Weise – und vor allem mit einer knallharten Verhandlungspolitik gegenüber den Zulieferern sowie einem extrem knapp kalkulierten Logistiknetz – hat es die Schwarz-Gruppe geschafft, binnen weniger Jahre zu einem der wichtigsten Discounter Europas aufzusteigen. Das ging auch, indem Dieter Schwarz führende Manager der Albrechts abwarb – aber das allein kann den Erfolg nicht erklären. Dazu kommen auch eine gewisse Chuzpe, eine gewaltige Risikobereitschaft und nicht zuletzt auch der Wille, das ganze Ding noch eine Nummer härter zu fahren als die großen Konkurrenten, die für Dieter Schwarz immer auch die großen Vorbilder gewesen sind.

Freilich hat er auch manches anders gemacht als sie. Das Sortiment der Lidl-Läden war von Anfang an mit 1200 Artikeln fast doppelt so groß wie bei Aldi. Es gab auch Markenartikel, und Frischfleisch führte Lidl früher als die Konkurrenz. Obst und Gemüse gab es auch, erst abgepackt, dann aber, mit Einführung der neuen Scannerkassen, konnte es auch individuell abgewogen werden. An der Kasse akzeptierten die Lidls – anders als Aldi – auch EC-Karten, und bei der Standortwahl für ihre neuen Filialen achteten sie darauf, dass auch genügend Parkplätze vorhanden waren, damit die Kunden nicht einfach weiterfuhren, wenn alles voll war. Um billiger zu sein als Aldi, verzichtet man bei Lidl auch schon mal auf die Rendite. Schätzungen zufolge beträgt die Vorsteuerrendite bei Lidl etwa 4 Prozent, wohingegen Aldi um die 5 Prozent erwirtschaftet.

Das Wachstum der Firmengruppe ging zügig voran. In den siebziger Jahren machten sich die Schwarz-Läden vor allem in der Heimatregion und dann im Südwesten der Republik breit; in den frühen Achtzigern expandierten die Schwaben nach Bayern und Norddeutschland. Anders als die Kollegen von Aldi hatte Dieter Schwarz auch von Anfang an keine Scheu vor dem deutschen Osten – nachdem die Mauer gefallen war. Während die Albrechts die Expansion in der ehemaligen DDR eher zögerlich anzugehen schienen, trotz der enormen Reputation, den ihre Läden dort hatten, klotzte Schwarz gleich mächtig ran. Schon 1990 eröffnete er die ersten sieben Kaufland-Märkte in

Ostdeutschland und war in Kürze Marktführer in diesem Bereich.

Zu diesem Zeitpunkt hatte man ohnehin schon Lust bekommen auf Investitionen im Ausland und 1989 mit der Eröffnung erster Läden in Frankreich begonnen – ein Markt, der besonders wegen seiner hohen Grundpreise attraktiv ist für Discounter, und heute hat Lidl in Frankreich beinahe 1100 Filialen. »Deutschland wurde uns 1989 zu klein«, begründete die Lidl-Gruppe ihr neues Engagement im Ausland, und dass Deutschland ausgerechnet im Jahr 1989 damit begann, wieder sehr viel größer zu werden beziehungsweise zusammenzuwachsen, hielt die Expansion im Rest Europas nur geringfügig und kurzzeitig auf. 1992 folgten Italien und weitere Länder im Süden, ab den späten Neunzigern auch Osteuropa und Skandinavien.

»Wir wachsen schneller als unsere Wettbewerber«, hatte die Unternehmensführung als Motto ausgegeben, und diesem Grundsatz blieb man treu. Lidl ist nach wie vor der am stärksten expandierende Discounter im In- und Ausland. Innerhalb von zehn Jahren hatte Dieter Schwarz nicht nur seine deutschen Lidl-Filialen verdoppelt, sondern auch noch im Ausland kräftig expandiert. Um die 3500 Filialen besaß Schwarz Ende 2004 in ganz Europa, und diese Zahl ist auch nur eine Momentaufnahme, denn laufend werden neue Läden eröffnet.

Wenn schon nicht hinsichtlich der Anzahl der Filialen und des Marktanteils in Deutschland, so ist es Dieter Schwarz zumindest gelungen, die Albrecht-Brüder zu überrunden, was die Geschäftszahlen angeht. Die waren zwar lange, lange Zeit strikter Geheimhaltung unterworfen, wie das bei Discountern so üblich ist. Aber im Januar 2004 gelangte das Magazin *Wirtschaftswoche* erstmals an wichtige Kennziffern des testierten Jahresabschlusses der Schwarz-Gruppe und kam zu dem Schluss: »Nicht Aldi, sondern die Schwarz-Gruppe ist das erfolgreichste Handelsunternehmen in Deutschland. Und das schon seit über zehn

Jahren.« Im Geschäftsjahr 2002 habe die Unternehmensgruppe von Dieter Schwarz 28,852 Milliarden Euro erzielt, und zwar netto. Eine Umsatzsteigerung von 15,8 Prozent bedeute das im Vergleich zum Vorjahr. Selbst Aldi habe im Vergleich zum Vorjahr nur 2 bis maximal 6 Prozent zulegen können. Noch eindrucksvoller sei die Bilanz, wenn man sie mit 1990 vergleicht. Damals habe die Schwarz-Gruppe 2,592 Milliarden Euro erwirtschaftet. In den zwölf Jahren bis 2002 »habe Schwarz den Umsatz somit verelffacht und ein Wachstum von rund 1000 Prozent hingelegt«, so Mario Brück in der *Wirtschaftswoche*.

Ein Erfolg, der im Wesentlichen auf das Auslandsgeschäft zurückzuführen ist. Die große Kohle macht Schwarz nicht nur in Deutschland, sondern vor allem auch in Frankreich, wo er 1100 Lidl-Filialen stehen hat und wo die hohen Lebensmittelpreise selbst noch für Discounter hohe Gewinnspannen versprechen. Auch in den skandinavischen Ländern, wo die Lebensmittelpreise verglichen mit dem Rest von Europa sehr hoch sind, hat sich Dieter Schwarz trotz einiger Schwierigkeiten, von denen noch zu berichten sein wird, nicht ohne Grund stark engagiert.

Auch wenn Schwarz die Unternehmensführung im März 2004 formal an seinen alten Gewährsmann Klaus Gehrig abgegeben hat und sich, wie es heißt, auf die »Beratung der Geschäftsleitung« beschränkt: Der Aufwärtstrend hält an. Ende 2004 sprach man erstmals halboffiziell von einer Umsatzerwartung in Höhe von 36 Milliarden Euro.

Dieter Schwarz kann also ruhig schlafen und braucht sich nicht mehr so häufig in das Tagesgeschäft von Lidl und Kaufland einmischen. Sein Unternehmen hat er offenbar gut abgesichert. An der Spitze der einzelnen Firmen und in ihren diversen Aufsichtsräten sitzen auch eine Reihe guter Freunde und Vertrauter. Hans Henning Offen etwa, der bis Mitte 2003 stellvertretender Vorstandsvorsitzender der WestLB gewesen ist, einer Bank, die der Schwarz-Gruppe in den Jahren 2000 und

2001 immerhin stolze 260 Millionen Euro Kapital für Auslandsinvestitionen zuführte. Oder Gerhard Rüschen, ehemaliger Vorstandsvorsitzender von Nestlé. Unter anderem gehört er dem
Beraterkreis der Deutschen Bank an. Ganz und gar nicht un-
wichtig ist auch ein Spezi, der aus der Branche kommt, heute im
Aufsichtsrat der Schwarz-Gruppe sitzt und sich an der Aus-
landsexpansion von Lidl und Kaufland mit eigenem Geld beteiligt hat – und zwar gleich mit stolzen 76 Millionen Euro.

Unter guten Freunden hilft man sich eben gerne mal aus –
besonders wenn man etwas von der Sache versteht und sich
das Geschäft wirklich lohnen dürfte. Anton Schlecker, so heißt
der gute Freund seit vielen Jahren, ist ja selbst ein großer Discounter, der in ganz Europa an die 14 000 Drogerie-Filialen
besitzt.

Schlecker: preisberühmt und sparsam in 14 000 Läden

Drogeriehändler Anton Schlecker, geboren am 28. Oktober
1944, musste ebenso wie Dieter Schwarz nicht ganz bei null anfangen. Sein Vater war Metzgermeister in der Kleinstadt Ehingen nahe bei Ulm und auch schon ein guter Geschäftsmann:
Aus der Familienmetzgerei wurde im Laufe der Nachkriegsjah-
re eine eigene Fleischfabrik mit acht Filialen in Ehingen und
Umgebung. Keine Frage, dass der einzige Sohn – Anton hatte
noch zwei Schwestern – mal das Erbe übernehmen sollte, und
so machte er nach dem Schulbesuch eine Metzgerlehre im vä-
terlichen Betrieb. Anton hat sich wohl nicht ungeschickt angestellt, denn schon mit 21 Jahren legte er die Meisterprüfung ab
und konnte sich fortan »jüngster Metzgermeister der Bundesrepublik« nennen.

Mit diesem schmückenden Titel war der Ehrgeiz des jungen
Schlecker freilich noch lange nicht gestillt. Nachdem er 1965
also den Meisterbrief in der Tasche hatte, stieg er als Komple-

mentär in das väterliche Unternehmen ein, das zu dieser Zeit bereits einen Jahresumsatz von 14 Millionen Mark machte. Den wollte Anton noch beträchtlich steigern. Er begann im selben Jahr mit dem Bau eines Selbstbedienungswarenhauses am Stadtrand von Ehingen.

Für seine Verhältnisse ließ er es dann erst einmal ziemlich verhalten angehen. Sieben Jahre sollte es nämlich dauern, bis Schlecker weiter expandierte – mit vier weiteren SB-Warenhäusern in der Region. Von da an gab es jedoch kein Halten mehr für den mittlerweile 28-jährigen Jungunternehmer. Als 1974 die Preisbindung für Drogerieartikel wegfiel, kam ihm die Geschäftsidee, die ihn im Laufe der Jahre zu einem der reichsten Deutschen überhaupt machen sollte: Er beschloss, die entsprechenden Produkte in einem Discountmarkt anzubieten.

1975 eröffnete der erste Schlecker-Markt in Kirchheim/Teck, und die neue Vertriebsform kam offenbar bestens an. Schon zwei Jahre später gibt es 100 Schlecker-Märkte, im Schnitt wurden also vier pro Monat eröffnet! Und weitere sieben Jahre später, 1984, verfügte Anton Schlecker über eine Kette von 1000 Filialen in Deutschland – Branchenexperten hätten nie erwartet, dass es für eine so große Zahl von Läden überhaupt einen Markt gab. Doch da hatten sie sich entschieden verrechnet.

Heute hat Schlecker allein in Deutschland mehr als 10 000 Filialen, europaweit sind es nach eigenen Angaben gar mehr als 13 750. Schlecker kaufte in den vergangenen 20 Jahren einfach kleinere Filialketten von Konkurrenten auf und stieg von 1987 an auch ins internationale Geschäft ein, zuerst in Österreich, wo es heute bereits mehr als 1200 Filialen gibt. Spanien und die Niederlande folgten 1989 (mit inzwischen 750 beziehungsweise 275 Märkten). 1991 kam durch die Übernahme der Kette »Superdrug« auch Frankreich hinzu (230 Filialen), 1999 dann Italien mit heute über 100 Filialen. Seit 2004 ist man auch in Dänemark mit derzeit noch 25 Läden und in Polen mit acht vertreten. Es sollen, besonders in Osteuropa, noch wesentlich mehr werden.

Zum Geschäftszweck scheint es zu gehören, einfach so viele Märkte zu eröffnen wie irgend möglich. »Geschäftsräume für zukünftige Schlecker-Märkte werden weiterhin in allen Großstädten und in allen Wohngebieten ab 2000 Einwohnern gesucht«, heißt es auf der Internetpräsenz des Unternehmens, »dabei ist jede Lage für uns interessant, auch wenn bereits mehrere Schlecker-Märkte am Ort vertreten sind.« Das führt auch schon mal zu einer absurden Häufung, wie im Falle von Stuttgart-Degerloch: Dort finden sich in einer 500 Meter langen Einkaufsstraße gleich drei Schlecker-Filialen. »Aber jede hat ihre Stammkunden«, sagte eine der Filialleiterinnen fast entschuldigend im März 2003 der *Stuttgarter Zeitung.* Kleinvieh macht offenbar auch Mist, wie der Metzgermeister und betriebswirtschaftliche Autodidakt Anton Schlecker weiß, und so verzichtet er in seinen Filialen zwar auf hohe Umsätze, spart dafür aber an den Kosten und am Personal, und in der Masse rechnet sich's dann wieder.

Und zwar nicht schlecht. Ein Jahresumsatz von europaweit 6,55 Milliarden Euro, ein Netz von bald 14 000 Filialen und ein Marktanteil von 74 Prozent an Drogerieartikeln in Deutschland – damit kann man leben. Schön auch, dass alle Investitionen ausnahmslos aus eigenen Mitteln finanziert werden können, und sehr angenehm für die Firma, dass Schlecker auch im E-Business floriert. Auch das übrigens ein richtiges Familienunternehmen: Schleckers Kinder Lars und Meike haben angeblich den Webauftritt mitgeplant und mitgestaltet. Der Papa kümmert sich auch dort ums Geschäftliche und verriet schon Anfang 2002 der *Lebensmittel-Zeitung:* »2003 soll, Abschreibungen fürs Lager inbegriffen, bereits Kostendeckung erreicht sein.«

Für den Internetableger bauten die Schleckers 2003 ein hochmodernes Logistikzentrum für 30 Millionen Euro. Gespart hat man dann bei der Eröffnungsfeier, die gab es gar nicht. Schlecker habe das neue, vollautomatische Lager »so umstandslos in Betrieb genommen wie etwa einen neuen Bürostuhl«, so die *Stuttgarter Zeitung* am 28. März 2003. »Feiern? Kostet nur Geld und bringt nichts.« Geld bringt hingegen alles, was man verschicken kann, und die Schleckers zeigten sich da einfallsreich. Eine Zeit lang, im Juni 2003, versuchte man gar, Neuwagen zu Discountpreisen anzubieten – ein Experiment, das inzwischen wohl wegen zu geringen Interesses oder zu niedriger Margen wieder aufgegeben worden ist.

Dennoch: Von Schleckers Homepage aus kann man auf die Angebote von knapp 150 anderen Firmen zugreifen, vom Spielzeughersteller bis zum DVD-Händler, vom Fahrradhersteller bis zum Produzenten von Druckertinte. Derlei Vielfalt scheint für einen Großdrogisten nun eher ungewöhnlich zu sein. Aber Schlecker war da ja schon immer flexibel: Auch in seinen Märkten gibt es häufig Artikel, die eigentlich nicht zum klassischen Sortiment gehören, die sich aber einfach gut verkaufen. Und am Standort seiner Unternehmenszentrale in Ehingen finden sich auch heute noch branchenfremde Geschäfte, die zum Unternehmen gehören, wie ein »Kinderland«, ein Baumarkt und eine Tankstelle.

Zu Hause in Ehingen freilich gilt Schlecker nach wie vor als Wohltäter: Schließlich finanziere er für die Gemeinde den Druck eines Wanderführers, richte ein Profihandballturnier aus und habe in der Gemeinde immerhin 700 Arbeitsplätze geschaffen, sagt Ehingens Oberbürgermeister Johann Krieger.

*

Lauter märchenhafte Geschichten vom Aufstieg aus mehr oder minder kleinen Verhältnissen zu beinahe unermesslichem Reichtum haben wir da also vor uns. Nun gut, zugegeben: Ein bisschen arg kleinkrämerisch, ja nachgerade richtig spießig wirken unsere Protagonisten schon. Man fragt sich unwillkürlich, ob sie denn ihren ganzen schönen Reichtum irgendwann auch einmal genießen? Oder ob es ihnen vielleicht schon Genuss genug ist, das ganze Geld einfach nur zusammenzuraffen.

Möglicherweise sehen sie sich aber einfach nur als Wohltäter, die ihren Angestellten Lohn und Brot geben und die es ihren Kunden ermöglichen, auch mit knappen Mitteln gut zu leben. Dass sie dabei selber einen guten Schnitt machen, ist ja eigentlich nur recht und – billig. Immerhin scheinen die Discountpioniere, allen voran die beiden Brüder Karl und Theo Albrecht, ja einen Dreh gefunden zu haben, wie man gleichzeitig niedrige Preise bieten kann und dabei dennoch nicht zu kurz kommt. Mithin etwas, das allen zu nützen scheint: Kunden wie Händlern.

Viel ist gerätselt worden in den ersten Jahren und Jahrzehnten, wie denn dieses System der Discounter so effektiv funktionieren könne, worin nun genau der Vorsprung bestehe, den die ehemals kleinen Krämer vor den großen Handelskonzernen offenbar erringen konnten. Manches war sicher schon deutlich erkennbar, anderes blieb selbst für Brancheninsider lange Zeit unverständlich, und verraten wollten die aufstrebenden Marktführer ihr Rezept auf gar keinen Fall. Heute ist weitgehend klar, wie das Billigkonzept funktioniert.

Bloß keine Schnörkel

Wie das System der Discounter funktioniert

In manchen Berufen ist Diskretion Ehrensache. Oder sogar absolute Pflicht. Die Diskretion jedoch, die unsere Großdiscounter an den Tag legen, wenn es um ihre Geschäftspraktiken geht, erinnert eigentlich nur noch an die Zurückhaltung, wie sie in Geheimdienstkreisen aus guten Gründen vorgeschrieben sein mag. Jahrzehntelang drang aus den Firmenzentralen nichts nach draußen – und wenn, dann nur durch Zufall. Wer es gewagt hätte, sich öffentlich irgendwo zu äußern, gar ein Interview zu geben, riskierte seinen Job. Dafür gibt es Beispiele.

Die großen Discounter vom alten Schlag – Aldi, Lidl, Schlecker – verzichten fast gänzlich auf Öffentlichkeitsarbeit. Presseanfragen bleiben in der Regel unbeantwortet oder werden abgespeist mit ein paar lapidaren Floskeln wie der, es gehöre zur Geschäftspolitik, sich grundsätzlich nicht zu äußern. Derartige Geheimniskrämerei ließ zugleich auch Spekulationen blühen: Wer so zurückhaltend ist, muss wohl etwas zu verbergen haben.

Erste Nachrichten aus den ominösen Firmenzentralen kamen erst 1999 an die Öffentlichkeit. Damals veröffentlichte ein langjähriger Aldi-Geschäftsführer und Mitglied des Aldi-Verwaltungsrats nach seinem Ausscheiden aus dem Unternehmen ein Buch über den Konzern, das schnell zum Bestseller wurde. *Konsequent einfach* von Dieter Brandes war kein Enthüllungsbuch im engeren Sinne, es wurden keine Sauereien aus dem Reich der

Albrechts ausgebreitet, im Gegenteil. Es war eine Huldigung an die Geschäftsidee der Aldi-Brüder und zugleich der Versuch, deren Erfolg einem breiten Publikum zu erklären.

Nein, mit den ersehnten und irgendwie seit langem erwarteten Skandalgeschichten konnte und wollte der Autor offensichtlich nicht aufwarten, und auch für die stupende Geheimniskrämerei des Aldi-Konzerns hatte er eine ganz logische und nachvollziehbare Erklärung. »Die meisten Äußerungen und Interviews«, schreibt er schon im Vorwort des Bandes, »dienen der Selbstdarstellung und befriedigen vor allem die Eitelkeiten der Unternehmensleiter oder Manager. Oft dienen sie auch dazu, den Verkauf des Unternehmens vorzubereiten und dieses nur von der Schokoladenseite zu zeigen. Solche Informationen nützen nur der Konkurrenz, dem Kunden jedoch wenig.«

So treuherzig, wie diese Erklärung vorgebracht wird, möchte man sie beinahe glauben. Wüsste man es inzwischen nicht ein wenig besser. So ist zum Beispiel kaum erklärlich, warum Aldi keinerlei Anfragen beantwortet, wenn es etwa um die Verhinderung von Betriebsratswahlen in Filialen und Bezirken geht, aber auf rein sachliche Berichte darüber in Tageszeitungen mit der sofortigen Stornierung von Anzeigen reagiert. Das ist übrigens mit ein Grund, warum es die Gewerkschaften so schwer haben, dass über ihre Aktionen in den Medien berichtet wird, die von Aldi Anzeigen bekommen: Einen derartig guten Anzeigenkunden zu verlieren, kann sich kaum eine Tageszeitung leisten.

Man mag also ein gerüttelt Maß an Perfidie vermuten hinter der Geheimniskrämerei der Discounter, wenn sie sogar auf die immerhin mögliche positive Wirkung von Schadensbegrenzung durch Öffentlichkeitsarbeit verzichten. Aber vermutlich liegt man auch damit falsch. So weit denken Krämerseelen gar nicht. Und es ist nicht auszuschließen, dass auch der Umgang mit der Öffentlichkeit und mit den Medien nichts anderes ist als das Ergebnis jener schlichten Denkungsart, die wir schon im vorausgegangenen Kapitel über die Eigentümer von Aldi, Lidl und Schlecker kennengelernt haben.

Wobei man die schlichte Denkungsart jedoch nicht zu gering schätzen sollte. Immerhin ist genau sie es, die jenen Leuten zu ihrem unglaublichen Erfolg verholfen hat. Schlicht kann manchmal eben auch genial sein. Und was das Konzept des Discounts angeht, so ist dieses sicher genial, wenn man es allein unter dem Gesichtspunkt des finanziellen Erfolgs für seine Erfinder betrachtet.

Dieses Konzept aber war und ist so einfach, dass selbst Mitbewerber lange glaubten, es stecke doch noch mehr dahinter. Auch Dieter Brandes hat 2003 mit einem zweiten Bestseller etwas zur Verwirrung beigetragen: *Die 11 Geheimnisse des Aldi-Erfolgs* hieß er, und dass es ausgerechnet elf Geheimnisse sein mussten, lag wohl daran, dass das Ganze ja unbedingt wieder ein Buch werden sollte und nicht bloß ein längerer Zeitungsartikel. Denn im Grunde lassen sich all diese Geschäftsgeheimnisse auf ein einziges reduzieren, und das lautet: Spare, wo du kannst, und vor allem auch da, wo du glaubst, gar nichts mehr sparen zu können.

Das ist letztlich das ganze Geheimnis der Discounter: extremer Geiz auf allen Gebieten. Weg mit allem, was verzichtbar ist.

Im Grunde ist das schon für den normalen Kunden in jeder x-beliebigen Discounterfiliale zu erkennen: Es gibt keine großartige Raumausstattung, so gut wie keine Innenwerbung. Das Verkaufspersonal besteht aus wenigen Leuten, die man sich kaum anzusprechen traut, weil sie permanent beschäftigt sind. Und die Waren werden nicht auffällig präsentiert, sondern kommen meist direkt aus dem Karton.

Doch diese Schlichtheit ist nur die Schauseite, die man auf den ersten Blick wahrnimmt. Dahinter kommt ein Rattenschwanz von unzähligen anderen Einsparmöglichkeiten, die oft nur Insider wirklich kennen können. Man kann am Personal nicht nur sparen, indem man die Filialen so knapp besetzt, dass ein ordentlicher Betrieb gerade noch so möglich ist. Man kann auch sparen, indem man Überstunden nur zum Teil oder gar nicht bezahlt – auch das kommt in der Discounterbranche gerne vor, wie zahlreiche Berichte und Auseinandersetzungen mit Gewerkschaften seit Jahrzehnten belegen. Man kann Kosten sparen, indem man auf Posten verzichtet, die in anderen Unternehmen völlig normal sind – auf Werbeabteilungen, auf Stabsstellen, auf Controlling oder Entwicklungsabteilungen.

Überhaupt sind einfache Strukturen und Hierarchien wichtig, und wenn es bei den großen Discountern so erstaunlich wenige Betriebsräte gibt, dann liegt das nicht nur daran, dass diese Unternehmen so unglaublich arbeitnehmerfeindlich sind, sondern auch daran, dass Betriebsräte schlicht Geld kosten. Nicht nur weil sie freigestellt sind und trotzdem bezahlt werden müssen, sondern auch weil sie auf mannigfaltige Ideen zur Verbesserung der Lage der Beschäftigten kommen, die wiederum Geld kosten. Deshalb tun die Discounter fast alles, um Betriebsräte zu verhindern, wie noch zu berichten sein wird.

Fangen wir zum besseren Verständnis jedoch erst einmal mit einem kleinen Rückblick auf die Frühgeschichte des Discounts an.

Lob der Bescheidenheit – wie alles anfing

Die Erfindung des Discounts in Deutschland dürfen sich eindeutig die beiden Albrecht-Brüder auf die Fahnen schreiben. Als die beiden damals nach dem Kriege den kleinen Lebensmittelladen ihrer Mutter übernahmen, war davon aber noch lange nicht die Rede. Karl Albrecht hat 1953 auf einer Tagung über diese Anfangszeit einen Fachvortrag gehalten,[8] in dem er berichtete, wie er und sein Bruder auf die Idee mit den Billigläden kamen. Ursprünglich hatten sie sehr wohl daran gedacht, ein ganz normales Einzelhandelsgeschäft mit einem breiten Lebensmittelsortiment auf die Beine zu stellen. Aber weil das Geld 1948 und 1949 noch sehr knapp war bei den Albrechts, fingen sie erst einmal mit einem kleinen Warensortiment an und knauserten auch da an allen Ecken und Enden.

Bald schon, so Karl Albrecht weiter, stellten sie fest, dass sie gar kein großes Sortiment brauchten, um viel Geld zu machen. Denn die Kosten waren, verglichen mit anderen Betrieben, eben sehr niedrig – gerade *weil* sie so ein kleines Sortiment hatten.

Die Kunden kamen trotzdem. Und zwar deshalb, weil die beiden Brüder ein sicheres Lockmittel hatten: sehr niedrige Preise. Albrecht erklärte damals in seinem Vortrag: »Wollten wir dem Kunden keine Auswahl bieten, so mussten wir ihm zumindest einen anderen Vorteil einräumen. Wir verkauften von der Zeit an unsere Ware entschieden billiger.« Gespart wurde dafür an allem anderen: am Sortiment, das damals noch um die 250 Artikel betrug, an der Werbung (»unsere ganze Werbung liegt im billigen Preis, und sie ist so wirksam, dass der Kunde es auf sich nimmt, Schlange zu stehen«) und nicht zuletzt auch an der Warenpräsentation, was in Albrechts Vortrag aus dem Jahr 1953 in dem schönen Satz gipfelt: »Dekorationen im Laden werden nicht ausgeführt.«

Vielleicht aber wären die Albrechts gar nicht auf ihr erfolgreiches Discountkonzept gekommen, wenn es nicht damals noch in ihren Läden, wie allgemein üblich, Bedienungspersonal an Verkaufstheken gegeben hätte. Denn natürlich wollten die Albrecht-Brüder auch am Personal sparen, und ihr erklärtes Ziel war die Massenabfertigung der Kundschaft. Die ließ sich nun auf verschiedenen Wegen erreichen. Entweder, indem man mehr Personal einstellte, um die Kunden schneller bedienen zu können. Oder aber, indem man dem Kunden die Entscheidung leichter machte.

Das Rezept für den Discount entstand also letztlich aus der Erkenntnis heraus, dass langes Überlegen auf Kundenseite schlecht für den Umsatz ist. Das ist das eigentliche Geheimnis des kleinen Warenangebots in den Aldi-Läden. Irgendwann haben die Herren Albrecht festgestellt, dass es irrsinnig aufhält, wenn der Kunde zwei- und dreimal überlegt, welche Sorte Schuhwichse er jetzt nehmen soll. Als Konsequenz führten sie nur noch eine im Laden: Das Grübeln entfiel, der Kunde griff zu, das Bedienungspersonal war schneller wieder frei für andere Aufgaben.

Man merkt da schon: Wahlfreiheit ist schädlich fürs Geschäft. Der Kunde will vielleicht gar nicht wählen zwischen 20 verschiedenen Jogurts: Es genügt ihm einer. Oder zwei. Aber nicht mehr. Er hat dann nicht das Gefühl der Überforderung, und er fühlt sich trotzdem angenehm bedient.

Nicht viel anders verhält sich das bei den Markenwaren. Durch die Werbung vorgeprägt, springt der Kunde einerseits auf die Waren an, die ihm die Werbung als kaufwürdig eingetrichtert hat. Andererseits gibt es aber so viele verschiedene Produkte, die einem via Werbung als kaufwürdig vermittelt werden.

Vielleicht aus der typischen und ja auch gar nicht so falschen Annahme vieler Leute heraus, dass man bei Markenprodukten für die Marke mitzahle, haben die Albrechts von Anfang an weitgehend auf Markenware in ihrer Angebotspalette verzichtet. Nach dem Motto: Ist zwar keine Markenware, dafür aber günstiger – auch wenn es in Wirklichkeit so nicht stimmt, wie man längst weiß. Billiger ist es zwar – doch hinter den vermeintlichen No-Name-Produkten verbergen sich häufig Marken, die wir alle aus der Fernsehwerbung kennen.

Die Erfindung der Handelsmarken – so nennt man das, wenn längst eingeführte Namen unter dem Siegel des Einzelhändlers auftreten – war in jeder Hinsicht ein genialer Schachzug der

Discounter. Produkte von Handelsmarken haben eine einigermaßen gesicherte Warenqualität, können aber billiger angeboten werden als die Markenware. Der Hersteller wiederum hat ebenfalls einen Vorteil von dem ganzen Deal. Einerseits machen die großen Mengen, die in den tausenden von Discountfilialen umgesetzt werden, so oder so einen satten Gewinn möglich. Und andererseits verhindert das eigene Engagement, dass ein anderer Wettbewerber mit dem Discounter ins Geschäft kommt und der eigenen Marke über die Marktmacht der Discounter zu stark zusetzt.

Für den allerdings kann die eigene Handelsmarke auch zum Druckmittel werden. Eigenmarken erlauben es, andere Lieferanten im Preis zu drücken – und so auch Markenware billiger als andere anzubieten. Das Angebot in den Schlecker-Filialen umfasst rund 4000 Artikel, schon vergleichsweise viel für einen Discounter. Rund 15 Prozent davon gehören zur Eigenmarke »AS«, am besten davon verkaufen sich die Billigzigaretten »Commodore« und das Tierfutter. Eigenmarken stehen vorne, weil sie eine höhere Gewinnspanne haben, die beworbenen Sonderangebote hinten im Laden, damit man erst einmal das ganze Sortiment ablaufen muss und vielleicht doch noch was einsteckt. Wer da mit seiner Markenware einen Platz finden will, wird nach Möglichkeit erst einmal entgegenkommen, und zwar beim Preis.

Eine Praxis, die man auch bei Lidl erkennen kann. Die Gruppe von Dieter Schwarz arbeitet gerne mal mit Kampfpreisen bei Markenartikeln. Denn da hat der Kunde den direkten Vergleich zum normalen Supermarkt. Den Markenherstellern ist das zwar nicht recht, aber was soll man machen? Lidl hat eine gewisse Potenz auf dem Markt – und obendrein auch noch eine Reihe von Eigenmarken, die man zur Not ja auch noch aktivieren kann, wie es sich für einen gestandenen Discounter gehört.

Öffentlich kritisieren, heimlich produzieren

In der Branche geht man oft etwas verschämt mit der Tatsache um, dass man die gleiche Ware, die im herkömmlichen Supermarkt für teures Geld angeboten wird, im Discounter plötzlich 20 Prozent weniger kostet. Kommt so etwas ans Licht der Öffentlichkeit, dann heißt es gerne, die Zusammensetzung des jeweiligen Produkts sei dann doch etwas anders als für die normale Markenproduktion, sei also gar nicht so direkt zu vergleichen. Meistens ist das wohl nicht mehr als eine Schutzbehauptung. Denn die Rezeptur beispielsweise eines Schokoriegels extra für Aldi, Lidl oder Schlecker zu ändern, käme in den meisten Fällen der industriellen Produktion doch erheblich teurer, als bei der normalen Herstellung zu bleiben und einfach höhere Stückzahlen durchlaufen zu lassen.

Bisweilen entbehrt es auch nicht einer gewissen Scheinheiligkeit, wie die eigentlichen Hersteller mit dem Phänomen der Handelsmarken umgehen. So beklagte sich 2002 der Vorstandsvorsitzende des Hannoveraner Keksherstellers Bahlsen über die Handelsmarken der Discounter. Die hätten seinem Unternehmen ein Umsatzminus von 3 Prozent eingebrockt, und außerdem würden sie sowieso den Markenmarkt aushöhlen. Sein Unternehmen mischt allerdings in diesem Segment kräftig mit, was der Vorstand freilich nicht erwähnte. Über das Tochterunternehmen Ibu GmbH, eine Firma mit einem Postfach in Neu-Isenburg, liefert Bahlsen die beliebten Ibu-Kartoffelchips an Aldi, nach wie vor ein Renner im Stammsortiment. Und die »Marbello Choco Röllchen« bei Schlecker kommen zwar, wie auf der Packung vermerkt, von der Gottena Keks- und Waffelfabrik in Schneverdingen. Aber auch das ist eine Tochter von Bahlsen, und dort heißen die Schokokekse »Waffeletten«. Das Mitleid mit dem Keksfabrikanten aus Hannover darf sich also in Grenzen halten.

So verhält es sich mit vielen großen Markenherstellern. Müller-Milch liefert den Jogurt »Milbona« für Lidl, das »Almsana Buttermilch Dessert« für Plus und die »Milsani Reine Buttermilch« für Aldi sowie den »elite Milchreis Zimt« für Penny; die Ehrmann AG steuert wiederum bei Lidl den Frischkäse »Fruit King« bei und bei Aldi das »Desira Quark Dessert«. Die Homann Feinkost GmbH nennt sich bei Lidl »Gut Frielingshof« und liefert Tunfisch- oder Budapester Salat. Katjes-Jogurt-Fruchtgummi heißen bei Aldi »Sweetland« und Ültjes-Cashewkerne »Farmer Cashews«, die Campino Sahnebonbons von Storck nennen sich »Van Bolten«. Auch FC-Bayern-Manager Uli Hoeneß ist mit seiner Howe Wurstwaren GmbH aus Nürnberg mit Aldi im Geschäft. Dort verkauft er seine »Nürnberger Rostbratwurst«, jeweils 14 Stück mit einem Gesamtgewicht von 300 Gramm.

So geht das quer durchs Sortiment aller Discounter. Viele bekannte Marken verdienen mit am Geschäft der Billigheimer, weil es dort die Masse macht und auch noch ein ordentlicher Gewinn herausspringt, wenn deren Handelsmarken bis zu einem Drittel weniger kosten als das eigene Markenprodukt. Wenige Marken sind so stark wie der Gummibärchenhersteller Haribo. Als Aldi-Nord die Haribo-Mischung »Colo-Rado« umtaufen wollte in »Casino Mix«, blieben die Tüten ganz einfach im Regal liegen. Der Kunde wollte Haribo, und so kehrte auch Aldi schleunigst zurück zum ursprünglichen Namen.

*

Die Ironie bei der ganzen Geschichte ist, dass Aldi inzwischen längst selbst eine Marke im besten Sinne geworden ist. Mit Aldi verbindet sich heute ein gewisses Lebensgefühl, eine Art Lifestyle. Aldi als Marke ist heute in Deutschland sogar bekannter als eine der stärksten Marken der Welt, Coca-Cola, und stärker auch als Nivea. Aldi, die einzige Marke, die selbst keine erklärten Markenprodukte führt – eine erstaunliche Leistung.

Und das alles alleine nur durch Sparen erreicht?

Man glaubt es kaum, aber tatsächlich: Es ist so. Aldi hat es über die Jahrzehnte hinweg verstanden, sich den Ruf zu verschaffen, wie besessen zu sparen, alles nur im Interesse des Kunden. Allein das ist schon eine gewaltige Marketingleistung für ein Unternehmen, das überhaupt keine Marketingabteilung hat. Zu tun hat das wohl mit einem Image des Aldi-Konzerns, das Hannes Hintermeier in seinem Buch *Die Aldi-Welt* sehr zutreffend so beschreibt: »Nicht mit amerikanischem Glamour hat sich das Unternehmen nach oben gearbeitet, sondern mit bodenständiger Zielstrebigkeit, mit einem gewissen Muff und einem in letzter Konsequenz spießigen Habitus.« Gegen Spießer mag man manches haben, aber eine gewisse Redlichkeit traut ihnen die übergroße Mehrheit anscheinend doch zu.

Nein, Aldi hat keine Marketingabteilung und braucht auch keine. Aldi braucht auch vieles andere nicht, was große Konzerne sonst haben und was viel Geld kostet. Dieter Brandes hat in seinem Aldi-Bestseller *Konsequent einfach* unter der schönen, fast schon philosophisch-religiös verklärenden Überschrift »Askese als Grundprinzip« nicht weniger als 21 Punkte aufgezählt, worauf man bei Aldi verzichtet.

Man muss diese 21 Punkte nicht im Detail aufzählen; sie lassen sich auch relativ kurz zusammenfassen. Verzichtet wird auf alles, was die Verwaltung und die Hierarchie aufblähen könnte. So gibt es keine Stabsstellen für besondere Aufgaben in der Aldi-Geschäftsführung, kein Controlling und keine besondere Jahresplanung, keine nach wissenschaftlichen Methoden aufgearbeitete Statistiken, die jedes Detail des Geschäftsverlaufs ausweisen. All das bindet Kräfte, kostet Arbeitszeit und Geld, und eigentlich – so Brandes, so Aldi – ist das ja originäre Aufgabe der Geschäftsführung. Statt irgendwelcher Stabsstellen arbeiten einzelne Regionalgeschäftsführer an Sonderprojekten, das Controlling haben sie sowieso nebenbei mit zu erledigen, und an Statistiken erhalten sie nicht mehr als das, was auf ein paar DIN-A4-Blätter passt. Die enthalten wenige Schlüsselzahlen, anhand deren sie etwa den Erfolg einzelner Filialen bemessen können. Mehr braucht es nicht, alles andere verwirrt nur und bindet Kräfte, die anderswo besser eingesetzt werden können.

Es gibt bei Aldi und bei den anderen großen Discountern auch keine besonders ausgefeilte Technik der Marktbeobachtung oder gar externe Marktforschung, keine Kundenbefragungen oder irgendwelche wissenschaftlichen Analysetechniken. Auch das wird sozusagen in biederer Heimarbeit als Zusatzaufgabe von Bezirksleitern gleich miterledigt. Legendär sind die mittäglichen Probeverkostungen in den Aldi-Zentralen: Da werden die Angestellten zusammengerufen, um sie mit den eigenen Produkten zu verköstigen – ob sich Aldi dadurch eine Kantine spart, weiß man nicht. Jedenfalls werden die Produkte dann verglichen mit den Waren der Konkurrenz, und es wird konkret entschieden, ob die Qualität noch passt oder nicht. Da kann es dann schon mal passieren, dass ein Lieferant seinen Auftrag verliert, weil die Regionalgeschäftsstelle Nortorf geschlossen befand, das Produkt des Konkurrenten sei wesentlich wohlschmeckender als seines.

Auch mit der Markteinführung neuer Waren im Sortiment hält man sich bei Aldi in der Regel nicht lange auf. Der Test wird nicht groß begleitet von irgendwelchen Marketingbüros, es gibt keine Umfragen, es werden keine Kundenwünsche mühsam zu entschlüsseln versucht. Sondern man führt den Artikel einfach ein paar Wochen lang in drei mehr oder weniger ausgewählten Filialen. Verkauft er sich dort gut, dann kommt er auch in die anderen Filialen. Verkauft er sich nicht so gut, dann war's das eben.

Auch sonst arbeitet man gerne mal nach dem System »Trial

& Error«. Und zwar so, dass sich der Schaden in Grenzen hält, wenn die Sache misslingt, und der Gewinn im Erfolgsfall exorbitant ist: Denn viel eingesetzt hat man ja nicht.

Niedrige Kosten also. Das gilt auch für die Verwaltung – also für alles, was mit dem eigentlichen Kontakt zum Kunden relativ wenig zu tun hat. Die Büros bei Aldi und Co. sind ähnlich spartanisch ausgestattet wie die Filialen, es gibt außer einem ordentlichen Gehalt keine besonderen Vergünstigungen. Dienstwagen fahren die oberen Chargen zwar auch, Sonderausstattungen sind in der Regel aber nicht vorgesehen. Was Effektivität angeht, lassen sich die großen Discounter sowieso nichts vormachen. Unternehmensberater werden erst gar nicht beauftragt – wie die beiden Albrecht-Brüder ganz richtig erkannt haben, kosten die nur Geld. Auf die Erkenntnisse, die sie in aller Regel versprechen und auf die die Ratschläge großer Beratungsfirmen meist hinauslaufen, nämlich dass man durch 10 bis 20 Prozent Personalabbau Kosten sparen kann, sind die Albrechts schon längst selbst gekommen. Denn wo, bitte schön, will man bei Aldi noch Personal abbauen?

Die Billig-Lüge und das Personal

Die Personaldecke ist sowieso dünn gestrickt bei allen Discountern, und man hält sich viel zugute auf die »flachen Hierarchien«, in denen praktisch jeder, der zur Leistung bereit sei, schnell aufsteigen könne. Natürlich, den Führungsnachwuchs holt man sich meist doch von den Wirtschaftsakademien oder aus Traineeprogrammen. Aber die angehenden Bezirksleiter und Regionalgeschäftsführer müssen wie alle anderen auch an der Basis anfangen, müssen in den Filialen Regale auffüllen, kassieren und den Boden wischen. Das erzieht nicht nur zur Bescheidenheit, wie sie sich die altgedienten Familienunternehmer Albrecht, Schwarz und Schlecker vielleicht vorstellen. Sondern es gibt dem hoffnungsfrohen Nachwuchsmanager auch gute Einblicke in die Tricks und Finten der normalen Filialangestellten. Wer weiß, wie die eine oder andere Vorschrift der Firmenleitung geschickt umgangen werden kann, ist als Führungskraft auch in der Lage, diese Tricks zu unterbinden, und lässt sich von seinen mies bezahlten Beschäftigten später nicht auf der Nase herumtanzen.

Flache Hierarchien also. Es gibt vor allem die einfachen Filialangestellten, oft Aushilfen oder Teilzeitbeschäftigte, darüber den Filialleiter nebst Stellvertreter oder Stellvertreterin. Die müssen dafür sorgen, dass der Laden in Schwung bleibt, und bekommen dafür auch mehr Geld. Sie sind wiederum den Bezirksleitern verantwortlich, von denen in aller Regel schon sehr viel mehr erwartet wird als von ihren Untergebenen.

Arbeitszeiten von bis zu 80 Stunden pro Woche, berichten ehemalige Bezirksleiter, seien keine Seltenheit. Denn es gilt ja, ein Auge zu haben auf alles, was in den sechs bis acht Filialen geschieht, für die ein Bezirksleiter zuständig ist: Ob die Angestellten auch fleißig arbeiten und putzen, ob sie nichts verschwinden lassen. So stehen die Bezirksleiter schon manchmal früh um sechs vor dem Geschäft, um unauffällig zu kontrollieren, ob auch alle da sind, um den Laden für das Tagesgeschäft herzurichten, Waren einzuräumen und das Lager neu zu beschicken. Abends dann, nach Geschäftsschluss, kommt der Bezirksleiter wieder, um die Handtaschen seiner Verkäuferinnen durchzusehen, ob sie auch ja nichts ohne Quittung haben mitgehen lassen.

So etwas fordert den ganzen Mann, den vollen Einsatz. Wer bereit ist, den zu geben, kann noch weiter aufsteigen, bei Aldi erst einmal Verkaufsleiter werden, der für sechs bis acht Bezirksleiter zuständig ist, oder sogar Regionalgeschäftsführer. Das ist die höchste Stufe der Hierarchie. Der Geschäftsführer ist für 60 bis 80 Filialen und für das Zentrallager zuständig, die er – sofern ihm diverse Nebenjobs, die anderswo eben Stabsstellen erledigen, dafür Zeit lassen – gerne auch selber überwachen kann. Stichprobenweise zumindest.

Als Vorbild kann er sich da die Firmengründer der diversen Discounter wählen. Sowohl die Albrecht-Brüder als auch Dieter Schwarz und Anton Schlecker waren jahrzehntelang berühmt dafür, dass sie plötzlich in irgendeiner ihrer Filialen auftauchten und an der Sauberkeit der Geschäftsräume oder der Geschwindigkeit der Kassenkräfte herummäkelten oder gelegentlich vielleicht sogar ein Lob aussprachen. Inzwischen sind diese gefürchteten Besuche seltener geworden. Erstens kommen die Firmengründer der ersten Generation nun langsam ein wenig in die Jahre und fahren nicht mehr so gerne in der Gegend herum. Und außerdem ist das Netz der Großdiscounter auch ein bisschen unübersichtlich geworden. Wer jede Woche zwei neue Filialen aufmacht, kann da schon leicht einmal den Überblick verlieren.

Über der Regionalgeschäftsführung steht nur noch der Verwaltungsrat – im Falle von Aldi – und die Unternehmensleitung. Auch die ist extrem flach angelegt, von »Leaner Management« muss man den Albrechts nichts erzählen, da würden sie nur müde lächeln. In der Essener Zentrale von Aldi-Nord beispielsweise sitzen gerade mal an die 25 Leute – nicht eben üppig für die Zentrale eines Weltkonzerns. Das sind die Firmengeschäftsführung, Sekretärinnen und sechs Chefeinkäufer, von denen jeder ein Jahresbudget zwischen ein und zweieinhalb Milliarden Euro unter sich hat. Damit hat es sich dann schon.

Der Aldi-Verwaltungsrat aber ist das oberste Gremium. Ihm gehören neben der Unternehmensleitung alle Regionalgeschäftsführer an, und für das operative Geschäft haben die Discountkönige Männer ihres Vertrauens eingesetzt, so sie sich aus Alters- oder anderen Gründen nicht mehr in der Lage sehen, die Geschäfte selber zu führen.

Eine solche Hierarchie ohne große Nebenverästelungen ist wegen ihrer Übersichtlichkeit vergleichsweise leicht zu führen. Insofern ist sie ein direktes Pendant zum flachen Sortiment der Discounter. Wo ein normaler Supermarkt bis zu 20 000 Artikel im Sortiment führt, beschränken sich die Discounter auf das Wesentliche. Aldi zum Beispiel hat ein Grundsortiment von rund 650 Artikeln im Süden und an die 750 im Norden. Bei Norma listet man 800 Artikel, Lidl ist mit 1200 verschiedenen Waren schon die Spitze.

Das ist sehr übersichtlich und auch von Einzelpersonen noch leicht zu überblicken ohne große Statistiken und ohne irgendwelche Hilfstruppen, die einem sagen, was Sache ist. Jeder Filialleiter kann so auf Anhieb sagen, welcher Artikel sich besonders gut verkauft, welcher weniger; jede Kassenkraft ist in der Lage, sich den Preis für einzelne Waren zu merken und muss nicht lange nachfragen, was etwas kostet. Das war früher besonders wichtig, denn Aldi-Nord hatte noch bis 2003 aus Kostengründen keine Scannerkassen. Und außerdem steht der Kunde bei einem knappen Sortiment nicht lange vor dem Regal, um sich für einen bestimmten Artikel zu entscheiden – er hat ja im Grunde keine Wahl und muss eben zugreifen oder auch nicht.

So bleiben die Waren nicht lange im Regal, sondern fließen schnell ab. Auch das ist ein Kennzeichen für den Discount: die schnelle Umschlagsgeschwindigkeit, die keine hohen Lagerkosten kennt. Denn was nicht herumsteht, sondern schnell verkauft wird, verursacht auch keine großen Kosten. So kommen Aldi, Lidl und Schlecker mit vergleichsweise geringen Lagerflächen und ebenso geringen Kosten für Immobilien aus.

Selbst die Zentrallager, die jeweils eine Region beliefern, sind nach diesem Prinzip angelegt. Sie liegen immer dicht an einer Autobahnauffahrt und sind so groß wie fünf bis sechs Fußballplätze. Nach einem ausgeklügelten Zeitplan wird hier an- und ausgeliefert; oftmals dient das Lager nur als Durchlauferhitzer:

Was vorne vom Hersteller angeliefert wird, wird hinten ein paar Minuten später schon in die Aldi-Laster verladen, die dann die einzelnen Filialen ansteuern. So brauchen die meisten Paletten nicht lange zwischengelagert zu werden, was die Kosten niedrig hält.

Die Logistik der Zentrallager ist demnach ein wichtiger Bestandteil des Discountsystems – bei allen Vertretern dieser Spezies. Je ausgeklügelter das System ist und je reibungsloser es funktioniert, desto mehr Geld springt dabei heraus. Perfektioniert hat dieses System Lidl in seinen französischen Gesellschaften. Dort kommt die Ware in den Zentrallagern an und bleibt im Höchstfall ein bis zwei Tage, denn nach dem vierten Tag muss sie in den Filialen verkauft sein, lautet die eiserne Lidl-Regel. Angenehmer Nebeneffekt für das Unternehmen: Bezahlt wird die Ware erst nach einem Monat. Das Geld aus dem Verkauf hat Lidl aber schon nach vier Tagen, es kann also 26 Tage lang gewinnbringend angelegt werden.

Man sieht, es gibt zahlreiche Möglichkeiten, die Dinge noch ein bisschen besser zu machen und noch ein bisschen mehr zu sparen an den Kosten. Wenn jemand kreativ, findig und einfallsreich ist auf diesem Gebiet, dann sind es die deutschen Discounter.

Wenn Milliardäre stiften gehen

Natürlich gehört zum Sparen an den als unwesentlich betrachteten Details auch der kreative Umgang mit den Firmenstrukturen. Man kann es drehen und wenden, wie man will: Ein Betriebsrat, ja noch dazu ein Gesamtbetriebsrat, kostet ein Unternehmen immer etwas, manchmal sogar sehr viel. Und Steuern belasten ebenfalls die Kostenseite. Umso wichtiger scheint es, den Aufwand für diese beiden aus Unternehmersicht sehr unerfreulichen Kostenträger möglichst gering zu halten. Je nach gesellschaftsrechtlicher Stellung des Unternehmens gibt es da diverse Möglichkeiten. Zum Beispiel muss eine jede Firma ab einer bestimmten Größe einen Betriebsrat zulassen, und auch bei den Steuern ist sie nicht ganz frei. Aber die beiden größten unter den deutschen Discountern, Aldi und Lidl, haben kreative Lösungen gefunden, um auch hier effizient Kosten zu sparen.

Vorreiter waren auch hier wieder einmal die beiden Albrecht-Brüder. Sie kamen schon früh nicht nur auf die Idee, ihr Firmenimperium zu teilen und es in regionale Gesellschaften aufzugliedern. Die durften dann jeweils nur so groß werden, dass sie sich nicht zu einem Konzern zusammenrechnen ließen und somit der Bilanzpflicht unterlagen. Das war speziell in den siebziger Jahren, als Aldi geradezu rasant wuchs, offenbar nicht ganz einfach. Hannes Hintermeier spricht in seinem Buch *Die Aldi-Welt* von einem »veritablen Wirtschaftskrimi«: »Je rascher das Wachstumstempo, desto schneller die Tarnmanöver.« Oftmals hätten selbst Banken und Lieferanten nicht mehr so genau gewusst, mit welcher der schnell wachsenden und sich spaltenden Regionalgesellschaften sie gerade Geschäfte gemacht hatten.

In den siebziger Jahren aber kamen die Albrecht-Brüder – oder vielmehr ihre Finanz- und Vermögensverwalter – auf eine noch viel genialere Idee: Sie begannen mit der Gründung von Stiftungen, die als formale Rechtsträger ihrer Unternehmen dienen sollten.

Stiftung: Das Wort hat im Deutschen einen schönen Beiklang von Gemeinsinn und sozialem Engagement. Neun von zehn Deutschen würden dahinter spontan wohl einen ehrwürdigen Zweck vermuten: Offenbar will da jemand seinen Reichtum teilen mit jenen, die weniger haben. Stiftung, das klingt nach karitativer Wohltat und Gemeinnützigkeit.

Mit der Wirklichkeit des Stiftungsrechts in Deutschland hat das freilich so gut wie gar nichts zu tun. Die allermeisten Stiftungen dienen nicht dazu, etwas für die Gemeinschaft zu leisten.

Sie sind einfach nur dazu das, das Lebenswerk eines Unternehmers oder einer vermögenden Familie zu sichern, die Nachkommen zu versorgen und nach Möglichkeit auch, Steuern zu sparen. Die meisten Stiftungen werden gegründet, weil Firmeninhaber nicht wollen, dass die Nachkommen eines Tages das Unternehmen unter sich aufteilen und verscherbeln. So machen sie eine Stiftung zum Eigentümer des ganzen Betriebes und lassen per Satzung festlegen, dass die Familie entsprechende Anteile aus dem Stiftungsvermögen bekommt, das ganze Unternehmen aber niemals verkaufen kann. Denn die Stiftung als Eigentümer ist rein rechtlich betrachtet unsterblich und kann nicht so ohne weiteres aufgelöst werden. Familienstreitigkeiten und Erbschaftsauseinandersetzungen können ihr und somit dem Unternehmen also nichts anhaben. Auch der Verkauf einer ganzen Unternehmensgruppe an Dritte ist nur sehr schwer möglich. Somit sind Stiftungen in aller Regel nichts anderes als Rechtsinstrumente, die die Zerschlagung eines Unternehmens verhindern. Mehr nicht.

So ist es auch im Falle der Stiftungen der beiden Albrecht-Brüder. Große mildtätige Werke kann man ihnen nicht nachsagen, sieht man einmal von Theo Albrechts Markus-Stiftung ab, die offenbar nicht zu Unrecht den Namen eines Evangelisten trägt: Von ihr immerhin kann man sagen, dass sie zumindest in den späten Siebzigern in dem schleswig-holsteinischen Ort Nortorf, wo sie ihren Sitz hat, jedes Jahr in der Vorweihnachtszeit einen Scheck an die Kirchengemeinde schickte – für sozial schwache Bürger. Immerhin Jahr für Jahr eine Summe zwischen 2000 und 3000 Mark. Soll noch mal einer sagen, der Milliardär Albrecht ließe sich lumpen.

So weit das, was von der karitativen Tätigkeit der beiden Albrecht-Brüder ans Licht der Öffentlichkeit drang. Der eigentliche Zweck der beiden Albrecht'schen Familienstiftungen jedoch lag und liegt darin, die Mehrheiten zu halten an den weit verästelten Aldi-Regionalgesellschaften, das ist sowohl bei der Nord- als auch bei der Südgruppe so. Vermutlich liegt es daran, dass die Umwandlung in Stiftungen von den beiden Brüdern, um Kosten zu sparen, bei dem gleichen Essener Notariat beurkundet worden ist. Der Notar übrigens ging auch abgesehen von den sicher beträchtlichen Gebühren für eine derartige Transaktion nicht leer aus. Er durfte bei der Aldi GmbH & Co. KG in Würselen, einer der Regionalgesellschaften, 1 Million Mark des Kommanditkapitals zeichnen, und in der Nordgruppe hat er Sitz und Stimme in der Theo-Albrecht-Stiftung.

Verwirrung als oberstes Geschäftsprinzip

Und wie sieht sie nun aus, die Stiftungs- und Firmenstruktur der Aldi-Brüder? Ganz einfach im Grunde, auch wenn die ganze Angelegenheit durch eine Vielzahl von Unter-, Neben- und Seitenfirmen ein wenig unübersichtlich wirken mag. Das hat ja offensichtlich nur den Zweck, die wahre Betriebsgröße ein klein wenig zu verschleiern, die Publizitätspflicht zu umgehen und einen Konzernbetriebsrat zu verhindern. An der Spitze der gesamten Konstruktion steht jedenfalls in beiden Aldi-Fällen eine Hauptstiftung – im Norden, dem Reich von Theo Albrecht, die Markus-Stiftung, im Süden, Karls Revier, die im bayerischen Eichenau ansässige Siepmann-Stiftung, ein Pseudonym, das sich Karl Albrecht eines Tages zugelegt hat.

Diese Stiftungen wiederum sind mit großer Mehrheit an den regionalen Aldi GmbH & Co. KGs beteiligt; im Süden gibt es davon etwa 30, im Norden um die 35. Genaue Zahlen nennt die Unternehmensgruppe nicht, das ist Geschäftsgeheimnis. Und – siehe oben – diese Zahlen können sich ja auch schnell mal wieder ändern. Jede der Regionalgesellschaften ist formal selbstständig; ihr unterstehen in der Regel so um die 75 Filialen. Wird eine gewisse Anzahl an Umsatz und Filialen überschritten, so beginnt die Zellteilung, eine neue Regionalgesellschaft wird gegründet – vielleicht um die Publizitätspflicht zu vermeiden? Das ganze Konstrukt wird operativ geleitet vom Verwaltungsrat – einem Gremium, das rein rechtlich keine besondere Stellung hat, sich aber aus den Regionalgeschäftsführern zusammensetzt und den ganzen Konzern, der keiner sein darf, steuert.

Natürlich ist mit diesem stark vereinfachten Schema erst einmal nur die Grundstruktur vorgegeben. In Wirklichkeit sind die Beteiligungsverhältnisse schon noch eine Spur komplizierter. Um nur einmal das Beteiligungsverhältnis der Aldi-Nord-Gruppe zu nehmen: Hier besitzen nach den Angaben des ehemaligen Aldi-Insiders Dieter Brandes die Familienmitglieder Theo Albrecht, seine Frau Cilly, sein Sohn Theo junior und dessen Bruder Berthold zusammen nur etwa 1 Prozent der Anteile an sämtlichen Regionalgesellschaften. Die übergroße Mehrheit der Anteile, etwa 99 Prozent, sind im Besitz verschiedener Stiftungen, unter anderem von Theo Albrechts Markus-Stiftung, in der er auf Lebenszeit als erster Vorstand fungiert, mit 68 Prozent, und einer weiteren, der Lukas-Stiftung, der mindestens 14 Prozent gehören.

Ähnlich ist der Fall im Süden gelagert. Dort ist Karl Albrechts Siepmann-Stiftung wichtigster Kommanditist des Aldi-Konstrukts; daneben gibt es auch noch eine Maria-Albrecht-Stiftung, die, wie der Name schon sagt, Karls Frau Maria gehört. Sämtliche Stiftungen sind wiederum, zum Teil über zwischengeschaltete GmbHs oder andere Firmen, an den Aldi-Regionalgesellschaften beteiligt oder an anderen Nebenunternehmungen wie der Essener Dienstleistungs-Einkaufsgesellschaft Aldi GmbH & Co. OHG, die den Einkauf für sämtliche Regionalgesellschaften der Nordgruppe unter sich hat, oder der Mülheimer Aldi Grundstücksgesellschaft mbH & Co. KG, die für die Verwaltung der Aldi-Immobilien und Grundstücke im Süden zuständig ist.

Sie hat übrigens ein Pendant im Norden, die A+G Grundstücksvermietungs- und Verwaltungsgesellschaft mbH mit Sitz in Herten. Geleitet wird sie von Theo Albrechts Frau Cilly, und das offenbar nicht schlecht: »Ihre Immobilienverwaltung ist eine Gigantin in puncto Landerwerb und Häuserkauf«, schreibt Hannes Hintermeier, »schon Mitte der achtziger Jahre munkelte *Capital* vom ›Aufbau eines Immobilienimperiums zwischen Flensburg und Garmisch-Partenkirchen‹.«

Damit sei nur ein erster Einblick in das äußerst verschachtelte Firmenimperium der Albrechts gegeben, das wohl einige hundert Unternehmen umfassen dürfte, von denen manche keinen anderen Zweck haben, als das eigene Vermögen zu verwalten. Da fragt es sich, wer überhaupt noch einen einigermaßen vollständigen Überblick über dieses ganze Geflecht von unterschiedlichsten Firmen hat? Sind es die Albrecht-Brüder selbst? Haben sie einen Spezialisten angestellt, der immer auf dem Laufenden ist? Wohl kaum, bedenkt man ihren beinahe schon sprichwörtlichen Geiz …

Vom Prinzip der »konsequenten Einfachheit«, das im Zusammenhang mit Aldi von Unternehmensberatern und ehemaligen Aldi-Managern immer wieder gern ins Feld geführt wird, wenn es um den beispiellosen Erfolg des Discountkonzepts geht, ist im Fall der Firmenstruktur jedenfalls wenig zu merken. Aber natürlich hat diese Undurchschaubarkeit schon ihren Sinn, und diene sie nur dazu, Gewinne der gesamten Unternehmensgruppe ein wenig kleiner zu rechnen, als es bei einem eindeutigeren Aufbau vielleicht möglich wäre.

So machen es alle – wenn es nur geht

Das mag merkwürdig klingen in einer öffentlichen Wirtschaft, von der man glauben möchte, jeder größere Konzern sei unter ständiger Beobachtung nicht nur der staatlichen Behörden, sondern vor allem auch der Wirtschaftspresse und verschiedenster Organisationen. Dabei ist es gar nicht so ungewöhnlich, dass große Handelskonzerne nicht verraten, wie es tief drinnen aussieht. Die Metro-Gruppe, lange Zeit der größte Handelskonzern Europas mit Sitz in Düsseldorf, betrieb über Jahrzehnte hinweg nicht nur Handel, sondern auch Geheimniskrämerei in großem Maßstab. Der Essener Lederwarenkaufmann Otto Beisheim hatte den Konzern in den sechziger Jahren gegründet; von einer Reise in die USA hatte er die Idee mitgebracht, große »Cash & Carry«-Märkte aufzubauen, und eröffnete seinen ersten Markt 1964 mit einer Verkaufsfläche von 14 000 Quadratmetern in Mülheim an der Ruhr. Muss eine gute Gegend sein für Neugründungen im Einzelhandelssegment, auch Aldi-Süd hat ja dort seinen Geschäftssitz …

Beisheim hatte jedenfalls mit seiner unerhörten Geschäftsidee ebenso unerhörten Erfolg. Von Transparenz hielt er aber wohl nichts. Von der Wirtschaftspresse wurde er immer wieder heftig kritisiert, weil er auch nach mehreren Aufkäufen und Fusionen keine konkreten Geschäftszahlen herausrücken wollte. Mit der Geheimniskrämerei war erst 1996 Schluss, als die Metro-Gruppe an die Börse ging. Denn ohne ordentliche öffentliche Bilanz ist kein Börsengang möglich, und damit war auch die Metro gezwungen, ihr verschlungenes Firmengeflecht und ihre Geschäftszahlen offenzulegen. So weiß man inzwischen auch recht gut Bescheid, was die Metro-Gruppe und insbesondere auch ihre zwei führenden Elektro-Discounter, Saturn und der Media Markt, verdienen.

Will so ein Konzern jedoch überhaupt nicht an die Börse, sondern ein gestandenes Familienunternehmen bleiben, so besteht überhaupt keine Notwendigkeit, irgendwelche Zahlen offenzulegen oder eine klare, übersichtliche Firmenstruktur zu haben. Das erlaubt nur Freund und Feind Einblick in Geschäftsfelder und Strategien, und so etwas will man halt gerne vermeiden, wenn es irgendwie geht. Damit das irgendwie geht, sorgt man am besten durch eine gewisse Unübersichtlichkeit dafür, dass niemand allzu viel Einblick bekommen kann.

Dieter Schwarz, ein gelehriger Schüler

Auffallend ist jedenfalls, dass der einzige wirkliche und große Aldi-Konkurrent Dieter Schwarz seine Lidls und Kauflands nicht sehr viel übersichtlicher organisiert hat als die Brüder Karl und Theo. Natürlich gibt es auch bei der Schwarz-Gruppe auf Anfrage keinerlei irgendwie aussagekräftiges Organigramm. Und keinerlei Auskunft über den tatsächlichen Firmenbesitz. Insider sagen, die Schwarz-Gruppe bestehe aus nicht weniger als 600 verschiedensten Unternehmen, aber genau weiß es keiner. Die Gewerkschaft Verdi interessiert sich sehr für die Struktur der Unternehmensgruppe, weil sie glaubt, dort einen Gesamtbetriebsrat einfordern zu können, sofern es ihr gelingt, eine Konzernstruktur nachzuweisen. Sie hat sogar den Düsseldorfer Wirtschaftsanwalt und Volkswirt Thomas Schmidt damit beauftragt, die Vermögensverhältnisse und gesellschaftsrechtlichen Verflechtungen innerhalb der Schwarz-Gruppe zu erforschen. Er ist noch lange nicht am Ende seiner Nachforschungen. Mitte 2004 legte er einen Zwischenbericht vor, in dem es heißt: »Die Struktur der Dieter-Schwarz-Gruppe ist typisch für Familienunternehmen, die insbesondere Transparenz und Mitbestimmung vermeiden wollen.«

Kann man wohl so sagen. Insbesondere wenn man Lidl und die Schwarz-Gruppe mit Aldi vergleicht. In beiden Fällen ergibt sich das nämliche Bild: an der Spitze eine Stiftung, darunter eine Fülle von vermeintlich freien Unternehmen, die für das Tagesgeschäft zuständig sind. Diese Unternehmen sind keine Gebilde für die Ewigkeit, sondern sie können den aktuellen Bedürfnissen sehr schnell angepasst werden. Da wird aus- und umgegliedert, wie es gerade erforderlich scheint, und wenn irgendwo ein größerer Betriebsrat zu entstehen droht, dann wird dieser Unternehmensbereich eben mal ganz schnell umstrukturiert: Gefahr erkannt, Gefahr gebannt. Eine klare Struktur aufzuzeigen ist deshalb ziemlich schwierig.

Unternehmensgründer Dieter Schwarz hat es jedenfalls geschafft, seine Firmenstruktur noch unüberschaubarer zu gestalten als die der Aldi-Gruppe. Wenn schon nicht beim Umsatz, so ist er seinen großen Konkurrenten wenigstens in dieser Hinsicht voraus. Mindestens acht Stiftungen gehören zur obersten Führungsschicht seiner großen Unternehmensgruppe. Die maßgebliche Position nimmt dabei die Dieter Schwarz Stiftung gGmbH ein. »Sie kann als steuersparender ›Parkplatz‹ für Erträge aus den operativen Kaufland- und Lidl-Gesellschaften gelten«, sagt Verdi,[9] »weil bei dieser Rechtsform unter anderem Steuervorteile und Steuerbefreiungen zum Tragen kommen. Fachleute sprechen von einer ›Finanzzwischenholding‹.« Die »gemeinnützige GmbH« – dafür steht das Kürzel gGmbH – ist eine vom Stifter losgelöste juristische Person, die den Stifterwillen in den Vordergrund stellt und, auch das ist nicht zu verachten, Vorteile bei der Schenkung- und Erbschaftsteuer, der Grunderwerbsteuer garantiert sowie Steuerbefreiungen bei der laufenden Ertragsbesteuerung. Die Ausschüttungen der Schwarz-Gruppe fließen praktisch alle in diese Stiftung ein.

Die Stiftung hält 99,9 Prozent der Anteile an der Schwarz Beteiligungsgesellschaft mbH. In ihr hat Schwarz 1999 sein gesamtes Firmenvermögen mit Ausnahme der Immobilien eingebracht. Die Schwarz Beteiligungsgesellschaft kontrolliert wiederum zu 100 Prozent die Lidl Stiftung & Co. KG sowie die Kaufland Stiftung & Co. KG, die jeweils wieder zu 70 (Lidl) beziehungsweise 30 Prozent (Kaufland) mehreren Immobiliengesellschaften gehören, die von der Schwarz Immobilienverwaltung GmbH & Co. KG oder von der Familie Schwarz gehalten werden. Unter dem Dach dieser beiden Stiftungen befinden sich aber noch zahlreiche weitere Einzelgesellschaften, vor allem die Lidl-Regionalniederlassungen mit Lager und Verwaltungen sowie diverse Vertriebsgesellschaften mit den Filialen.

Über allem aber steht spätestens seit Anfang 2005 die Dieter Schwarz Testamentsvollstreckungs-Vermögensverwaltung GmbH, kurz TV-GmbH genannt, mit Dieter Schwarz als einzigem Gesellschafter. Sie dient vor allem einem Zweck: »Das Unternehmen ist vor der Familie und die Familie vor dem Unternehmen zu schützen«, steht angeblich in Dieter Schwarz' Testament. Für das operative Tagesgeschäft der gesamten Gruppe ist wiederum ein anderes Unternehmen zuständig, die Schwarz Unternehmenstreuhand KG, abgekürzt SUT. Sie dient als strategische Schaltzentrale, die zwar alle Stimmrechte an der Schwarz-Beteiligungsgesellschaft hält, aber nur 0,1 Prozent der Anteile (die übrigen 99,9 Prozent, wir wissen es bereits, hat die Dieter Schwarz Stiftung).

Die Führungsholding SUT wird seit März 2004 geleitet von Klaus Gehrig, einem alten Vertrauten des Firmengründers Schwarz, der nach offizieller Darstellung der Schwarz-Gruppe die »Unternehmerposition in der Unternehmensgruppe Schwarz« übernommen hat. Gehrig kam ursprünglich von Aldi und hat maßgeblichen Anteil am Aufbau von Lidl. Zum Dank dafür wurde er bei der SUT nicht nur Chef, sondern auch Komplementär und persönlich haftender Gesellschafter.

Ein Posten, den Dieter Schwarz in seiner weitverzweigten Unternehmensgruppe sonst für sich vorbehält, zumindest wenn es um Mehrheitsbeteiligungen geht. Auf diese Weise lässt sich mit ein paar Drehs nämlich die Publizitätspflicht umgehen – das heißt, die Firma muss keine Bilanz und keine Geschäftszahlen veröffentlichen.

Eine Praxis, die beim Aufbau der Schwarz-Gruppe offenbar weidlich ausgenutzt wurde. Immer wieder wurde ausgegliedert, neu gegründet oder umstrukturiert, wenn es gerade ins Konzept passte oder wenn ganz einfach mal eine Arbeitnehmervertretung verhindert werden sollte. Um Ideen dafür war Dieter Schwarz offenbar nie verlegen; schwieriger war es hingegen, immer wieder einen neuen Namen für neue Gesellschaften zu finden – kein Wunder bei über 600 verschiedenen Firmen. So gibt es im riesigen Unternehmensreich des Dieter Schwarz doch tatsächlich auch eine XYZ GmbH & Co. KG, an der die Familie Schwarz 94 Prozent der Anteile hält. Namen sind nur Schall und Rauch.

Und wozu der ganze Humbug? Für die Gewerkschaft Verdi ist die Sache klar: »Es geht offenkundig um die bestmögliche Verschleierung von Macht- und Entscheidungsstrukturen. Sowohl die Pflicht zur Veröffentlichung von Jahresabschlüssen als auch Mitspracherechte der Arbeitnehmerseite konnten auf diesem Weg bislang unterlaufen werden.«[10]

Man darf davon ausgehen, dass diese Einschätzung richtig ist. Denn für einen echten Discountpionier kann es nur einen Grund geben, sich eine vollkommen verwirrende und unübersichtliche Firmenstruktur zu verpassen: weil man damit eine Stange Geld sparen kann. Alles andere wäre einfach nicht im Sinne des Systems.

Doch halt: Es wäre ungerecht, einem Unternehmer wie Dieter Schwarz nichts als Geschäftssinn zu unterstellen. Der Mann beweist nämlich auch Gemeinsinn – jedenfalls mehr, als es seine Konkurrenten von Aldi tun. So ist immerhin bekannt geworden, dass er die Sanierung des Turms der Heilbronner Kilianskirche mit 510 000 Euro aus der Schwarz-Stiftung unterstützt hat. Und auch der Komödiantenbrunnen in der Heilbronner Fußgängerzone soll nur dank seines finanziellen Engagements renoviert worden sein. Schwarz unterstützt den Schüleraustausch in seiner Gemeinde und stellt auch mal Lebensmittel kurz vor Ablauf des Verfallsdatums für eine gemeinnützige Organisation, die »Heilbronner Tafel«, zur Verfügung, die das Essen dann an Obdachlose und andere Bedürftige weiterverteilt. Allerdings, so heißt es, lässt Schwarz schon mal nachprüfen, ob die Waren auch ihre Empfänger erreichen und nicht etwa weiterverkauft werden. Vertrauen ist gut, Kontrolle ist besser.

Auch im baden-württembergischen Stifterverbund zur Förderung sozialen Lernens ist Schwarz Mitglied. Überhaupt, sagt sein Stiftungsgeschäftsführer Erhard Klotz, ehemals für die SPD Bürgermeister im schwäbischen Neckarsulm, Geschäftsführer des Städtetags und noch aus diesen Zeiten ein guter Spezi von Schwarz, engagiere sich der beliebte Unternehmer seit langer Zeit für »soziale Belange«. So gründete Schwarz 2002 zusammen mit der IHK Heilbronn-Franken die Akademie für Information und Management gGmbH (aim), in der Führungsnachwuchs für die Wirtschaft (und wohl auch für die Schwarz-Gruppe) ausgebildet werden soll.

Zuschüsse aus dem Studienzentrum seiner Stiftung fließen in neun Stiftungsprofessuren, unter anderem für Wirtschaftsethik und elektronische Verwaltung, allesamt an deutschen Universitäten in Heilbronn, Reutlingen, Mannheim, Bruchsal, Halle und Leipzig angesiedelt. Und von 2005 an unterstützt Schwarz mit jährlich 2 Millionen Euro die Heilbronner Studienfiliale der Steinbeis-Stiftung. Auf dieser »Heilbronn Business School« sollen Manager, junge Akademiker und Absolventen von Fachhochschulen Masterstudiengänge unter anderem auch von internationalen Hochschulen absolvieren können. Der Ableger der privaten »Steinbeis Business School« in Berlin versteht sich selbst als »Karriereschmiede für den Führungsnachwuchs«.

Dort könnte der Firmensammler Dieter Schwarz dann ja gelegentlich auch als Gastdozent auftreten und Vorlesungen halten. Vielleicht zu dem Thema »Die übersichtlichsten Organigramme der Welt«?

Druck, Schikanen, Machtgehabe

Die fragwürdigen Methoden der Discounter

Warum eigentlich sollte man es Händlern übelnehmen, dass sie Handel treiben? Schließlich ist das ihr Beruf. Wer wollte es ihnen wirklich verübeln, wenn sie manchmal ein wenig über das Ziel hinausschießen und zu Methoden greifen, die vielleicht nicht so ganz dem entsprechen, was man als moralisch unbedenklich oder gar als Wohltat für die Menschheit bezeichnen würde?

»Alle Menschen werden Brüder« ist ein tolles Programm. Aber es stimmt halt nicht. »Homo homini lupus« ist die Wahrheit: »Der Mensch ist dem Menschen ein Wolf.« Kaum jemand handelt aus reinem Altruismus, und warum sollten wir das von jemandem erwarten, der mit unseren Bedürfnissen Geld machen will, der also von dem, was wir ausgeben, selber möglichst gut leben will?

Die Welt, sie will betrogen sein, schon klar. Bis zu einem gewissen Grad wird man so etwas gerne als normales Geschäftsgebaren hinnehmen. Pikant wird die Sache allerdings, wenn Anspruch und Wirklichkeit allzu weit auseinanderklaffen.

Selbstverständlich wissen wir als aufgeklärte Verbraucher, dass der schöne Schein nicht immer so ganz übereinstimmt mit dem, was wir uns ursprünglich vorgestellt haben. Wir wissen auch, dass wir gelegentlich auf Lockvogelangebote hereinfallen, dass wir manchmal im Supermarkt etwas mitnehmen, was wir eigentlich gar nicht mitnehmen wollten – aber wenn es schon einmal da ist? Und außerdem noch vermeintlich billig ist?

Man muss das niemandem vorwerfen: Es ist ganz einfach gängige Praxis. Die Albrecht-Brüder haben von Anfang an mit Lockangeboten gearbeitet. Da gab es die billige Butter, da gab es den billigen Kaffee. Bei Letzterem hatten die beiden sowieso einen Marktvorteil, weil sie von Anfang an erkannten, dass dieses Produkt wichtig für den deutschen Nachkriegsverbraucher war. Hier verstießen sie gern gegen die eiserne Discounterregel, die da lautet: »Nichts selber machen, was andere vielleicht noch billiger machen können!« Oder auch nicht. Denn sie konnten es ja billiger machen.

Die Aldi-Brüder hatten frühzeitig ihre eigene Kaffeerösterei gekauft, und nicht eben wenige Beobachter der Szene behaupten, das sei der erste Schritt gewesen zum Milliardenerfolg der beiden. In der Lebensmittelbranche gelten die Preise für Kaffee seit jeher als ein wichtiger Maßstab für die gesamte Preiswürdigkeit eines Supermarktes, übrigens ebenso wie Butter, Schokolade, Waschmittel und Bier. Bei diesen Produkten kennen die Kunden meistens die Preise. Wer hier punkten kann, dem nimmt die Kundschaft auch ab, dass er im restlichen Sortiment billiger ist als die Konkurrenz. Der Albrecht-Kaffee war so billig und so erfolgreich, dass Aldi damit schnell wesentliche Marktanteile erreichte, und zwar bis heute. Als 1997 die beiden Kaffeeröster Eduscho und Tchibo fusionierten, genehmigte das Kartellamt den Zusammenschluss vor allem deshalb, weil mit Aldi neben Jacobs noch ein bedeutender Wettbewerber auf dem Markt sei. Eine marktbeherrschende Stellung von Tchibo/Eduscho sei also nicht zu befürchten.

Die Investition in zwei eigene Kaffeeröstereien im westfälischen Herten und in Weyhe bei Bremen erwies sich für die Albrechts also als äußerst lohnend und prägte den Ruf der beiden Discountfürsten entscheidend. Der eigene Aldi-Kaffee »Albrecht Premium Kaffee« schnitt bei allen Tests bestens ab und war obendrein noch billiger als andere Marken; dennoch blieb er das einzige Produkt, das Aldi bis heute selbst herstellt. Alles andere scheint sich nicht genügend zu rentieren – oder aber, die großen Zulieferer können so billig produzieren, dass Selbermachen auch nicht günstiger wäre.

Mit ihrem Albrecht-Kaffee jedenfalls und einigen anderen Grundnahrungsmitteln holten die Aldi-Brüder ihre Kundschaft in die Läden. Man braucht eben einen Lockvogel, ganz klar: Allen Discountern ist das bewusst, und gelegentlich wird da auch schon mal mit harten Bandagen gekämpft. Lange Jahre waren immer wieder Sonderangebote an der Tagesordnung, bei denen einzelne Discounter sogar noch unter Einstandspreis verkauften – das bedeutet, sie zahlten dem Lieferanten mehr, als sie selbst dann vom Kunden verlangten. Weil der Kunde im Laden in aller Regel aber mehr kauft als nur das eine superbillige Sonderangebot, rechnete sich die Aktion unterm Strich dann doch wieder.

Wenn Billigpreise allzu billig werden …

Offiziell hat diese Praxis selten mal einer der großen Handelsfürsten zugegeben – außer Karl Albrecht. Im Oktober 1983, bei einem Treffen mit Topmanagern aus Industrie und Handel ist es gewesen, als er laut *Manager Magazin* zugegeben hat, dass er seine Lebensmittel zum Teil unter Einstandspreis verkauft habe. Gleichzeitig, so Albrecht in der Runde, die auf Einladung des damaligen Chefs des Bundeskartellamts, Wolfgang Kartte, zusammengekommen war, verpflichte er sich, dies künftig zu unterlassen.

Wie ernst man dieses Gelöbnis nehmen darf, sei einmal dahingestellt – insbesondere nachdem das Bundeskartellamt erst im Jahr 2000 wieder eine Abmahnung an Aldi-Nord geschickt hatte wegen des Verkaufs unter Einstandspreis. Heute sind solche Aktionen rechtlich ohnehin nicht mehr zulässig, dass sie gelegentlich aber immer noch vorkommen, weiß jeder in der Branche. Das Bundeskartellamt hat derartige Praktiken untersagt und ist auch schon gegen einzelne Discounter vorgegangen, doch oftmals gilt ganz einfach der Grundsatz: Was das Kartellamt nicht weiß ...

Auffällig ist jedoch: Bietet Lidl die gesalzenen Erdnüsse um 10 Cent billiger an als Aldi, so zieht der binnen kürzester Zeit nach und macht seine Marke um 15 Cent günstiger. Besonders bei Obst und Gemüse liefern sich Aldi und Lidl immer wieder erbitterte Preiskämpfe. Die spanische Salatgurke, berichtete *Stern-Online* im Dezember 2002, stürzte bei Aldi von 49 Cent über 39 Cent auf bis zu 19 Cent – obwohl der normale Preis etwa 1 Euro beträgt. Ebenso bei Obst: Da kosten zwei Kilo Orangen manchmal statt 1,49 Euro nur noch 69 Cent. Preise, die weit unter dem Einkaufspreis liegen und die selbst die großen Ketten nur für kurze Zeit durchhalten können. Beim Kunden entsteht jedoch der Eindruck, die Waren müssten so billig sein, denn sonst ginge so etwas ja nicht. Wer gibt denn schon etwas billiger her, als er selbst dafür gezahlt hat?

Aldi und Lidl zum Beispiel. Manchmal jedenfalls, wenn es dazu dient, die Kunden vom einen zum anderen zu locken.

Derartige Preisschlachten freuen den Verbraucher. Was ihn andererseits aber nicht davor schützt, übers Ohr gehauen zu werden, wenn er den Werbebotschaften vom immer günstigsten Preis glaubt.

Der Wirtschaftsprofessor Thomas Roeb von der Fachhochschule Bonn-Rhein-Sieg ist spezialisiert auf das Thema Einzelhandel, und mit der Geschäftspolitik der Discounter hat er sich schon seit vielen Jahren beschäftigt. Im ersten Halbjahr 2003 nahm er in einer Studie das Werbeverhalten von Lidl unter die Lupe.[11] Tatsächlich konnte er beim Standardsortiment von 1300 Artikeln in diesem Zeitraum nicht weniger als 226 Preissenkungen feststellen. Mit der Werbeaussage »Jetzt noch billiger« stimmt das aber häufig gar nicht überein, stellte Roeb fest. In der Mehrzahl der Fälle, bei 135 von 226 Artikeln, wurden die Preise nämlich nach kurzer Zeit wieder erhöht, oder Lidl nahm sie gleich ganz aus dem Sortiment. Nur bei knapp 40 Prozent der Waren blieb es im untersuchten Halbjahr bei der Preissenkung.

Besonders kreativ gingen die Lidl-Oberen dabei mit der Putenunterkeule vom Lieferanten Gutknecht um: Die tauchte zwischen Januar und Juli 2003 für jeweils eine Woche im Lidl-Sortiment auf, und jedes Mal wurde sie der Kundschaft als »preisgesenkt« annonciert, bevor sie wieder aus den Filialen verschwand. Roebs Fazit ist klar: Bei Lidl gibt es zwar Preissenkungen, die aber dann häufig nur für eine relativ kurze Zeit. Denn entweder fliegt die Ware aus dem Sortiment, oder sie ist ganz einfach wieder teurer geworden.

Was Thomas Roeb bei Lidl herausgefunden hat, dürfte für die übrigen Discounter in vergleichbarer Weise gelten. Selbstverständlich können sie billiger sein als herkömmliche Supermärkte oder gar als der Krämerladen an der Straßenecke. Aber im zwangsläufigen Bestreben, auch die Konkurrenz der anderen Billigheimer zu unterbieten, greift man eben zu Mitteln, die einer genaueren Prüfung dann doch nicht immer standhalten.

Da greift man auch zu spektakulären Aktionen in der Rabattschlacht, selten aber so ungeschickt, wie es der zur Metro-Gruppe gehörende Elektrodiscounter Media Markt zum Jahreswechsel 2004/2005 getrieben hat. »Ich bin doch nicht blöd«, lautet der bekannteste Slogan der Herrschaften. Ihre Kundschaft haben sie aber dann doch für ziemlich dumm verkaufen wollen mit ihrer publikumsträchtigen Aktion zum Jahreswechsel. »Deutschland zahlt keine Mehrwertsteuer«, lautete das Motto: angeboten wurden 16 Prozent Rabatt auf alle Waren.

Ein guter Marketinggag, der allerdings nach hinten losging.

Die Verbraucherzentralen vermuteten sofort, dass die 16 Prozent anscheinend an den Nettopreisen ermittelt und dann von den Bruttopreisen abgezogen wurden und dass somit rein rechnerisch nur 13,79 Prozent Rabatt gewährt wurden. Schlimm genug, denn auch das würde schon unter das Gesetz gegen den unlauteren Wettbewerb fallen. Obendrein gingen bei den Verbraucherzentralen in ganz Deutschland aber auch Klagen von Käufern ein, die weitaus Merkwürdigeres zu berichten hatten. Meist handelte es sich dabei um Kunden, die nach Weihnachten wegen der angekündigten Werbeaktion mit dem Kauf beispielsweise eines Camcorders oder eines DVD-Brenners gewartet hatten in der Hoffnung, ihn um 16 Prozent billiger zu bekommen.

War dann aber nichts. Wundersamerweise, so die Verbraucherzentralen, kostete die Kamera, die nach Weihnachten mit 289 Euro ausgezeichnet war, am 3. Januar plötzlich 349 Euro (abzüglich 16 Prozent), der DVD-Brenner war auch nicht wesentlich billiger geworden: 129 Euro weniger 16 Prozent am 3. Januar, 111 Euro jedoch am 29. Dezember. Ein Flachbildschirm sei binnen weniger Tage um 100 Euro teurer geworden, eine Digitalkamera um fast 60 Euro, und so weiter.

Vor Gericht fiel der Bundesverband der Verbraucherzentralen dabei freilich auf die Nase. Er hätte nachweisen müssen, dass Media Markt systematisch und mit Absicht einen großen Teil seiner 40 000 Artikel teurer angeboten hätte. Das war schon deshalb schlecht möglich, weil jede Filiale formal eine eigenständige Gesellschaft und die Geschäftsführung in der Preisgestaltung relativ frei ist, und sich an den Mitbewerbern am Ort zu orientieren hat. Die wenigen Beispiele der Verbraucherzentralen, so Media Markt vor Gericht, bezögen sich auf vereinzelte, kurzzeitige Sonderangebote vor und nach Weihnachten oder seien gar Verwechslungen. Die Gerichte folgten dieser Einschätzung. Immerhin ist so aber nun aktenkundig, dass eine Digitalkamera binnen weniger Wochen und Monate im selben Media Markt ganz normal mal 299 Euro und mal 389 Euro kosten kann.

In diesen Zusammenhang passt übrigens wieder eine andere Studie des bereits erwähnten Professors Thomas Roeb.[12] Der hat auch den Warenkorb von Media Markt für insgesamt 50 Artikel untersucht und dabei festgestellt, dass der Elektronikdiscounter meist nur so um die 3 Prozent billiger war als der Durchschnitt aller Mitbewerber. Beim Durchschnitt der Konsumenten, der eher weniger Studien aus dem Fachbereich Marketing der Fachhochschule Bonn-Rhein-Sieg liest, sondern hauptsächlich die Werbung mitkriegt, kommt logischerweise eine andere Botschaft an: 38 Prozent aller befragten deutschen Elektronikkäufer halten die Preise bei Media Markt für »niedrig« oder »sehr niedrig«.

Die Tricks mit den Preisen:
Warum es immer noch billiger geht

Der Gedanke liegt also nicht allzu fern, dass gelegentlich ganz gerne ein wenig getrickst wird, wenn es um Niedrigpreise geht. Das wird wahrscheinlich niemanden so wirklich überraschen. Die großen Marketingaktionen, die mit Millionen von Euro gepuscht werden – mal ehrlich: Man findet sie zum Teil witzig, zum Teil frech. Und man staunt vielleicht, wie billig die beworbenen Waren tatsächlich noch werden können, denn man weiß ja nicht, wer sie herstellt, wer sie verkauft und unter welchen Bedingungen das alles im Einzelnen geschieht. Aber man glaubt nicht, dass das alles nur zum Wohle des Konsumenten geschieht, sondern ist sich völlig im Klaren darüber, dass die Unternehmen, die dahinterstehen, schon auch irgendwie ihren guten Schnitt machen werden. Wer glaubt denn nun wirklich, dass »Aldi informiert«, und nicht mehr als das? Wäre ja nun auch zu viel verlangt.

Ob »Geiz ist geil«, ob »Ich bin doch nicht blöd«, ob »Ruinieren Sie uns« oder einfach nur »Aldi informiert«: Dunkel, zumindest dunkel, ahnt man, dass einem da jemand das Geld aus der Tasche ziehen will. Dass hinter all den Werbeaktionen und den Marketinggags möglicherweise doch kein großer Wohltäter der Menschheit steckt, sondern ganz einfach nur jemand, der – ganz neutral gesprochen – Geld verdienen will. Ist ja nicht verboten. Ist im Sinne einer gedeihlichen Volkswirtschaft sogar erwünscht.

Und solange man anständige Qualität für sein Geld bekommt, gibt es nichts zu meckern, möchte man meinen. Und die bekommt man ja. Das Angebot der Discounter ist nicht schlechter als das anderer Handelsketten, manchmal sogar ein bisschen besser.

Die Frage ist nur: Was bedeutet das genau? Wenn alles überall immer billiger wird, kann die Qualität zugleich nicht immer besser werden. Früher einmal gab es hunderte verschiedener Tomatensorten, und jede schmeckte anders – heute kann man wählen zwischen maximal zehn Sorten, die meisten von ihnen im Treibhaus gezüchtet. Wo sind da genau die Maßstäbe, nach denen gemessen wird? Welchen Wert haben die Aussagen unabhängiger Tester – denen gar nichts unterstellt werden soll –, wenn sie die Waren von zehn oder fünfzehn großen Handelsketten miteinander vergleichen?

Noch immer schneiden die meisten Discounter gut bis sehr gut ab in diesen Rankings, meist veranstaltet von der Stiftung Warentest, die in Deutschland Ruf und Renommee genießt wie sonst nur noch der TÜV. Das hat schon seine Berechtigung. Die Stiftung Warentest gilt als unabhängige Instanz, das sehen Verbraucher und Discounter gleichermaßen so, und nicht umsonst nimmt Aldi Produkte aus dem Sortiment, die bei der Stiftung keine besseren Noten als »befriedigend« erhalten.

In der Tat erhalten die Discountprodukte häufig erstaunlich

gute Noten. Das spricht freilich in erster Linie für eine hervorragende Einkaufspolitik – nicht aber zugleich und automatisch auch für hervorragende Qualität der Waren generell. Es mag traumhaft schmeckenden, topgesunden Jogurt geben, der um ein Vielfaches besser ist als der, den wir im Supermarkt bekommen. Den aber stellt niemand als Massenware her, und deshalb kann man ihn auch schlecht als Maßstab nehmen für einen Qualitätsvergleich.

Zwei Drittel Schrott: der Unfug der Aktionswaren

Ganz abgesehen davon: In vielen Bereichen schneiden die Discounter auch gar nicht so gut ab. Vor allem nicht bei den Aktionswaren, die kurzfristig ins Angebot genommen werden und schnell wieder daraus verschwinden, zuweilen aus mehr als gutem Grund. Die Stiftung Warentest prüft diese Sonderangebote regelmäßig in so genannten Schnelltests, die dann im Internet veröffentlicht werden. Im November 2004 zog das Magazin *Test* dann einmal Bilanz über 56 dieser Schnelltests aus den vorausgegangenen Monaten. Das Ergebnis: »Viele Sonderangebote von Aldi & Co. lohnen das Schlangestehen nicht.«

Fast die Hälfte der so genannten Schnäppchen war Mittelmaß, ein Viertel konnte nur als Fehlkauf eingestuft werden. Zum Beispiel ein Luftbett von Lidl für 17,99 Euro, »das nach dem Auspacken einen üblen Chemiecocktail ausdünstet«. Oder ein Kinderhochstuhl von Plus für knapp 40 Euro, der nach hinten umkippen kann und deshalb die Note »mangelhaft« erhielt. Ein Fahrradkindersitz von Lidl für 25,99 Euro, bei dem sich der Sicherheitsgurt viel zu leicht löst. Eine Digitalkamera von Norma für 99 Euro, die häufig unscharfe und falsch belichtete Bilder liefert, oder auch ein Aldi-Bohrhammer für 35 Euro, der im Dauertest viel zu schnell seinen Geist aufgibt. Als Fazit kann man festhalten: Die Aktionswaren, mit denen die Discounter

Kunden in ihre Filialen ziehen, haben oft schon nach kurzer Zeit nur noch Schrottwert.

Das passt nun überhaupt nicht zum weitverbreiteten Image bezüglich der Qualität der Discountwaren. Das lautet ja bekanntlich: Die Ware ist genauso gut wie beim teureren Anbieter, ist zum Teil gar klassische Markenware, kostet aber viel weniger.

Die Discounter haben es zweifellos verstanden, ihre vorhandenen Erfolge bei den Verbrauchertests im Wortsinne umzuwandeln in klingende Münze. Hängengeblieben ist eben beim Kunden über all die Jahre hinweg: Bei Aldi und Lidl, bei Penny und Plus bekomme ich mindestens gleich gute Ware wie anderswo, nur für weniger Geld. Das ist zum Teil zwar richtig, zum Teil aber auch wieder nicht. Es gibt nämlich doch eine Reihe von Warengruppen, bei denen das Billigprinzip nicht stimmt.

Zum Beispiel beim Wein. Im Vertrauen auf die guten Noten, die der Aldi-Champagner »Veuve Durand« bei Tests immer wieder bekommen hat, mag der eine oder andere da gerne mal zugreifen. Weil er vielleicht meint, auch hier ließe sich das eine oder andere Schnäppchen machen. Könnte ja sein, dass ein renommiertes Weingut unter falschem Namen auch an Aldi liefert?

Der Test jedoch, den das namhafte deutsche Fachblatt *Wein-Gourmet* im April 2005 veröffentlichte, fiel freilich eher ernüchternd aus für jene, die sich mit Lidl, Aldi, Penny und Plus in den gepflegten und gehobenen Rausch versetzen wollen. 104 Weine aus dem Angebot der Discounter wurden zwei Tage lang von einer neunköpfigen Fachjury, darunter mehrere staatliche Weinkontrolleure, getestet und nach dem Schulnotensystem von Eins bis Sechs bewertet. Das war für die Jury nicht unbedingt ein Abenteuerurlaub in exotische Gefilde, denn Wein vom Discounter ist in Deutschland schließlich nichts Ungewöhnliches. Im Gegenteil: 2004 hatte der Anteil der Discounter am Weinmarkt erstmals die 50-Prozent-Marke überschritten, jede zweite Flasche Wein wird also bei Aldi, Lidl, Norma und Co. gekauft. Einer der wichtigsten Gründe, warum der Durchschnittspreis für eine 0,75-Liter-Flasche Wein in Deutschland inzwischen auf 2,09 Euro gesunken ist.

Abgedriftet ist allerdings auch die Qualität. »Selbst die teilnehmenden Weinkontrolleure – berufsbedingt mit dem Weinmarkt der unteren Preisklassen gut vertraut – hatten ein dermaßen schlechtes Niveau nicht erwartet«, schrieb der *Wein-Gourmet*, »13 Rotweine und 17 Weißweine erhielten die Note ›mangelhaft‹ oder ›ungenügend‹.« Nur drei Weine von 104 getesteten kamen überhaupt auf die Note »befriedigend«, und auch da jeweils nur eine bestimmte Abfüllung. Auch das ist wichtig, denn unter demselben Etikett werden bisweilen höchst unterschiedliche Qualitäten verkauft. Eine bessere Note als Drei aber gab es überhaupt nicht.

Für die Experten andererseits auch wieder kein Wunder: Bei den Mengen, die der Verkauf im Discount erfordert, kann es sich rein technisch schon gar nicht um Erzeugerabfüllungen handeln. Von den umsatzstärksten Weinen werden meist mehr als 1 Million Flaschen verkauft, und dabei handelt es sich meist um große Mengen Fasswein, die von einer Lohnkellerei verschnitten werden, um individuelle Abweichungen zu nivellieren und über einen längeren Zeitraum Abfüllungen mit halbwegs gleichbleibendem Geschmack zu ermöglichen. Fazit des Tests jedenfalls: In 97 Prozent der Fälle ist der Wein nicht einmal seinen sehr niedrigen Preis wert.

Möglicherweise aber wird sich in einigen Jahren auch hier die Mittelmäßigkeit als Standard durchgesetzt haben. Eine Entwicklung, die jetzt schon zu beobachten ist: Es gibt immer mehr billige Weine und immer mehr teure. Das Mittelfeld, sagen Weinkenner, bricht langsam völlig weg, weil es sich für die Winzer nicht mehr lohnt, für diesen immer knapper werdenden

Markt noch zu produzieren. Je billiger wir also einkaufen, desto minderwertiger wird zwangsläufig auch das, was wir für unser Geld bekommen.

Hart am Rande von Täuschung und Betrug

Und dazu braucht es noch gar nicht mal den einfachen Tatbestand der Täuschung oder sogar des Betrugs, wie er in der Branche auch mal vorkommt. Da ist dann freilich, wie könnte es anders sein, das einfache Verkaufspersonal schuld oder irgendein ausgerasteter Filialleiter: wenn Lidl in Österreich Schwierigkeiten bekommt, weil auf der Verpackung von Schweineschnitzeln Freilandhaltung vorgetäuscht wird; oder wenn, wie 2005 bei dem zur Metro-Gruppe gehörenden Verbrauchermarkt Real im westfälischen Langenhagen, Hackfleisch, dessen Haltbarkeitsdatum abgelaufen war, einfach mit einem neuen Etikett versehen wird. Eine Praxis, die seltsamerweise im Zeitraum von zehn Jahren immer wieder mal aufgedeckt worden ist – bei Real, aber nicht nur dort. Auch Edeka, Wal-Mart oder Tengelmann hatten schon ihre »Altfleisch-Skandale«.

Mit Betrug etwas anderer Art hatte auch schon Aldi seine Schwierigkeiten. Der Discounter kaufte jahrelang bei italienischen Kellereien große Mengen an Prosecco ein und brachte ihn zu Preisen von unter 2 Euro in Umlauf. Experten machte das sofort stutzig, denn damit lag der Verkaufspreis sogar noch unter den üblichen Herstellungskosten für eine Flasche des italienischen Modeschaumweins. Schließlich schalteten sich 2002 die italienischen Kontrollbehörden ein, und die stellten rasch fest, dass in den rund 5 Millionen von den Aldi-Lieferanten ausgelieferten Flaschen meistens gar kein richtiger Prosecco war. Die Zulieferkellereien hatten ganz einfach über Jahre hinweg billigen Schaumwein aus den unterschiedlichsten Regionen Italiens angekauft und als Prosecco verkauft. Aldi, für den die ganze Angelegenheit ein Desaster darstellte, nahm die Flaschen schleunigst aus den Regalen; die Verantwortlichen bei den italienischen Zulieferern wurden später zu Freiheitsstrafen verurteilt.[13]

Brutal: der Preisdruck auf die Lieferanten

Dies war dann doch eine besondere Qualität im ohnehin nicht ganz einfachen Verhältnis zwischen Zulieferern und Discountern. Erstere haben in aller Regel gar nichts dagegen, bei Aldi oder Lidl ins Sortiment zu kommen: Das garantiert Absatz und ist immer ein Großauftrag – von dem man allerdings nicht genau weiß, wie lange man ihn behält. Sinkt der Absatz, kann ganz schnell wieder Schluss sein mit dem Auftrag, und stimmt der Preis nicht, dann geht sowieso nichts mehr. Die Discounter wollen die günstigsten Einkaufspreise, damit sie ebenso günstig wieder verkaufen können. Dass es einige der Lieferanten da nicht mehr so genau nehmen, was die Qualität angeht, liegt auf der Hand. Dass das gleich zum Betrug führt wie im Falle der italienischen Schaumweinpanscher, ist aber hoffentlich wohl eher die Ausnahme.

Aber, keine Frage, die Lieferanten des Discounts stehen unter extremem Preisdruck. Je größer die Handelsketten werden und je weniger es gibt, desto leichter fällt es ihnen, den Zulieferern die Bedingungen zu diktieren. Zum Teil mit fatalen Auswirkungen, wie wir in den späteren Kapiteln noch sehen werden, manchmal sogar mit letalen. Freilich gibt es kaum einen Unternehmer, der offen reden würde über die Daumenschrauben, die ihm Aldi, Lidl und Co. angesetzt haben, oder über die Auswirkungen auf Arbeitsplätze oder überhaupt das ganze ökonomische Schicksal eines Betriebes. Denn wer einmal bei einem Discounter gescheitert ist und nachher auch noch drüber klagt, bekommt so leicht auch bei den anderen großen Handelsketten keinen Fuß mehr in die Tür. Da ist es schon besser, still zu dulden in der Hoffnung, eines Tages wieder mit ins Spiel aufgenommen zu werden.

Das ist nicht immer ganz leicht, insbesondere wenn man manchmal hart am Rande des Ruins wirtschaften muss.

Und an diesem Punkt ist man schnell angelangt, wie etwa das simple Beispiel »Frühstücksei« belegt. Das ist heutzutage so billig wie noch nie, woran auch Aldi einen beträchtlichen Anteil hat. Denn jedes dritte Ei, das in der Bundesrepublik verkauft wird, stammt von einem Discounter. Möglicherweise rührt das von den Zeiten her, als Theo Albrecht noch selbst Herr über 120 000 Legehennen war, als einziger Gesellschafter der Geflügel-Hof Herten GmbH, wie Hannes Hintermeier in seinem Buch *Die Aldi-Welt* schreibt. Das, so heißt es, habe es Aldi erlaubt, Eier sehr günstig auf den Markt zu bringen.

Heute hat der Discounter das nicht mehr nötig, denn der Markt ist schon so weit domestiziert, dass er für den Einzelhandel oft freiwillig billiger produziert, als es eine vernünftige, wirtschaftliche Kalkulation eigentlich erlaubt.

Das TV-Verbrauchermagazin *Markt* des Norddeutschen Rundfunks berichtete am 6. September 2004 über die zweifelhaften Methoden von Aldi, was den Verkauf von Billigeiern angeht. 89 Cent kostete die Zehnerpackung Anfang des Jahres – ein konkurrenzlos billiger Preis, zweifelsohne. Und dann noch aus Bodenhaltung! Aldi kam damit einem weit verbreiteten Wunsch von Käuferseite entgegen. Wer wollte denn schon die »KZ-Eier«, wie sie zutreffend von Umweltschutzorganisationen bezeichnet wurden? Und schließlich hatte es Aldi vor Ostern 2003 mit äußerst unliebsamen Protesten zu tun.

Die Initiative »Handeln mit Gewissen«, ein Zusammenschluss verschiedener Tierschutzorganisationen, hatte die Aldi-Brüder per Plakat angeprangert, die Käfighaltung von Legehennen zu fördern. Von »Gewissenlosigkeit« war im Text die

Rede, weil sie »durch den millionenfachen Verkauf von Käfig-
eiern objektiv strafbare Tierquälerei« förderten. Aldi klagte
zwar sofort auf Erlass einer einstweiligen Verfügung, erlitt aber
eine empfindliche Bauchlandung. Das Landgericht Duisburg
bestätigte die Auffassung der Tierschutzinitiativen vollinhalt-
lich und gestand der Initiative »Handeln mit Gewissen« das
Recht auf freie Meinungsäußerung zu.

Das tat offenbar weh und zeigte Wirkung. Aldi entschloss
sich, nun so weit wie möglich auf Käfigeier zu verzichten und
auf Eier aus Bodenhaltung umzusteigen. Bodenhaltung ist eine
etwas tierfreundlichere Variante: Da können die Hühner sich
im gesamten Stallraum mehr oder weniger frei bewegen, pro
Quadratmeter Nutzfläche dürfen nicht mehr als neun Hühner
gehalten werden, ein Drittel des Stalls muss mit Einstreu aus
Sand oder Stroh bedeckt sein, damit die Hühner dort scharren
können, und außerdem muss Tageslicht in den Stall einfallen.

Das macht die Eierproduktion etwas teurer. Aber Aldi hatte
eine billige Quelle aufgetan. In Holland hatten viele Züchter
wegen der Anfang 2004 grassierenden Geflügelpest auf Bodenhaltung umgestellt, und Aldi gelang es, den Großerzeugern große Mengen für knapp 9 Cent pro Ei abzukaufen. Verdient war
daran erst mal wenig bis gar nichts, sowohl für die Lieferanten
als auch für den Verkäufer. Mit ein Grund vermutlich, warum
Aldi-Nord die Eier im April 2004 wieder aus dem Sortiment
nahm. Verheerend für die Holländer – sie blieben nun auf ihren
Eiern sitzen.

Andererseits erleichterte das dann die nächsten Verhandlungen für die Aldi-Einkäufer. Mitte Juni kam man wieder zu
einem neuen Abschluss: 6 Cent pro Ei lautete diesmal die Mar-
ge – für die Holländer unter Selbstkostenpreis, aber immerhin besser, als auf der Überproduktion sitzenzubleiben. Nach
einiger Zeit erhöhte Aldi dann wieder die Verkaufspreise von 69
auf 89 Cent pro Zehnerschachtel. Anscheinend war auch dem

Discounter klar geworden, dass er seinen Zulieferern derart ruinöse Einkaufspreise nicht zumuten konnte. Freilich, so hieß es in dem erwähnten Fernsehbericht, habe Aldi »Erzeugerangaben zufolge die Verträge mit den Lieferanten so flexibel abgeschlossen, dass jederzeit wieder eine Preissenkung möglich sei«.

Keine Gnade für den Lieferanten

Die Gunst der großen Handelsketten ist nun einmal wechselhaft. Das ist nicht nur bei Aldi so, das gibt es bei allen großen deutschen Discountern, ja bei allen internationalen Ketten. Die britische Hilfsorganisation »Oxfam« hat mal die Einkaufsstrategie der englischen Supermarktkette Tesco recherchiert und stieß dabei auf ein Beispiel aus Südafrika. Tesco kauft dort Wein direkt beim Erzeuger und macht genaueste Vorgaben nicht nur, was Abfüllung und Etiketten angeht, sondern auch für die Produktion. So schrieben die Briten den Südafrikanern detailliert vor, welche Filterung sie für den Wein verwenden sollten und dass sie keine Natur-, sondern Plastikkorken für die Flaschen wünschten. Die südafrikanischen Winzer kamen dem erst einmal gerne nach, denn hinter Tesco steckt eine beträchtliche Markt- und Markenmacht. Ein Jahr darauf jedoch nahm Tesco den südafrikanischen Wein wieder aus dem Sortiment – und die Winzer blieben auf ihren Flaschen sitzen. In Südafrika nämlich war man gar nicht scharf auf die speziell für den britischen Gaumen gedachte Filterung und vor allem nicht auf Plastikkorken. So etwas lässt sich dort eben schlecht verkaufen. Pech für die Weinbauern.

Pech auch für jene Lieferanten, die im Qualitätstest Federn lassen müssen. Die Onlineausgabe des Magazins *Stern* berichtete im Dezember 2002 von einem typischen Fall. Er betraf den Hamburger Importkaufmann Rolf Scheuerle, Geschäftsführer der Alfred Graf Import GmbH, die einer der größten Importeure von Olivenöl in Deutschland ist. Für Aldi lieferte er die Marke »Lorena« – bis zum Oktober 2002. Dann kam ein Anruf aus der Essener Aldi-Zentrale: Das Olivenöl drohe bei einer derzeit laufenden Prüfung der Stiftung Warentest nur noch die Note »ausreichend« zu bekommen. Aldi habe die »Lorena« deshalb mit sofortiger Wirkung aus dem Sortiment genommen, Scheuerle könne die Ware abholen – sofort und auf eigene Kosten. *Stern*-Online zitiert den Geschäftsführer mit dem Satz: »Da war bei uns Polen offen.«

Auf eigene Kosten ließ er trotz eines gültigen Liefervertrags die Ware aus 30 Zentrallagern von Aldi-Nord zurückholen – und kam danach aber wieder mit Aldi ins Geschäft. »Nach hektischen Verhandlungen und etlichen Geschmackstests«, so der *Stern*, wurde flugs eine neue Ölsorte entworfen, die von Dezember 2002 an unter dem Namen »La Villa« in die Aldi-Filialen kam. Schön für Scheuerle, dass er eine zweite Chance bekommen hat, denn das hat ihn sicher vor dem wirtschaftlichen Ruin gerettet. Eine gewisse Treue zu Lieferanten kann man Aldi also nicht absprechen …

Doch manchmal wird es für die Lieferanten auch wieder eng – wenn sie nämlich höhere Preise für ihre Waren haben wollen. Diese Erfahrung musste im Frühjahr 1993 auch der Babykosthersteller Hipp machen. Als er von Schlecker höhere Preise verlangte, flog er sofort aus dem Sortiment. Das hatte in dem gesamten Jahr Umsatzeinbußen von 20 Prozent zur Folge und infolge der Umstrukturierungen und Rationalisierungsmaßnahmen auch die Entlassung von 400 Mitarbeitern. Schlecker, der nicht auf billige Babykost verzichten wollte, ließ sich damals kurzfristig für seine Eigenmarke AS von einer spanischen Firma beliefern.

Ein Jahr nach der Kündigung des Lieferauftrags, zu Ostern 1994, stellte sich dann aber heraus, dass das ein Fehler war:

Untersuchungen, die in der Zeitschrift *Ökotest* veröffentlicht wurden, hatten ergeben, dass diese Babynahrung mit Pestizidrückständen belastet war – in vergleichsweise geringem Ausmaß, nämlich »rund tausendfach unter jener Grenze, von der an Toxikologen erst gesicherte Aussagen treffen können«, wie Dirk Maxeiner und Michael Miersch in ihrem Buch *Öko-Optimismus* später feststellten. Lebensmittelkontrolleure und Toxikologen schlossen deshalb zwar eine akute Gesundheitsgefährdung aus, aber allein die Spuren von Rückständen genügten, um die Verbraucher skeptisch zu stimmen: Schlecker brachte die Ware nicht mehr unters Volk.

Einfacher hat es da schon jemand, der nicht auf die Vertriebsschiene Discount angewiesen ist und vielleicht auch gar nicht so scharf darauf ist, dass seine Ware verramscht wird. Denn der Discount hat ja kein allzu großes Renommee in der Öffentlichkeit, und manche Hersteller vermeiden es gerne, mit Discountern in Beziehung gebracht zu werden. »Wir investieren Millionen Mark in den Imageaufbau unserer Produkte«, schimpfte ein nicht näher genannter norddeutscher Industriemanager 1997 im *Focus,* »und dann werden sie vom Handel so lange verramscht, bis sie in den Augen der Kunden nichts mehr wert sind.«

Eine derartig störrische Einstellung macht es den Discountern manchmal sogar schwer, mit Lieferanten, beispielsweise für Aktionsware, ins Geschäft zu kommen. Da scheint es manchen von ihnen wohl ein gangbarer Weg zu sein, dem Zulieferer nicht so genau zu verraten, mit wem er es eigentlich zu tun hat. Hannes Hintermeier erzählt in seinem Buch *Die Aldi-Welt* von einer etwas seltsamen Begebenheit aus dem Jahr 1988. Damals war Ulrich Staudinger Verleger des Münchner Schneekluth-Verlags, und der hatte zu dieser Zeit noch eine Reihe von Bestsellern, etwa von Utta Danella, Dorothy Eden, Evelyn Anthony und Evelyn Peters, im Programm.

Eines Tages meldete sich bei Staudinger der Bad Homburger Wirtschaftsjurist Dieter Heitbaum und unterbreitete ihm das Angebot einer großen, norddeutschen Lebensmittelfilialkette, die, nur für 14 Tage, die Lizenzrechte an diesen Bestsellern haben wollte. Das Angebot klang gar nicht übel: eine garantierte Mindestauflage von 50 000 Stück zum Verkaufspreis von 5,98 Mark – obendrein für eigentlich schon längst ausgereizte Ladenhüter; jedes Exemplar, das darüber hinaus verkauft werde, sollte extra abgerechnet werden, zu Taschenbuchkonditionen, wie Hintermeier vermutet.

Staudinger unterschrieb den Vertrag mit Heitbaum – nicht wissend, dass es sich bei der »großen, norddeutschen Lebensmittelfilialkette« um Aldi handelte, denn davon stand nichts im Vertrag. Vom Ergebnis war er dann auch ziemlich enttäuscht: »Das ist hochindustriell schlampig produziert, mit rasch brechender Trockenleimbindung.« Machte aber offensichtlich nichts, wie Staudinger später dann in der Fachzeitschrift *Buchreport* nachlesen konnte. Die schätzte nämlich, Aldi habe in den 14 Tagen nicht 50 000, sondern eher 150 000 Exemplare verkauft, was die Herstellungskosten erheblich gesenkt und die Gewinnspanne erhöht haben dürfte. Dafür sprach auch, dass Aldi-Anwalt Dieter Heitbaum flugs noch zwei weitere Lizenzen für Bestseller von Victoria Holt und Dorothy Eden nachkaufte.

Ein Platz in der Ausstellung kostet Geld

Es mag sehr polemisch klingen: Aber erinnern die beschriebenen Verhältnisse zwischen Käufern und Verkäufern, die in verschiedenen Abstufungen bei allen Discountern anzutreffen sind, nicht mitunter ein wenig an das Geschäftsprinzip des Drogenhandels? Zuerst werden Abhängigkeiten erzeugt, und danach kann man eigentlich beruhigt abwarten, was der Abhängige zu geben bereit ist. Langsam, nach und nach, kann man die Bedingungen dann höher schrauben.

Im Grunde läuft es doch nicht viel anders zwischen Großdiscounter und Zulieferer: Wer ins Standardsortiment kommt, hat schließlich ein Auftragsvolumen, dessen Wegfall existenzbedrohend sein kann – weil es kaum noch einen vergleichbar starken Konkurrenten auf dem Markt gibt, an den man sonst noch liefern könnte. Nicht eben wenige Hersteller stehen irgendwann vor der Alternative, sich auf Gedeih und Verderb den großen Handelsketten auszuliefern und zu wachsen oder sich gleich auf eine Nischenexistenz zu beschränken. Was das bedeutet, kann sich jeder ausmalen, der auch nur eine leise Ahnung hat, was im Wirtschaftsleben so abläuft.

Große Macht macht manchmal vielleicht auch übermütig. Auf jeden Fall erlaubt sie es, mit etwas härteren Bandagen zu kämpfen und im Ton etwas rauer zu werden. Als besonders ruppig im Umgang mit den Zulieferern gelten dabei die Einkäufer von Lidl. Sie sind offenbar so etwas wie die Marktschreier der Branche. »Lidl-Einkäufer sind in der Lebensmittelbranche bekannt dafür, dass sie lautstark verhandeln, um Druck aufzubauen«, schrieb *Focus* im August 2004. »Verträge werden nachgebessert, Abschlüsse von Angesicht zu Angesicht sind selten: Persönliche Kontakte schaffen Nähe, und wer sich mag, verhandelt schlechter. Außerdem senkt Telefonieren die Reisekosten.«

Die junge und aggressive Führungsriege der Lidl-Gruppe – die meisten von ihnen kommen frisch von der Uni und sind um die 30 – hat anscheinend keine Hemmungen, wenn es um das Wohl des Unternehmens und um ihre Karriere geht. Stehen Preissenkungen an, so versuchen sie, diese den Lieferanten aufzubürden. Machen die nicht mit, so fliegen sie schnell einmal aus dem Sortiment. »Bei den Verhandlungen werde gebrüllt wie im Zoo, berichten Beteiligte«: So stand im September 2003 im

Manager Magazin, die Lieferanten würden von der Schwarz-Truppe »regelrecht geknechtet«. Eigentlich, so ein Verhandlungspartner der Lidls, »müsste man die Gespräche abbrechen und gehen«. Aber wer kann sich das schon leisten?

Und weil man eben auf einen Großauftrag von Lidl, Aldi und Schlecker nicht so leicht verzichten kann, lässt man sich auch einiges bieten und kommt den Discountern schon mal etwas mehr entgegen, als es eigentlich im Handel als fair betrachtet wird.

So ist es mittlerweile üblich geworden für die Hersteller von Lebensmitteln und Markenartikeln, Eintrittspreise in den Supermarkt zu zahlen. »Teure Miete fürs Regal« nannte das der *Spiegel* bereits im Jahr 1996 und berichtete damals schon, dass sich die großen Handelsketten einiges einfallen lassen, um die sinkenden Margen auszugleichen. »Die großen Einzelhandelsketten üben inzwischen einen Druck aus«, wird Peter Traumann, Chef des Mineralwasserherstellers Gerolsteiner zitiert, »den auf unserer Seite nicht alle aushalten werden.« Wer aber reinkommen will ins Sortiment der Ketten und auch noch einen möglichst guten Platz im Supermarkt erhalten möchte, der muss zu Sonderkonditionen bereit sein – und sie sich leisten können, versteht sich.

Man nennt das dann »Werbekostenzuschüsse«, »Displayrabatte«, wenn das Produkt nicht nur im Regal, sondern auch im Gang an einem besonderen Platz steht, oder »Zweitplatzierungsrabatte«. Das geht auch manchmal ganz pauschal, wie man am Beispiel der Rewe-Gruppe lernen kann, die zur Jahresmitte 2000 von ihren Lieferanten einen »Umsatzaktivierungsrabatt« in Höhe von 1 Prozent auf den Umsatz der zweiten Jahreshälfte gefordert hat. Mit der Einführung der neuen Ladenöffnungszeiten bis 20 Uhr kamen einzelne Ketten gar auf die Idee, eine Art »Abendzuschlag« zu verlangen. Schließlich würden die Waren ja nun auch länger ausgestellt. Mittlerweile, so klagte der Verband der Ernährungsindustrie damals, ergäben die Sonderkonditionen schon einen Umfang von 1 Milliarde Mark pro Jahr.

Als besonders findig, was besondere Rabatte angeht, scheint sich übrigens die Discountkette Schlecker zu erweisen. Dem cleveren Unternehmer aus dem Schwäbischen ist eigentlich kaum ein Anlass zu dumm, um seine Lieferanten nicht zu schröpfen. 1997 etwa führte Anton Schlecker in seinen Filialen das Logistiksystem ECR ein. Das Kürzel steht für »Efficient Consumer Response« und basiert darauf, dass jedes einzelne Produkt, das an der Scannerkasse eingelesen wird, unverzüglich an die Zulieferer gemeldet wird. So lassen sich Warenumsätze praktisch in Echtzeit registrieren. Ziel ist es, die Warenbeschaffung so gut wie möglich zu organisieren und Lagerkosten zu senken. Schlecker nutzte die Einführung von ECR freilich gleich zur Verbesserung der Lieferkonditionen. »In der Anlage« zum Informationsschreiben an die Zulieferer habe man »eine Übersicht beigelegt, auf der Sie die Vergütungssätze, die Sie uns als Ausgleich einräumen, entsprechend vermerken können«. Immerhin, die Lieferanten durften wählen, wie viel sie zu den Anschaffungskosten von Schleckers ECR-Scannern beitragen wollten. Eine noble Geste?

Umstellungen im normalen Geschäftsablauf sind ohnehin eine kostspielige Sache. Die will man als Händler natürlich ungern alleine tragen. Besonders dann nicht, wenn man für die Umstellung gar nichts kann. Und so kam Schlecker noch auf eine andere gute Idee, wie er glaubte.

Im Oktober 2001 hatte Anton Schlecker seine Lieferanten angeschrieben: Die Umstellung auf den Euro stehe kurz bevor, und das habe logischerweise auch Auswirkungen auf die Preise. Bei den so genannten »Schwellenpreisen« müsse die Handelskette mit Verlusten rechnen, und deshalb seien »Deckungsbeitragsverluste« der Lieferanten nötig. Die Liste mit den Preisänderungen lag gleich bei, »Ihrer Rückbestätigung innerhalb der nächsten zehn Tage sehen wir entgegen«, hieß es noch lapidar. Mit anderen Worten: Schlecker hätte die Kosten der Euroumstellung gerne auf seine Lieferanten abgewälzt.

Dazu kam es aber nicht, weil die Zentrale zur Bekämpfung unlauteren Wettbewerbs eine einstweilige Verfügung gegen das »unzulässige Anzapfen« der Lieferanten erwirkt hatte. Das Ulmer Landgericht bestätigte diese Auffassung. Schlecker verstoße gegen den Paragraph 1 des Gesetzes gegen den unlauteren Wettbewerb, das Ansinnen verstoße gegen die guten Sitten. Schließlich habe das Schreiben kein Angebot zur Neuverhandlung der Lieferkonditionen enthalten, und das stelle einen unzulässigen Versuch des Eingriffs in bestehende Verträge dar. Das Gericht verhängte außerdem die Androhung von bis zu 250 000 Euro Ordnungsgeld für den Fall des Verstoßes gegen das Urteil, ersatzweise sechs Monate Ordnungshaft.

Leichter tut man sich da schon, wenn es um Zuschüsse geht für besondere Werbeaktionen. So etwas lässt sich ja gut begründen, und gelegentlich gibt es ein paar angenehme Nebeneffekte. So weiß Anton Schlecker beispielsweise auch beim Feiern zu sparen. 1996 berichtete der *Spiegel* von einem Schreiben des Drogerieunternehmers an seine Lieferanten anlässlich der bevorstehenden Eröffnung seiner 6000. Filiale. Eine »außergewöhnliche Werbemaßnahme« sei geplant, hieß es in dem Brief, und dafür brauche das Unternehmen Zuschüsse. »Wir gehen davon aus, dass Sie sich an dieser Maßnahme wie folgt beteiligen ...«, ging es weiter, und dann folgte der Betrag, den sich Schlecker von seinen Lieferanten wünschte.

Was genau geplant war, darüber schwieg sich der Discounter aus. »Es war eines der in der Branche üblichen Schreiben«, so der *Spiegel* weiter, »die von den Empfängern als Erpressung empfunden werden (...) Mit einem, der so viel Waren bezieht wie Schlecker, kann sich kaum ein Lieferant anlegen. Wer nicht riskieren will, mit seinen Produkten aus dem Regal zu fliegen, muss zahlen.«

Die Praxis, die eigene Expansion mittels besserer Konditionen ein wenig querzufinanzieren, wird übrigens immer gerne aufgegriffen, von fast allen in der Branche. Als der Discounter Netto Mitte der neunziger Jahre ein neues Zentrallager in Norddeutschland eröffnete, klagte er schriftlich bei seinen Lieferanten »über den enormen finanziellen Kostenaufwand« für den Neubau. Deshalb, so Netto weiter, »benötigen wir Ihre Unterstützung in Form eines finanziellen Beitrages«, der »für die Vermarktung Ihrer Produkte« diene. Einen fünfstelligen Betrag habe man sich vorgestellt, binnen zwei Wochen sollten sich die Zulieferer doch bitte äußern, ob sie damit einverstanden wären.

*

Methoden, die mittelalterlichen Raubrittern nicht übel anstünden, könnte man sagen. Jedenfalls finden das die meisten Hersteller aus der Ernährungsbranche, häufig mittelständische Betriebe, die den großen Ketten wenig entgegenzusetzen haben. Professor Joachim Zentes ist Direktor des Instituts für Handel und internationales Marketing an der Universität des Saarlandes in Saarbrücken. Vor einigen Jahren hat er 173 Hersteller über ihr Verhältnis zu den großen Handelsketten befragt. Beauftragt hat ihn der Wiesbadener Markenverband, ein Zusammenschluss von Nahrungsmittelproduzenten. Das Ergebnis: Fast 90 Prozent der Hersteller fühlten sich von den Forderungen der Händler »mehrfach« oder sogar »regelmäßig« bedroht.

Wie man halt so miteinander umgeht, unter ehrsamen Kaufleuten.

Turbo-Euter und Big Six

Wie das Billigprinzip
unsere Landwirtschaft kaputtmacht

Im Frühjahr 2004 kommt es in Deutschland zu Bauernaufständen. Rund 1500 Milchbauern demonstrieren am 8. März in ganz Bayern frühmorgens vor den Auslieferungslagern von Aldi und Lidl. »Rabattschlacht vernichtet die Bauern«, heißt es auf den Transparenten und: »Qualität und Sicherheit haben ihren Preis.« Am 15. März kippt ein Bauer aus dem Westfälischen vor der Molkerei Campina aus lauter Wut seine Milch vor deren Betriebsgelände aus. Und 400 Landwirte aus ganz Nordrhein-Westfalen fahren am 22. März nach Düsseldorf, um vor der Metro-Zentrale zu demonstrieren. In einer Resolution sprechen sie von »wertvernichtender Preispolitik« und fordern »faire Partnerschaft«.

Auslöser für die Proteste waren die miesen Ergebnisse, die die Molkereien in den Anfang des Jahres stattfindenden Verkaufsgesprächen mit dem Lebensmitteleinzelhandel erzielt hatten. In Nordrhein-Westfalen zahlte die internationale Großmolkerei Campina, die unter anderem Aldi und Lidl beliefert, im Februar nur noch 23,2 Cent für den Liter Milch, 6 Cent weniger als im Jahr zuvor. In Bayern waren die Molkereien im Durchschnitt nur noch knapp 28 Cent zu geben bereit – 16 Prozent weniger als noch 2001. Dieses Ergebnis ließ die Wut bei den Landwirten überkochen.

Am 29. März ist die Aldi-Nord-Zentrale in Essen-Kray dran. Fast 1000 Bauern machen vor der Zentrale des Discounters

Rabatz; einige von ihnen werfen Wasserbomben, andere lärmen mit Trillerpfeifen. Auch Milchkuh Reni ist dabei; unter ihren Hufen fließt symbolisch vergossene Milch in den Rinnstein. Franz-Josef Möllers, Vorsitzender des Westfälischen Landwirtschaftsverbandes, schlägt beinahe klassenkämpferische Töne an: »Wir sind heute hier, um dem drittreichsten Mann der Welt zu sagen, dass Geiz nicht geil ist.« Raue Töne also vor der Aldi-Zentrale. Die Aktion unter dem Motto »Lebensmittel sind mehr wert! – Faire Verhandlungen und faire Milchpreise« ist Teil einer bundesweiten Kampagne, zu der der Deutsche Bauernverband aufgerufen hatte.

Am selben Tag starten rund 30 000 bayerische Bauern eine landesweite Aktion: Drei Tage lang liefern sie den Molkereien keine Milch mehr, teilweise fließt die gesamte Milchproduktion einfach in die Güllegrube. Im Allgäu, wo die Aktion besonders starken Widerhall findet, geht die Anlieferung um bis zu 70 Prozent zurück. In der Eifel bringen am 31. März mehrere Milchbauern aus Protest gegen die Preispolitik der Discounter ihre Milch auf Wiesen und Weiden aus: »Besser Milch als Dünger verwenden als Milch an Discounter liefern« steht auf den Fässern.

Die Protestaktionen gingen den ganzen April und Mai über weiter. Am 1. April stehen 500 Milchbauern aus Nordrhein-Westfalen und Rheinland-Pfalz vor der Tengelmann-Hauptverwaltung in Mülheim an der Ruhr, die Lidl-Zentrale in Neckarsulm ist am 7. dran, 1500 Landwirte aus Baden-Württemberg, Bayern und Essen versammeln sich dort zu einer Kundgebung. 1000 Bauern aus Niedersachen, Schleswig-Holstein, Hamburg, Bremen und Mecklenburg-Vorpommern demonstrieren am 23. April vor der Edeka-Zentrale in Hamburg, und am 29. April stehen die Bauern aus Westfalen-Lippe und dem Rheinland vor den Firmenzentralen von Aldi-Nord (Essen) und Aldi-Süd (Mülheim) und halten Mahnwachen ab.

Am selben Tag beginnt auch eine zweitägige Aufkaufaktion des Bayerischen Bauernverbands. Unter dem Motto »Raus mit der Billigbutter« richtet sie sich gegen Butterangebote im Einzelhandel zu einem Preis von 85 Cent für 250 Gramm; zugleich läuft eine Plakataktion an. Ihr Motiv ist ein Kuheuter, auf dem steht: »Wir geben keine Billigmilch! Stopp dem Preiskampf – unsere Milch ist mehr wert!«

Auch in den neuen Bundesländern kocht der Zorn hoch. Am 5. Mai demonstrieren Bauern aus Brandenburg vor Lidl- und Aldi-Auslieferungslagern, anschließend fordern 1500 Landwirte aus allen neuen Bundesländern bei einer Großkundgebung in Paaren: »Schluss mit dem Verramschen von Milch.« Zwei Tage später fahren 100 Bauern aus Südhessen und dem Rhein-Main-Gebiet mit Schleppern, einer Kuh und einem Kalb vor dem Aldi-Lager in Mörfelden-Walldorf (Landkreis Groß-Gerau) vor. Der Präsident des Hessischen Bauernverbandes, Heinz Christian Bär, übergibt eine Liste mit rund 13 000 Unterschriften von Verbrauchern, die bereit sind, 5 Cent mehr pro Liter Milch zu zahlen, wenn dieser Betrag auch bei den Bauern ankomme.

Wenn Partner Gegner werden:
Molkereien und Handelsketten

Ganz fruchtlos bleiben all diese Aktionen nicht, aber groß sind die Erfolge auch nicht. Mal erklärte sich Aldi zu Verhandlungen bereit, 1 bis 2 Cent mehr für den Liter Milch zu geben, dann standen wieder die Großmolkereien als Preisdrücker am Pranger. In der Tat ergibt sich da ein unglückseliges Zusammenwirken zweier Gegner, die zugleich Partner sind. Der Dritte aber, der Landwirt, hat den Schaden. Bei den so genannten »Jahresgesprächen«, in denen Einzelhandel und weiterverarbeitende Betriebe Verhandlungen über die Abnahmepreise für den Rest des Jahres führen, sitzen die Erzeuger nicht am Tisch.

Die können nur warten, was für sie dabei herausspringt. Seit die Preiskämpfe immer hemmungsloser toben und fast ausschließlich zählt, wie billig eine Ware ist, haben sie das Nachsehen. Seit Jahren fallen die Milchpreise, und viele können da nicht mehr mithalten. Tausende von Existenzen wurden schon vernichtet. Allein im größten Bundesland, Bayern, ist die Bilanz erschreckend: Gab es hier 1950 an die 422 000 Milchbauern, so sind es heute nur noch 53 000.

Nicht verwunderlich also, dass die Landwirte demonstrieren. Beim Verbraucher stoßen derlei Proteste in der Regel jedoch bestenfalls auf freundliches Desinteresse. Schließlich ist kaum einem verständlich zu machen, dass die Bauern auf die Milch, die ihre Kühe geben, angeblich auch noch draufzahlen sollen. »Das glaube, wer will«, sagt sich der Normalverbraucher. Außerdem herrscht bei vielen sowieso die Meinung vor, die Bauern lebten im Wesentlichen von Subventionen, und die Europäische Union setze ohnehin die Preise weitgehend fest. Wozu also die ganze Aufregung?

Wahr daran ist, dass heute bereits mehr als die Hälfte des Einkommens eines Bauern aus staatlichen Zuschüssen stammt und nicht von dem, was er auf dem Markt für seine Erzeugnisse bekommt. Der Bauer ist ein Kostgänger des Staates. Die andere Hälfte aber muss er ganz normal verdienen, zu Marktpreisen, die keineswegs so festgelegt sind, wie es scheint. Denn die EU zahlt zwar feste Preise für Überschüsse, die sie aufkauft. Diese Preise gelten jedoch nur für Endprodukte von Molkereien wie Magermilchpulver oder Butter. Für die Rohmilch jedoch, wie sie vom Bauern angeliefert wird, gibt es nur ungefähre Richtpreise, die ganz schön schwanken können.

Die Milchverarbeiter haben freilich ein starkes Interesse, so niedrige Einkaufspreise für ihren Rohstoff zu zahlen wie nur möglich. Auch sie stehen unter großem Konkurrenzdruck – die Zahl der Molkereien und Käsereien hat sich in Deutschland aufgrund von Fusionen und Schließungen zwischen 1988 und 1997 auf nur noch 269 halbiert. Als so genannte Partner stehen ihnen immer größere Handelsketten gegenüber, die den Milchverarbeitern die Preise fast diktieren können.

Der Lebensmittelhandel in Deutschland ist inzwischen stark konzentriert: Wie schon erwähnt, machten die fünf größten Ketten im Jahr 2000 bereits 63 Prozent des Umsatzes, bis zum Jahr 2010 werden es sogar 80 Prozent sein, schätzt das Marktforschungsinstitut M+M Eurodata. »Das bedeutet«, resümieren Götz Schmidt und Ulrich Jasper in ihrem Buch *Agrarwende,* »dass in nur fünf Managementzentralen die Grundentscheidungen für ein ganzes Land fallen, welche Waren zu welchen Preisen verkauft werden.«

Einen gewichtigen Anteil in diesem Konzert der fünf nehmen Aldi und Lidl ein. Sie treten besonders aggressiv bei Verhandlungen auf, drücken die Preise, wo es nur geht. Der niedrige Preis, das ist schließlich ihr Allerheiligstes. Er ist die Daseinsberechtigung des Discounts, nichts anderes. Da mag der konventionelle Lebensmittelhandel nicht zurückstehen, und so ist über die Jahre hinweg eine Preisspirale nach unten entstanden, die ganze Wirtschaftszweige gefährdet.

Gegensteuern ist da fast nicht mehr möglich. Ein Beispiel aus dem Jahr 2001 zeigt, warum das so ist. Damals hatten sich die Molkereien und die Handelsketten im April darauf geeinigt, die Verbraucherpreise für Milch und Milchprodukte um rund 20 Prozent anzuheben. Das war sowieso nur möglich geworden, weil einige Milchprodukte sich wegen der Niedrigpreise so gut verkauften, dass es schon Nachschubprobleme gab und die Molkereien eine bessere Verhandlungsposition hatten. Die neuen Preise sollten von Mai an in Kraft treten.

Lidl hob die Preise auch vereinbarungsgemäß an, Konkurrent Aldi jedoch blieb erst mal beim alten Niveau. Drei Tage später nahm Lidl die Preiserhöhung zurück. Erst als Aldi am

8. Mai auf die neuen Verkaufspreise umstieg, zog auch Lidl wieder mit. Wie übrigens die anderen Handelsketten auch, die sich sozusagen um keinen Preis besser verhalten hatten als die Discounter. Und manchmal sogar selber vorpreschen, wie etwa die zur Metro gehörende Verbrauchermarktkette Real, die im April 2005 in Bayern den Liter Milch zu 33 Cent listete, was prompt zu neuen Bauerndemos führte.

Es gilt aber grundsätzlich auch hier: Aldi wirkt stilbildend. Solange Aldi nicht mitzieht, machen die anderen auch nicht mit. Und das Aldi-Prinzip lautet nun einmal: so billig wie möglich.

Die Folge ist schon heute: Molkereien und Handel pressen die Milchbauern aus, wo es nur geht. Im Schnitt zahlen sie 27 Cent pro Liter Milch an die Bauern – das sind Preise, wie es sie zuletzt 1977 gegeben hat. Die Produktion eines Liters, sagen die Bauern, kostet hingegen zwischen 30 und 32 Cent. Viele Landwirte müssten da von der Hoffnung leben, dass es eines Tages besser wird – oder eben von Krediten, Subventionen und dem, was sonst noch so abfällt, wie zum Beispiel von der Mastviehzucht.

*

Profitiert der Verbraucher aber tatsächlich von den niedrigen Milchpreisen? Auf den ersten Blick schon. Er weiß ja nichts über die versteckten Kosten, und er weiß auch nicht, dass hinter den Preisen ein kompliziertes System steckt, das mit freier Marktwirtschaft sehr wenig zu tun hat. Tatsächlich hat die Preisgestaltung, nicht nur in der Milchwirtschaft, kaum etwas zu tun mit tatsächlichen Herstellungskosten und der üblichen Balance zwischen Angebot und Nachfrage. Für den Laien erscheint es im Gegenteil höchst widersprüchlich, wenn er Meldungen liest von Bauernprotesten, die sich gegen Milchpreise richten, die unter den Herstellungskosten liegen. Und gleichzeitig hört, dass die EU-Agrarminister in ihrer jüngsten Agrarreform beschlossen haben, die Milchpreise in der Europäischen Gemeinschaft jährlich um 7 Prozent zu drücken.

Wie kann das zusammengehen? Die EU sieht sich als Wettbewerber auf dem Weltmarkt, und da ist die landwirtschaftliche Produktion in Europa zu teuer. Gleichzeitig liefern Europas Kühe zu viel Milch – das heißt, die Überproduktion muss verkauft werden. Weil nun aber ein Bauer in Neuseeland billiger Milch produzieren kann, da er wegen des milden Klimas seine Kühe ganzjährig auf der Weide stehen lassen kann und keinen Stall braucht, ist die teure europäische Milch nicht konkurrenzfähig. Ergo: Sie muss billiger gemacht werden.

Deshalb beschlossen die Agrarminister also die jährlichen Preissenkungen von 2004 an. Weil nun aber die Bauern ohnehin nur noch mit Margen rechnen können, bei denen jedes normale Wirtschaftsunternehmen sofort die Produktion einstellen müsste, brauchte es einen Ausgleich. »Milchprämie« heißt die vermeintliche Lösung; für jeden Liter Milch bekommt der Bauer einen jährlich steigenden Grundbetrag sowie eine variable Ergänzungsprämie.[14] Deutschland zahlte 2004 für jeden Liter Milch 1,18 Cent an den Bauern, und im Jahr 2005 wird es wohl doppelt so viel sein, im Jahr darauf rund dreimal so viel – alles aus Steuergeldern, versteht sich. Die Einkommensverluste gleicht das freilich nur zur Hälfte aus, sagt der Bauernverband.

Wahnwitz mit Methode: Europas Agrarpolitik

Doch die derzeitige Agrarpolitik, die mit der von den allgegenwärtigen Neoliberalen sonst stets geforderten freien Marktwirtschaft nur sehr wenig zu tun hat, ist nur die Spitze des Eisbergs. Seit mehreren Jahrzehnten steht die Landwirtschaft unter extremem Preisdruck und unter dem Zwang, immer mehr immer billiger zu produzieren: Milch, Eier, Fleisch, Getreide.

Schuld daran ist vor allem die Landwirtschaftspolitik der Europäischen Gemeinschaft in den vergangenen Jahrzehnten, die wiederum immer ein Spielball nationaler Sonderinteressen gewesen ist. 1957 wurde die Europäische Wirtschaftsgemeinschaft (EWG) gegründet, mit dem Ziel, Wettbewerbs- und Handelsbeschränkungen in Europa abzubauen und regionale Unterschiede auszugleichen. Damals herrschte noch Lebensmittelknappheit in den sechs Mitgliedsstaaten Deutschland, Frankreich, Italien, Belgien, Luxemburg und den Niederlanden, und daher wollte man die Produktivität der Landwirtschaft erheblich steigern. Zu diesem Zweck erfand man eine Reihe von Werkzeugen: Landwirtschaftliche Produkte aus der EWG wurden bevorzugt, Importeure aus anderen Ländern mussten eine Art Strafzoll zahlen. Einheitliche Mindestpreise für Getreide, Butter, Milch und Fleisch wurden festgelegt und aus einem eigens eingerichteten Agrarfonds subventioniert; landwirtschaftliche Erzeugnisse aus anderen Ländern durften nicht unter diesem Preis verkauft werden.

Diese Subventionspolitik funktionierte prächtig. Die Bauern mussten sich von nun an nicht mehr um den Absatz sorgen, sondern konnten munter drauflos produzieren. Die Überschüsse wurden von der EWG ja zu so genannten »Interventionspreisen« aufgekauft und in Lagerhallen gebracht, um sie bei günstigerer Absatzlage wieder auf den Markt zu werfen. So entstanden die Milchseen und Butterberge, die man heute noch gemeinhin mit dem Begriff »Europäische Agrarpolitik« verbindet.

Grund für die großen Produktionsmengen war, dass viele Bauern die Fördergelder nutzten, um ihre Höfe zu modernisieren und zu rationalisieren. Sie schafften leistungsfähige Landmaschinen an, die Pferde und Arbeitskräfte ersetzten, brachten großzügig Dünger und Pflanzenschutzmittel aus. Vom Bauernverband bis hin zur landwirtschaftlichen Industrie freute all das die ganze Agrarlobby. Die nahm fortan immer stärker Einfluss auf die Brüsseler Beschlüsse. Wer sich schlau anstellte, konnte in diesen Jahren mit Hilfe der Subventionen schnell einen landwirtschaftlichen Großbetrieb aufbauen.

Hinzu kam die »intensive Tierproduktion« – ein Schlüsselbegriff Anfang der sechziger Jahre: Das Nutztier wurde zum landwirtschaftlichen Produkt degradiert, das so schnell und effektiv wie möglich heranwachsen und verbraucht werden sollte. Wissenschaftler, Landwirtschaftsschulen und Agrarberater überschlugen sich mit der Erfindung und Propagierung neuer Zucht-, Fütterungs- und Haltungsmethoden, die das Tier nur noch als reines Hochleistungsprodukt betrachteten. Schluss mit der aufwändigen Weidehaltung, her mit der pflegeleichten Stallkuh, die mit Kraftfutter und Antibiotika zu Höchstleistungen getrimmt wurde. Das Lebewesen wurde im Hinblick auf seine Nützlichkeit perfektioniert.

Im Falle der Milchkuh bedeutete das in erster Linie eine Steigerung der Milchproduktion. Die wurde mit allen Mitteln vorangetrieben. Sei es durch Züchtung, künstliche Befruchtung mit dem Samen von Stieren mit besonders milchfreundlichen Genen oder Embryotransfer, sei es durch Futterchemie oder auch durch neue Haltungsformen, die einzig und allein den Milchzuwachs vorantreiben sollten.

In der konventionellen Landwirtschaft hält das bis heute an. Vordergründig betrachtet, mit großem Erfolg: 1960 gab die deutsche Kuh im Durchschnitt 3406 Liter Milch im Jahr. Knapp 40 Jahre später, 1999, waren es laut Jahrbuch des Statistischen Bundesamts 5749 Liter, und inzwischen arbeitet man auf das Traumziel der »10 000-Liter-Kuh« hin.

Es wird wohl nicht mehr lange dauern, bis es so weit ist. In Schleswig-Holstein, wo die Milchkuhhaltung bundesweit am stärksten ausgeprägt ist, sind Milchleistungen von 9000 oder 9500 Litern längst keine Seltenheit mehr. Das Fatale daran: Die Milchmaschinen auf vier Beinen sind hochempfindlich, höchst anfällig für Krankheiten aller Art und werden im Schnitt nur noch vier Jahre alt. Anfang der sechziger Jahre waren 15 Jahre für eine Kuh durchaus normal ...

Von diesen Zuständen war man 1958, als die EWG-Agrarpolitik begründet wurde, noch weit entfernt. Das ursprüngliche Ziel, Lebensmittel für Europa zu produzieren, war dennoch schon bald erreicht – ja geradezu übererfüllt: Zwischen 1957 und 1968 wuchs der Ernteertrag jährlich um 3,3 Prozent, trotz gleichbleibender Anbaufläche, und die Produktivität der Beschäftigten wuchs gar um 7 Prozent. Das war ein höherer Anstieg, als die Industrie vermelden konnte. Gleichzeitig aber ging die Zahl der kleinen Bauern, die bei diesem Wachstum nicht mehr mithalten konnten, zurück. Waren 1958 in der Europäischen Gemeinschaft noch 16 Millionen Menschen in der Landwirtschaft beschäftigt, so ging diese Zahl bis 1970 auf gut 9 Millionen zurück. Und in den sechziger Jahren gab jeder dritte Bauer seinen Hof auf.

Das Bauernsterben, wie es genannt wurde, war aber bald schon das erklärte Ziel der europäischen Agrarpolitik. Vom Ende der sechziger Jahre an versuchte man hektisch, die Überproduktion wieder in den Griff zu kriegen: mit Prämien für die Hofaufgabe, mit Abschlachtgeldern für das Vieh und anderen Sonderzahlungen – von 1988 an gab es sogar Prämien für die Stilllegung von Landwirtschaftsflächen. Kleine, unrentable Betriebe sollten verschwinden, das Ideal war die große, moderne Produktionseinheit, denn die ließ sich vermeintlich besser regulieren. »Mehr Produktivität« forderte gar der Deutsche Bauernverband, »Wachsen oder weichen« lautete das Motto, das der Bundeslandwirtschaftsminister Josef Ertl (FDP) vertrat. Viele wichen auch: Zwischen 1970 und 1980 gaben sechs von zehn Bauern auf.

An der Überproduktion änderte das – auf den ersten Blick vielleicht erstaunlich – aber gar nichts. Letztlich lag es wohl daran, dass die Lobbyisten in Brüssel sehr gut dafür sorgten, dass die großen Agrarbetriebe weiter stark subventioniert wurden und weiter rationalisieren und modernisieren konnten, während die kleinen, die keine Lobby hatten, ganz einfach vom Markt verschwanden. Eine ganz eigene Art von Flurbereinigung, aber eine höchst effektive.

Ähnlich effektiv wie die Agrarreform der EU, die zum Stichtag 1. April 1984 in Kraft trat. Um den Milchsee trockenzulegen, wurde behauptet. Zwei Millionen Milchbauern in der EU unterlagen von nun an der Milchquotierung. Die Europäische Kommission errechnete nach vermutetem Absatz eine Milchmenge pro Mitgliedsstaat; das jeweilige Land hatte diese Quoten unter den Milchbauern aufzuteilen – ein System, das in mehr oder weniger veränderter Form heute noch gilt. Jedem Bauern wird eine bestimmte Menge Milch zugestanden, die er produzieren darf. Gleichzeitig besteht die Möglichkeit, Milchquoten von anderen Bauern zu kaufen oder zu mieten. Das taten offenbar vor allem die Großbetriebe, denn die Zahl der kleinen Bauern ging weiter zurück – sie wurden zu »Sofamelkern«, wie die anderen Bauern das nannten. Allein in den drei Jahren von 1983 bis 1985 gaben 34 000 Bauern in Deutschland auf. Die Großbetriebe mit mehr als 60 Kühen hingegen legten deutlich zu, um 1300 Betriebe.

Die Milchmengen aber konnte das nur unwesentlich senken, und so kamen die europäischen Agrarpolitiker nun auf einen neuen Dreh. Mit der zunehmenden Liberalisierung des Welthandels wollte man nun global konkurrenzfähig werden und die Überschüsse auf diese Weise loswerden. »Agrarpolitik soll Landwirte fit für den Weltmarkt machen«, sagte der damalige Bundeslandwirtschaftsminister Karl-Heinz Funke (SPD) über die europäische Agenda 2000. »Die europäische Landwirtschaft will und muss jetzt auf den Weltmarkt.«

Das hieß natürlich: mit den niedrigeren Weltmarktpreisen

zu konkurrieren. Die EU senkte deshalb die Interventionspreise, vergab dafür aber Exportsubventionen und Ausgleichszahlungen an die Milchbauern. Inzwischen ist Europa mit jährlich 127 Millionen Tonnen der globale Marktführer bei Milchprodukten, noch vor Indien (80 Millionen Tonnen) und den USA (75 Millionen Tonnen), die insgesamt jedoch der weltgrößte Agrarexporteur bleiben, mit knappem Abstand vor der EU. Jährlich werden rund 10 Millionen Tonnen Milch, von Europa subventioniert, in Drittländer geliefert, weitere 10 Prozent landen verbilligt als Butterfett in der Eiscreme- und Backwarenindustrie.

Alles in Butter also? Nicht, was die Landwirtschaft angeht. Dort nämlich geht das Sterben der Kleinen fast unvermindert weiter. Was die Zukunft der Milchbauern angeht, sagt der Interessensverband Deutsche Landwirtschaftsgesellschaft ganz offen, derartige Betriebe bräuchten einen »Standort mit den größten produktspezifischen Vorteilen«, modernste Technik und rentable Betriebsgrößen. Das heißt letztlich: Die Milchfabrik ersetzt den Bauernhof.

»Wachsen oder weichen«: Die zynische Prämisse aus den siebziger Jahren gilt also nach wie vor. Die großen Agrarfabriken werden weiter wachsen, werden immer rationeller und hochtechnisierter arbeiten und immer weniger Leute beschäftigen. Als Ausgleich dazu erhalten auch kleine Biobetriebe Subventionen, seit einigen Jahren sogar mit Unterstützung des Bauernverbandes, der die Ökobauern zuvor jahrzehntelang nur misstrauisch beäugt hatte. Nun aber sind die Biolandwirte gefragt: schon weil sie Arbeitsplätze bringen, die in den Großbetrieben nicht mehr gebraucht werden. Ein biologisch geführter Hof, so schätzt man, braucht etwa zwei- bis dreimal so viel Personal wie ein konventioneller der gleichen Größe.

Trotz aller Subventionen, Ausgleichszahlungen und Milchprämien: Der wachsende Preisdruck wird auch in den nächsten

Jahren viele kleinere Bauern zum Aufgeben zwingen und, nebenbei bemerkt, ebenso die Profite der Großbetriebe empfindlich schmälern. Mit ein Grund dafür, weshalb Bauernverbandspräsidenten, meist selbst Inhaber von Großgehöften, jetzt den Schulterschluss mit den Nebenerwerbslandwirten suchen und teilweise ein Vokabular benutzen, für das sich ein südamerikanischer Revolutionär nicht schämen müsste.

Die Bauern in der Preisfalle

So entbehrt es nicht einer gewissen Scheinheiligkeit, wenn der Bauernverband heute ganz besonders die Discounter angreift und beispielsweise auf seiner Internetseite die Behauptung aufstellt: »Über 50 000 Arbeitsplätze gingen bereits durch unfaire Preise der Discounter verloren.« Schließlich hat man die Geister, die man jetzt nicht mehr loswird, eigentlich schon selbst gerufen: durch ständige Steigerung der Produktivität, durch Rationalisierung und so genannte Steigerung der Wettbewerbsfähigkeit durch industrialisierte Landwirtschaft. Letztlich haben die Discounter nur dankbar den Ball aufgenommen, der ihnen da zugespielt wurde. Die Bauern sind nun in der Preisfalle, aus der sie so leicht nicht wieder herauskommen werden.

Schadenfreude soll zwar die schönste Freude sein, aber in diesem Fall hält sich der Spaß für den Verbraucher doch sehr in Grenzen. Aller Wahrscheinlichkeit nach wird die Sache nämlich nicht so ausgehen, dass sich Handel und Produzenten auf einigermaßen erträgliche Verbraucherpreise und naturnahe Produktion gleichermaßen einigen. Sondern die Entwicklung zu industrieller Billigproduktion in der Landwirtschaft wird weitergehen, um mit dem Preisdruck der Handelsketten mithalten zu können.

Was das für die Qualität der Nahrung bedeutet, die wir zu uns nehmen, lässt sich – auch wenn das recht sarkastisch klingt – an den Lebensmittelskandalen der vergangenen Jahre ablesen.

Und dieser Weg wird zwangsläufig nicht wieder hinführen zur glücklichen Kuh auf grünem Weideland: Vielmehr erwartet uns der Turbo-Euter auf vier Beinen im modernen Industriestall, betreut von immer weniger Personal und gefüttert mit Leistungs- und Kraftfutter, das immer weniger kosten darf. Die heutigen Milchleistungen wären gar nicht möglich ohne spezielle Futtermischungen, von denen jede Milchkuh pro Jahr stolze 2 bis 2,6 Tonnen frisst. Dieses Kraftfutter dient zur Eiweißergänzung des Silofutters, das meist aus mehr oder weniger vergorenem Gras und Fruchtpflanzen besteht.

2,5 Tonnen pro Kuh und Jahr – das geht schnell ins Geld, und deshalb spart der Großkuhbesitzer hier besonders gern. Früher, vor der BSE-Krise, wurde gerne mal Tiermehl verfüttert, das war vergleichsweise billig zu haben. Inzwischen ist das wegen Rinderwahnsinns nicht mehr erlaubt, aber es gibt günstigen Ersatz. Kraftfutter kommt heute zumeist aus Übersee. Da finden sich dann Sojaschrot (teilweise gentechnisch verändert) und Getreide oder andere günstige Futterpflanzen.

Das Dumme an der Sache ist nur: Im Futter wurden bisweilen auch Rückstände von Pestiziden festgestellt, die in der EU längst verboten sind – DDT, Lindan oder Hexachlorbenzol (HCB) oder von Schimmelpilzen stammende so genannte Aflatoxine, die unter dem Verdacht stehen Krebs zu erregen. Dafür gibt es zwar Grenzwerte, andererseits aber auch Ausnahmeregelungen, die es der Futtermittelindustrie erlauben, stark belastetes Futter so lange mit weniger belastetem zu vermischen, bis der Grenzwert wieder unterschritten ist. Man könnte sagen: Das ist dann eben russisches Roulett, bei dem nicht jeder sechste, sondern nur jeder 60. Schuss tödlich ist.

Die Milch, die wir morgens in unseren Kaffee gießen oder abends unseren Kleinkindern zum Einschlafen ins Fläschchen geben, wird dadurch nicht besser. Aber billiger. Bleibt nur die Frage, wie wenig Qualität wir uns leisten wollen – und ob etwas bessere Qualität nicht irgendwann so selten und damit so teuer geworden ist, dass wir sie uns gar nicht mehr leisten können?

Das Ei, ein reines Industrieprodukt

An Neujahr 2005 brachte *Bild am Sonntag* eine Meldung, die viele Kunden der gut florierenden Bioläden dann doch stark verunsicherte: »Dioxin in Freilandeiern entdeckt!« Ging man denn nicht in den etwas teureren Bioladen zum Einkaufen, weil die Lebensmittel dort garantiert gesund sind? Und nun so was – konnte man sich denn auf gar nichts mehr verlassen?

In der Tat hatten in Baden-Württemberg Lebensmittelüberwacher in verschiedenen Proben von Freilandeiern Spuren von Dioxin entdeckt, die zum Teil um das Fünf- bis Sechsfache über dem erlaubten EU-Grenzwert von 3 Billionstel Gramm pro Gramm Fett lagen. Schlimmer noch, diese Grenze von 3 Pikogramm fand sich nicht nur einmal, sondern häufiger. Das in Freiburg ansässige Chemische und Veterinäruntersuchungsamt stellte in den Jahren 2001 bis 2004 ähnliche Überschreitungen bei rund 7 Prozent aller Bio- und Freilandeier im Handel fest. *Bild am Sonntag* hatte aber noch in den Behörden anderer Länder nachgefragt, und auch aus Bayern und Niedersachsen gab es erschreckende Zahlen. Dort hatte man jeweils die Zahlen aus den Jahren 2003 und 2004 vorliegen: In Bayern lagen 20 Prozent der Freilandeier über dem Grenzwert für Dioxin, in Niedersachsen gar 28 Prozent.

Grund für die Überschreitungen in allen Fällen: Die Freilandhühner hatten angeblich auf einem Gelände gegackert, gescharrt und gepickt, auf dem sich Dioxinrückstände nachweisen ließen – und diese Rückstände zusammen mit dem Futter auch in sich aufgenommen. Für den betroffenen Bauern ein Desaster, aber nicht nur für ihn, letztlich auch für die gesamte Branche. Denn in der Meldung folgte auch noch der Hinweis:

Wirklich sicher sei der Verbraucher bei Eiern aus Käfighaltung, die lägen zu 99 Prozent unter dem EU-Grenzwert. Logisch, denn die Hühner kämen dort nicht mit irgendeiner Form von möglicherweise kontaminiertem Boden in Berührung.

Das ist allerdings wahr.

Man hätte in diesem Zusammenhang auch fragen können, wie weit es hierzulande schon gekommen ist mit der Umweltverschmutzung, wenn sogar freilaufende Hennen dioxinbelastete Eier legen? Schließlich ist das ein Zeichen dafür, was in den Jahrzehnten der mehr und mehr industrialisierten Landwirtschaft alles falsch gelaufen ist mit der Bodennutzung – und dass auch der ökologische Landbau nicht in der Lage ist, das so ohne weiteres zu korrigieren. Stattdessen die absurde Empfehlung, sich auf das zu verlassen, was letztlich schuld ist an der Misere.

Später stellte sich dann freilich heraus, dass die Sache nicht ganz so dramatisch gewesen ist, wie sie in *Bild am Sonntag* dargestellt worden war. Bei genauerer Prüfung erwies sich nämlich, dass Eier aus Käfighaltung den Grenzwert von 3 Pikogramm pro Gramm Fett praktisch ebenso oft überschritten hatten. Das lag ganz einfach daran, dass das Dioxin offenbar weniger über kontaminierten Boden, sondern vor allem übers Futter zugeführt worden war. Dass es auch »Eier aus Freilandhaltung« traf, war logisch, denn diese Kennzeichnung bedeutet keineswegs, dass die Hühner auch nach den Grundsätzen der biologischen Tierhaltung ernährt werden. Bei Eiern von Hühnern, die ausschließlich mit Biofutter ernährt worden waren, wurde bislang kein Verstoß gegen den Dioxingrenzwert festgestellt. Eine Tatsache, die in der Berichterstattung freilich nicht vorkam.

So darf man wohl vermuten, dass die Meldung mit einem gewissen Hintersinn von interessierter Seite gerade in dieser Zeit zwischen den Jahren lanciert worden ist. An den Feiertagen lässt sich der Wahrheitsgehalt schlechter überprüfen als sonst – ganz einfach deshalb, weil die meisten, die man fragen könnte, in Urlaub sind. Zurück bleibt dann erst einmal der Eindruck, Käfigeier seien gesünder als solche aus Freilandhaltung. Das kann der Lobby der Eierproduzenten, die ja immer noch gegen das anstehende Verbot der Käfighaltung kämpft, nur recht sein.

Wobei die Bezeichnung »Eierproduzenten« nicht richtig ist, denn das sind ja wohl die Hennen. Sie sind aber eigentlich nur die Angestellten, ihr Chef ist der Bauer.

So war das früher einmal. Heute bekommen die wenigsten Legehennen in ihrem Leben je einen Bauern zu Gesicht; ihre Chefs sind Manager, die von betriebswirtschaftlichen Fakultäten kommen, und nennen sich mindestens Geschäftsführer. Hühnereier sind wohl die am stärksten durchindustrialisierten Produkte der Landwirtschaft, die man sich vorstellen kann. Eigentlich sollte man in diesem Fall gar nicht mehr von Landwirtschaft sprechen. Die konventionelle Eierproduktion ist ein beinahe rein industrielles Verfahren, bei dem das Tier nur noch eine Zutat im Produktionsprozess ist und auch so behandelt wird.

Zwischen 42 und 50 Millionen Legehennen gibt es in Deutschland, die genaue Zahl ist nicht bekannt. Vier Fünftel davon werden in Betrieben mit mehr als 3000 Tieren gehalten. In aller Regel bedeutet das nach wie vor: Käfighaltung, auch wenn die von 2007 an per Gesetz verboten sein soll. Genaue Zahlen gibt es in dieser Branche nicht, man legt dort keinen Wert auf Publizität, und man weiß auch, warum. Wer will schon gerne im Licht der Öffentlichkeit stehen als Herr über die KZ-Eier?

Und so sieht es aus, das Leben der KZ-Hühner: Zur Welt kommen sie in klimatisierten Brutschränken, europaweit werden pro Legeperiode (die umfasst 14 Monate) rund eine halbe Milliarde Küken so ausgebrütet. Davon können logischerweise nur die weiblichen gebraucht werden. Die männlichen werden binnen 72 Stunden – das schreibt sogar eine EU-Verordnung vor – getötet: meist in einer so genannten »Musmühle«, einem

Trichter mit rasend schnell rotierenden Messern. Die Überreste wurden bis zum Jahr 2000 zu Tiermehl verarbeitet, heute macht man daraus Dünger. Abermillionen männlicher Küken werden Jahr für Jahr auf diese Weise getötet.

Das ist vielleicht sogar noch gnädig zu nennen, vergleicht man ihr Schicksal mit dem der weiblichen Tiere. Die werden am Fließband mechanisch geimpft, in Käfige verpackt und in einen Aufzuchtbetrieb verschickt. Denn dummerweise legen Hühner nicht gleich nach der Geburt, sondern erst fünf Monate später erstmals Eier. Das hält auf, aber die Eierindustrie hat dafür gesorgt, dass die maximal weiteren 14 Monate eines Hühnerlebens effektiv – im Sinne des Unternehmens, versteht sich – genutzt werden.

Sind die Hennen so weit, dass sie Eier legen können, dann kommen sie in die Legebatterie. 40 mal 45 Zentimeter misst ein Standardkäfig, in den vier, manchmal auch fünf Hennen passen sollen. Das ist sehr wenig Platz, weniger als drei DIN-A4-Blätter. Bewegung ist da kaum vorgesehen, die Tiere können nicht dauerhaft frei stehen, können nicht mit den Flügeln schlagen, picken, scharren oder im Staub baden – diese arttypischen Verhaltensweisen sind in der industriellen Tierhaltung nicht vorgesehen.

Die Käfige werden in langen Doppelreihen aufgestellt, bis zu acht übereinander. Damit die Legeleistung steigt, herrscht in den großen Hallen praktisch permanent Frühling: 20 Stunden am Tag sind die Tiere hellem Kunstlicht ausgesetzt. Hochkonzentriertes Kraftfutter befördert diese Legeleistung noch; ihm sind Medikamente beigemischt, die die Tiere vor Infektionen schützen sollen, aber auch chemische Substanzen wie synthetisches Beta-Karotin, die für die angeblich »natürliche« Farbe des Eidotters sorgen, wie sie vom Verbraucher nun einmal gewünscht wird.

Vor 50 Jahren legte das Durchschnittshuhn gerade mal 120

Eier im Jahr, aber die modernen, hochgezüchteten Turbohennen von heute kommen auf 300 Stück. Wenn sie es denn überleben. Mit 8 bis 15 Prozent Ausfall rechnen die Halter sowieso, manchmal treten auch Seuchen auf. Manche Tiere werden von den anderen im engen Käfig regelrecht plattgedrückt; vom Betreuungspersonal wird das selten bemerkt. Kein Wunder, im Schnitt »kümmert« sich eine Person um bis zu 80 000 Hennen, da bleibt rein rechnerisch für das einzelne Huhn gerade mal eine Drittelsekunde pro Tag ...

An die 350 Millionen Legehennen gab es in der alten EU vor dem Beitritt der neuen Staaten; mehr als 93 Prozent von ihnen wurden in solchen Legebatterien gehalten. In Deutschland sind es nach wie vor rund 90 Prozent der geschätzten 50 Millionen Hennen – und das, obwohl sogar das Bundesverfassungsgericht in seinem Urteil vom 6. Juni 1999 diese extensive Käfighaltung für nicht vereinbar mit dem Grundgesetz und den Anforderungen des Tierschutzes erklärt hatte.[15] Wegen des hinhaltenden Widerstands der Halter und nicht zuletzt der Bundesländer wurde die Umsetzung dieses Urteils lange verschleppt. Erst der grünen Bundeslandwirtschaftsministerin Renate Künast gelang es, im Zuge der EU-Agrarwende ein Verbot der Käfighaltung mit Beginn des Jahres 2007 durchzusetzen. Doch auch dieses Verbot wird noch immer vom Bundesrat torpediert. Dass es tatsächlich auch in Kraft treten wird wie vorgesehen, ist also unwahrscheinlich.

Es fällt schwer zu glauben, dass sich diese Form der Tierhaltung nicht Sadisten und brutale Tierquäler aus reiner Freude am Leiden der Kreatur ausgedacht haben. Tatsächlich aber geht es schlicht ums Geld. Denn die Gewinnspannen in diesem Geschäft sind nicht sehr hoch, da macht es eben die Masse. Pro Ei ist für die großen Legebatterien höchstens ein Gewinn von 0,5 Cent drin, das bedeutet pro Jahr und Huhn gerade mal 1,50 Euro. Da spart man halt, wo es geht: am Futter, am Platz, am

Betreuungspersonal. Wenn man aber zwischen 9,2 und 9,7 Millionen Legehennen und noch einmal mehr als 1 Million Hühner in der Aufzuchtphase besitzt, wie die Deutsche Frühstücksei GmbH/Eifrisch Gruppe (Südoldenburg),[16] dann läppert sich das.

Überhaupt, so ergab eine Studie vom Bund Naturschutz, gibt es in Deutschland rund 220 000 Halter von Legehennen – aber nur 0,6 Prozent davon, 1344 Betriebe, haben 80 Prozent des Tierbestandes unter sich. Mit anderen Worten: Hier handelt es sich eindeutig um industrielle Tierhaltung. Die Deutsche Frühstücksei GmbH ist nicht die Einzige, die dermaßen viele Tiere besitzt. Weitere Goliaths der Branche sind etwa die Gutshof-Ei GmbH (Schleswig-Holstein) und die Heidegold-Gruppe mit jeweils rund 3,7 Millionen Hennen oder die Gold-Ei Erzeugerverbund GmbH mit gut 2 Millionen Hennen. Insgesamt ist die Hälfte aller deutschen Legehennen in der Hand von nur sechs Großunternehmen, die zum Teil auch noch vertriebstechnisch und gesellschaftsrechtlich miteinander verknüpft sind. Groß an die Öffentlichkeit treten die Firmen und die Familien, die dahinterstecken, nicht. Man legt wohl keinen Wert auf Publizität.

Fest steht: Es ginge auch ohne Käfighaltung. In der Schweiz oder im österreichischen Vorarlberg etwa ist sie seit zehn Jahren verboten. Und das Bundesverfassungsgericht hat in seinem Urteil von 1999 ausgerechnet, dass Eier aus alternativer Erzeugung – zum Beispiel aus einer intensiven Volierenhaltung – den Endverbraucher nur 5 bis 10 Cent mehr kosten würden. Bei einem Durchschnittsverbrauch von 226 Eiern pro Jahr macht das für den Einzelnen gerade einmal 12 bis 25 Euro im Jahr aus.

Unsere Hühnereier werden aber gar nicht teurer. Heute kostet ein Ei nicht sehr viel mehr als 1970. Die »Centrale Marketing-Gesellschaft der deutschen Agrarwirtschaft« (CMA) sieht das als Werbeargument: »Das deutsche Frischei ist trotz der allgemeinen Preissteigerung in den letzten 40 Jahren eines der preiswertesten Lebensmittel geblieben«, wirbt sie in einer Broschüre. Dass dies nur möglich ist, weil Millionen von Hennen unter tierquälerischen Bedingungen gehalten werden, erwähnt sie nicht.

Bei den allgemeinen Preissteigerungsraten ist so etwas nur durch extreme Rationalisierung möglich – und durch den Druck, der auf die Produzenten ausgeübt wird, auch ja so billig wie möglich zu liefern. Für diesen Druck aber sind die großen Handelsketten verantwortlich, und vor allem sind es die Discounter, die ihre Konkurrenzkämpfe über die immer niedrigeren Preise ausfechten. Deren Marktmacht ist bedeutsam. So werden rund 13 Prozent aller in Deutschland gehandelten Eier bei Aldi verkauft, bei Lidl dürften es nicht sehr viel weniger sein. Wer mit denen ins Geschäft kommen will, muss also niedrige Preise bieten, was immer auch bedeutet: geringe Kosten haben.

Wie aber senkt man die Kosten? Indem man so viele hochgezüchtete Hennen wie irgend möglich auf engstem Raum zusammenpfercht und ihre Lebensfunktionen auf das Allernötigste reduziert: im wesentlichen Fressen und Eierlegen. Mühsam über Land zu fahren, um hunderttausende von Eiern in kleineren Legebetrieben einzusammeln, käme viel zu teuer – also konzentriert man die Tiere möglichst auf einen Raum, nicht allzu weit entfernt von einer zentralen Abpackstation.

Ein weiteres Kostenrisiko besteht in Hühnerkrankheiten und Seuchen, die ausbrechen könnten. Deshalb erhalten die Tiere gleich nach dem Schlüpfen eine Salmonellenschutzimpfung – zur Sicherheit, obwohl gar nicht nachgewiesen ist, ob sie überhaupt etwas nützt. Den Futtermitteln werden regelmäßig Antibiotika und andere Medikamente beigemischt, damit die Hennen auch ja durchhalten. Rückstände dieser Arzneimittel und Parasitenbekämpfungsmittel fanden sich bei Stichproben sowohl in Eiern als auch in Suppenhühnern, die aus Legebatterien kamen.

So ist das Ei aus dem Käfig zwar nicht teurer geworden, aber gewiss auch nicht beliebter. Neben der aufkommenden Erkenntnis, dass der hohe Cholesteringehalt von Hühnereiern generell nicht so gesund ist, trugen dazu auch eine Reihe von Lebensmittelskandalen bei sowie Schreckensbilder aus der skandalösen Käfighaltung, die sensible Verbraucher abstößt. Tatsächlich ging der Eierverbrauch in Deutschlands Haushalten in den vergangenen 20 Jahren um fast ein Drittel zurück. Dafür stieg die Nachfrage nach Freiland- und Bioeiern enorm: An die 300 Millionen werden jährlich in Deutschland gekauft – aber nur 50 Millionen auch hierzulande gelegt. Der Rest sind Importe aus dem Ausland – im besten Fall.

Denn der Betrug am Verbraucher kommt vermutlich häufiger vor, als man denkt. In den großen Abpackstationen können die zu Hunderttausenden eintreffenden Eier nur in Stichproben im Labor geprüft werden, und bei diesen Mengen ist eine falsche Deklaration leicht mal drin, wenn man es darauf anlegt. Verlockend ist das allemal: Für ein Freilandei bekommt der Produzent etwa den fünf- bis sechsfachen Preis eines Käfigeis. Da kann man dann schon mal was verwechseln.

*

Der Zwang zum billigen Preis ist einer der wichtigsten Gründe für die industrielle Produktion von Grundnahrungsmitteln wie Milch und Eiern mitsamt ihren tierquälerischen Begleiterscheinungen. Er ist auch ein wichtiger Grund für das Sterben der vielen kleinen bäuerlichen Höfe und für die Konzentration auf große Agrarbetriebe. Wo wie in Deutschland die Nahrungsmittelpreise weit unterdurchschnittlich steigen und im Vergleich zu den allgemeinen Lebenshaltungskosten ja teilweise sogar stagnieren oder sinken, ist eben kein Platz mehr für herkömmliche Arbeitsweisen in der Landwirtschaft.

Es gilt dies selbstverständlich nicht nur für Milch oder Eier, sondern auch für vieles andere, was aus der Landwirtschaft kommt. Dass ein einfaches Suppenhuhn heutzutage meist das Neben- und Endprodukt einer 14-monatigen Quälphase in einer Legebatterie ist, haben wir schon erfahren. Das mag eklig klingen, ist aber gar nicht so weit entfernt von dem, was wir sonst so an preiswertem Fleisch in der Kühltruhe des Supermarkts und des Discounters vorfinden. Sehen wir uns nur einmal an, wie Geflügelfleisch zustande kommt.

Fabriken für Hähnchen und Puten

Stellen Sie sich vor, Sie würden jeden Tag 6 Prozent Ihres Gewichts zunehmen, nur eine Woche lang, zum Beispiel. Wenn Sie am Montag mit 60 Kilo Körpergewicht beginnen, dann haben Sie am Sonntag darauf schon etwas mehr als 90 Kilo auf den Rippen.

Absurd, finden Sie? Das kriegt der größte Fresssack nicht hin, jedenfalls nicht innerhalb von sieben Tagen.

Für das deutsche Masthähnchen ist so etwas normal. Bis zu 6 Prozent ihres Eigengewichts müssen sie jeden Tag zunehmen, um in nur fünf Wochen ihr Schlachtgewicht zu erreichen und schließlich im Supermarkt zum Niedrigpreis zu landen – »aus deutschen Landen frisch auf den Tisch«. Speziell gezüchtete Fleischmonsterrassen braucht es dazu, künstliches Licht rund um die Uhr, damit die Tiere das Fressen nicht vergessen, und die entsprechende Ernährung: hochkonzentriertes Mastfutter, oft angereichert mit Antibiotika, Medikamenten gegen Seuchen und Krankheiten sowie Wachstumsförderern. Guten Appetit!

Den Tieren, wen wundert es, bekommt eine derart rasante Gewichtszunahme nicht gut. Weil das Skelett nicht im gleichen Maße mitwächst, knicken die Beine nach außen weg, oder es rutscht die Achillessehne vom Sprunggelenk ab. 70 Prozent der

Tiere, so schätzt der Bund Naturschutz in Bayern, leiden unter »Bewegungsunregelmäßigkeiten«. Weil das Brustfleisch sich so gut verkaufen lässt, ist diese Körperregion bei Hähnchen ganz besonders hochgezüchtet worden. Die armen Tiere müssen gegen Ende ihres Lebens fast 40 Prozent ihres Körpergewichts vor sich hertragen. Sie können sich dann kaum noch bewegen, liegen apathisch herum und bekommen häufig Schleimbeutelentzündungen, eitrige Infektionsherde auf der Brust, so genannte »Brustblasen«, wie der Fachmann sagt. Der Tod ist schließlich eine Erlösung für sie. Bis zu 8 Prozent von ihnen sterben sowieso schon, bevor sie zum Schlachter abtransportiert werden – an Herzversagen, Knochen- und Flügelbrüchen.

Traurige Ausnahmeerscheinungen? Leider nein: 97,6 Prozent der 4,5 Milliarden Hähnchen in der EU werden so produziert – anders kann man es nicht nennen. In Deutschland ist der Anteil gar noch etwas höher. 97,7 Prozent der Masthähnchen werden in Betrieben mit mehr als 10 000 Tieren zur Schlachtreife gebracht. Rund 700 solcher Großmästereien gibt es in Deutschland, besonders viele übrigens in Niedersachsen und dort wiederum im Weser-Ems-Gebiet. Allein hier werden rund 40 Prozent der deutschen Brathähnchen gemästet (in ganz Niedersachsen ist es die Hälfte). Das liegt vor allem auch an der Nähe des Hafens Brake an der Unterweser; dort werden viele billige Futtermittel aus der Dritten Welt angeliefert.

Die Haltungsbedingungen sind nur unwesentlich besser als bei den Käfighennen. Zwar wirbt die Geflügelindustrie gerne mal mit dem Satz: »Garantiert aus Bodenhaltung«, aber das ist nichts anderes als eine vornehme Art von Etikettenschwindel: Masthühner werden nämlich immer in Bodenhaltung aufgezogen … Sehr viel mehr Platz als ihre weiblichen Artgenossen haben die Hähnchen allerdings auch nicht: 35 Kilo Lebendgewicht pro Quadratmeter heißt die gängige Faustregel, das bedeutet: rund 22 ausgewachsene Hähnchen. Viel Bewegung ist da nicht drin und selbstverständlich auch gar nicht erwünscht, denn das würde die Tiere ja höchstens schlanker machen.

Die Verbraucher müssen so etwas ja nicht wissen. Deutschlands Marktführer Wiesenhof – er liefert 49 Prozent aller deutschen Hähnchen – schmückt sich mit einem Fachwerkhaus als Logo, ganz so, als ob das Geflügel tatsächlich auf der grünen Wiese großgezogen würde. Dabei gehört Wiesenhof zu dem großen europäischen Agrarkonzern PHW, der sich wiederum im Familienbesitz der Sippe Wesjohann befindet und einen Jahresumsatz von 1,14 Milliarden Euro erzielt. Mit zur Unternehmensgruppe gehören übrigens auch acht Großschlachtereien und Weiterverarbeitungsbetriebe sowie drei Logistikzentren.

Immerhin, auf der Website des Unternehmens wird man schon deutlicher. Nach dem Zweiten Weltkrieg, so heißt es dort, wurden die Geschäftsidee und der Lizenzvertrag aus den USA importiert, denn »im Unterschied zum Nachkriegsdeutschland stand dort nämlich die Geflügelerzeugung in schönster Blüte«. So schön sollte sie bald auch hierzulande blühen, und deshalb wurde gleich »auch der ›Rohstoff‹ aus den USA importiert«: Die ersten Küken kamen per Luftfracht aus Amerika. Rohstoff, Geflügelmarkenartikel, Produkte – auf der Website von Wiesenhof ist viel davon zu lesen, aber kaum einmal etwas von Tieren.

Das ist eigentlich auch logisch: Denn einen Jahresumsatz von fast 700 Millionen Euro bekommt man nicht hin, wenn man Küken traditionell auf kleinen Bauernhöfen großziehen lässt. Wiesenhof spricht zwar von »700 Landwirten«, die für das Unternehmen in »bäuerlichen Betrieben« Hähnchen aufziehen. Bei einer Jahresproduktion von insgesamt 208 Millionen Hähnchen zieht im Schnitt jeder von ihnen allerdings um die 297 000 jährlich auf, hat also ständig fast 30 000 Tiere im Stall – und so kann man sich leicht ausmalen, wie diese »bäuerlichen Betriebe« tatsächlich aussehen ...[17]

Immerhin, auch ein großindustrielles Unternehmen wie Wiesenhof hat die Zeichen der Zeit erkannt und muss auf die Skepsis der Verbraucher reagieren. So hat man mittlerweile auch Biohähnchen im Angebot: rund 50 000 pro Jahr, aber selbst davon sind wegen der höheren Preise nur ein Zehntel als solche an den Verbraucher zu bringen, sagt Wiesenhof. Außerdem lege man Wert darauf, dass den Futtermitteln aus eigener Fertigung seit zehn Jahren kein Tiermehl, keine Antibiotika und nur garantiert gentechnikfreies Soja beigemischt werden. Immerhin – das kann man schließlich von den wenigsten der Großerzeuger sonst behaupten.

Das Verbraucherverhalten beeinflusst also selbst die Agrarindustrie, wenigstens ein bisschen. Manchmal freilich nicht nur zum Vorteil der Tiere. Als vor einem Vierteljahrhundert plötzlich Putenfleisch groß in Mode kam, weil die Menschen mehr auf fettarme und leichtverdauliche Ernährung setzten, mussten erst einmal große Mengen davon importiert werden. Die deutschen Geflügelzüchter erkannten aber schnell den Trend. Zwischen 1980 und 2000 verdreifachte sich die Zahl der in Deutschland gezüchteten und geschlachteten Puten. 9 Millionen waren es zur Jahrtausendwende; die meisten von ihnen werden in nur 400 Großbetrieben gehalten. Die Konzentration schreitet auch hier fort; zu den größten Unternehmen zählen die Heidemark-Gruppe sowie Velisco. Wiederum ist Niedersachsen Geflügelland Nummer eins; die Hälfte aller deutschen Puten steht in niedersächsischen Ställen.

Die Massenproduktion dieses vermeintlich gesunden Fleischs läuft nicht sehr viel anders ab als die von Masthähnchen, eher noch schlimmer. Puten werden in 16 Wochen auf 10 Kilo hochgemästet, die männlichen Truthähne sechs Wochen länger auf 21 Kilo; jeweils mehr als ein Viertel dieses Körpergewichts besteht nur aus Brustfleisch. Wilde Puten dagegen kommen nur auf ein Viertel dieses Gewichts. So etwas geht also nur mit einer besonderen Hybridrasse, wie sie der britische Zuchtkonzern

British United Turkeys mit seinem Produkt »Big 6« anbietet –
der Internetauftritt dieses Unternehmens ist übrigens ein Musterbeispiel dafür, wie das Tier auch sprachlich zum reinen In-
dustrieprodukt degradiert wird.[18] Da ist immer nur die Rede
von Produkten und von Einheiten und Stückzahlen, so gut wie
nie aber von Tieren.

Das ist jedoch nur konsequent. Denn Putenhaltung ist Massenproduktion, in jeder Hinsicht. In den riesigen Ställen stehen
oft mehr als 5000 Tiere, die so schnell wie möglich Fleisch ansetzen müssen, und das auch noch an der wichtigsten Stelle, der
Brust. Sechs ausgetüftelte, hoch eiweißreiche Futtermischungen
gibt es für die verschiedenen Phasen der Mast, starker Medika-
menteneinsatz ist fast die Regel, vor allem Schmerzmittel und
Antibiotika werden den Tieren verabreicht. Denn die Folgen
der Enge – auf 1 Quadratmeter sind oft bis zu sechs Tiere ge-
drängt – und des rapiden Wachstums sind verheerend.

80 Prozent der Puten und Truthähne, so stellten Schweizer
Wissenschaftler fest, haben Knochenschäden, und gegen Ende
der Mast können sie sich wegen des hohen Brustfleischanteils
kaum noch bewegen. Die Fortpflanzung auf natürlichem Wege
ist ihnen gar nicht mehr möglich, deshalb werden die Hennen
künstlich befruchtet. Weil die Enge in den Ställen aggressiv
macht, werden schon den Küken die Schnäbel kupiert. Dadurch
können sie aber ihr Gefieder nicht mehr pflegen, also braucht es
Schutzmittel gegen Parasitenbefall und Infektionskrankheiten.
Die meisten dieser Mittel werden über das Trinkwasser allen
Tieren zugeführt, egal, ob sie sie brauchen oder nicht. Anders
geht es nicht, man kann 5000 bis 8000 Tiere eben schlecht einzeln behandeln …

Das Ende der Landwirtschaft, wie wir sie kennen

Diese Beispiele sind alles andere als außergewöhnlich. Tatsächlich sind es nur Beispiele. Man hätte auch andere Bereiche der Landwirtschaft wählen können. Schweinemast, zum Beispiel. Auch dort geht es zu wie überall in der industriellen Tierproduktion, und wer behauptet, das habe noch irgendwas mit »artgerechter Haltung« zu tun, kann nicht ganz dicht sein.

Oder ist es etwa artgerecht, Eber ohne Betäubung zu kastrieren, weil die zu teuer käme? Sauen mit ihren Ferkeln auf 4 Quadratmetern einzusperren? Ist wirklich alles in Ordnung, wenn sich die Schweine gegenseitig die Schwänze abbeißen oder an ihren Ohren nagen?

Dumme Fragen, natürlich.

Der Zwang, alles immer noch billiger zu produzieren, führt in letzter Konsequenz zwangsläufig zu Tierquälerei. Er führt aber auch zu minderwertigen Arbeitsplätzen, denn andere braucht man kaum noch in den großen Agrarfabriken. Er führt zu Lebensmittelskandalen und verödeten Kulturlandschaften. Wo Tiere nur noch mit Antibiotika und diversen anderen Erzeugnissen der Pharmaindustrie am Leben zu halten sind, kann ihr Fleisch nicht mehr hochwertig sein, was immer auch die Hersteller behaupten.

Und gleichzeitig werden wir uns wohl irgendwann verabschieden müssen von dem Anblick einer halbwegs abwechslungsreichen Kulturlandschaft, wie wir sie bisher noch kennen. Wo die kleinen Bauern verschwinden, braucht man auch keine Felder, Wiesen und Weiden mehr. Tiere, die keinen Auslauf mehr bekommen, haben das nicht nötig. Vielleicht wird es dann aber – neben den riesigen Leichtmetallhallen, in denen das Vieh steht und die Hühner kaserniert sind – eines Tages landwirtschaftliche Lehrpfade geben. »Agrar-Erlebnisparks« sozusagen, in denen die Kinder gegen einen saftigen Eintrittspreis sehen können, wie es früher einmal gewesen ist und wie es auf den Etiketten und Verpackungen nicht nur bei Aldi, Lidl, Norma, Penny und Plus zweifelsohne auch dann noch sein wird.

Ausnehmer und Arbeitnehmer

Wie die Discounter
mit ihrem Personal umspringen

Im Dezember 2003 wollte das *Manager Magazin* seiner Leserschaft einmal so richtig Hardcore liefern. »Viele Führungskräfte stilisieren ihren Bürojob zur großen Herausforderung hoch«,
hieß es im Vorspann der Reportage, »*Manager Magazin* stellt
vier Macher vor, die richtige Probleme bewältigen müssen.« Extremmanager wie den 42-jährigen Stefan Roth, der in Taiwan
eine Hochgeschwindigkeitseisenbahntrasse für Billfinger Berger
bauen muss, mit Projektmanagern aus 20 verschiedenen Nationen und 2500 thailändischen Arbeitern und gegen Natur-
gewalten wie Erdbeben, Taifune und den Ausbruch der Sars-
Lungenseuche. Oder den 30-jährigen Samer Lezzaiq, der für
Schering Hormonpräparate und Verhütungsmittel in Asien ver-
treiben soll – was in seinem Fall auch bedeutet: im gesamten
arabischen Raum. Nicht einfach.

Schwierig auch der Job von Charles Hecker, 40. Er leitet das
Moskauer Büro von Control Risks, einer britischen Beratungs-
firma, die sich auf den Schutz von ausländischen Firmen vor
Sabotage, Spionage, Erpressung und Betrug spezialisiert hat.
Da muss er schon auch mal seinen Klienten helfen, Russland
sofort zu verlassen: »So zum Beispiel, als das Büro eines Kunden erst mit einer Panzerfaust beschossen wurde und anschließend eine Autobombe unter dessen Wagen explodierte, die zum
Glück niemanden verletzte.«

In dieser wagemutigen Runde der Extremmanager findet sich

auch die 31-jährige Adrijana Soldo wieder. Sie ist, »besonders krasse Herausforderung«, freigestellte Betriebsratsvorsitzende in Fürth-Herzogenaurach und betreut 58 Filialen der Drogeriemarktkette Schlecker. Betriebsrat bei Schlecker – das ist ein echter Knochenjob. Soldo begann nach dem Abitur eine Ausbildung für Nachwuchsführungskräfte bei Schlecker. Normalerweise ist das der Einstieg in eine sichere Karriere bei gutem Verdienst. Doch dann machte Soldo einen Fehler: 1994, mit 22 Jahren, kandidierte sie erstmals für den Betriebsrat – und wurde von der Firma auf der Stelle zur Filialleiterin degradiert. Damit kam sie noch gut davon, anderen Kandidatinnen sei wegen angeblicher Diebstähle fristlos gekündigt worden, berichtet das *Manager Magazin*. Soldo wurde gewählt, und damit begann eine schwierige Zeit.

Inzwischen sitzt sie in einem Dachzimmer in Oberasbach, hinter dem Warenlager eines Drogeriemarkts. »Fast alles, was sich an Büroausstattung in Soldos kargem Raum findet, musste sie vor Gericht erstreiten.« Mehrere Jahre dauerte es, bis Schlecker einen Besprechungstisch genehmigte. Um einen Telefonanschluss zu bekommen, musste Soldo gar vors Bundesarbeitsgericht ziehen. »Bis heute gibt es zwischen Betriebsrat und Management im Wesentlichen zwei Kommunikationsformen«, heißt es in dem Bericht, »entweder das lautstarke Streitgespräch – oder den Austausch von Schriftsätzen zwischen den Rechtsanwälten beider Parteien.«

Und die Betriebsrätin Soldo macht Schlecker auch wirklich Probleme. In der Tarifrunde 2003 schaffte sie es gar, erstmals einen Streik in ihrem Bezirk durchzusetzen. »Fast alle Kolleginnen sind dem Streikaufruf von Verdi gefolgt«, sagt sie. In der Streikversammlung hätten sie zu fast 100 Prozent für einen eintägigen Ausstand gestimmt. Es tut sich also was. Insgesamt haben sich die Beschäftigten von 105 Schlecker-Filialen in Fürth-Herzogenaurach, Auerbach und Hammelburg an dem Streik beteiligt. Streikziele: Schutzregelungen, positive Arbeitszeitregelungen, Lohnerhöhungen und die Einführung von Mindestverdiensten.

Klingt ja fast ein wenig nach Schilderungen aus den Sweatshops, wie sie etwa in den Freihandelszonen asiatischer und südamerikanischer Länder existieren. Dort schuften bekanntlich Millionen von einfachen, meist ungelernten Arbeitern unter miserablen Bedingungen. Wer keine Überstunden machen mag, wird gefeuert; Betriebsräte und Gewerkschaften sind ein Fremdwort; die Bezahlung unterschreitet oft selbst den in solchen Ländern nicht gerade üppigen gesetzlichen Mindestlohn; und von geregelten Arbeitszeiten kann sowieso keine Rede sein. In diesen Fabriken herrscht ein Klima der Angst, schreibt die Kanadierin Naomi Klein in ihrem Bestseller *No Logo,* der zu einer Bibel der Globalisierungsgegner geworden ist: »Die Regierungen haben Furcht, ihre ausländischen Fabriken zu verlieren; die Fabriken haben Furcht, ihre Auftraggeber zu verlieren; und die Arbeiter haben Furcht, ihre unsicheren Arbeitsplätze zu verlieren.«

Obwohl Naomi Klein es in ihrem Buch als »in vieler Hinsicht obszön« bezeichnet, das »Schicksal der vergleichsweise privilegierten Verkäuferinnen mit dem Missbrauch und der Ausbeutung zu vergleichen, denen die Arbeitskräfte in den Zonen unterworfen sind«, sieht sie doch inzwischen selbst in den westlichen Industrienationen »zweifellos ein gemeinsames Muster«: nämlich die Absicht, nur noch unsichere Arbeitsplätze zu niedrigen Löhnen anzubieten, unbezahlte Überstunden zur Regel zu machen, die Interessenvertretungen von Arbeitnehmern zu verhindern und das alles in einer, euphemistisch ausgedrückt, stressigen Arbeitsatmosphäre.

Klingt das nicht alles sehr dramatisch, der Bericht des *Manager Magazins* ebenso wie die Einschätzung der Globalisierungskritikerin? Hat das irgendetwas zu tun mit der Wirklichkeit in den Filialen und Lagerbetrieben der großen Discounter mitten in Europa, wo es doch die anerkannt fortschrittlichsten Sozialgesetze der Welt gibt?

*

Liest man Stellenanzeigen oder sonstige mehr oder minder offizielle Verlautbarungen, die es spärlich genug aus den Führungsetagen der Discounter gibt, so bietet sich ein gänzlich anderes Bild. Fast möchte einem bei der Lektüre Tränen in die Augen schießen. Tränen der Rührung, versteht sich. Der ehemalige Aldi-Vorstand Dieter Brandes etwa schwärmt in seinem Buch *Konsequent einfach* von der Unternehmenskultur und der eminent wichtigen Rolle, die das Personal bei Aldi spielt: »Wohl kein vergleichbares Unternehmen im Einzelhandel hat so qualifizierte und freundliche Mitarbeiter wie Aldi«, und das, fährt er fort, lasse sich das Unternehmen auch etwas kosten: »Eine erfahrene Aldi-Kassiererin erhält dann auch den höchsten Lohn der Branche: Bis zu 5000 DM kann sie monatlich verdienen.« Alles bestens also: »Aldi hat zu seinen Mitarbeitern ein gutes Vertrauensverhältnis aufgebaut«, heißt es in einem anderen Buch von ihm.

Und auf der Homepage von Aldi-Süd lächelt uns eine namenlose Verkäuferin an, garniert durch den Spruch: »Die offene Arbeitsatmosphäre bei Aldi-Süd ist genau das, was ich gesucht habe. Und: Es ist ein schönes Gefühl, in seinem Beruf zu den Besten zu gehören.« Deshalb wohl begegnen einem in den Aldi-Filialen nur glücklich strahlende Kassiererinnen oder Helfer, die beim Auffüllen der Regale stets ein Lied auf den Lippen haben ... Es muss sich wohl um eine Art »Paradies der Werktätigen« handeln.

Bei Konkurrent Lidl sieht es selbstverständlich nicht viel anders aus. Man muss sich nur einmal die Webseite des Discountgiganten ansehen, im Speziellen die Stellenangebote. »Die persönliche Achtung und Wertschätzung aller unserer Mitarbeiter«, heißt es dort, sei nicht bloß »eine ethische und soziale Aufgabe«, sondern auch »absolut betriebsnotwendig«. Das ergibt sich logisch zwingend aus der Organisation der Firma, denn: »Unser Führungsstil ist durch das Prinzip der Partnerschaft gekennzeichnet.« Was will man mehr als Arbeitnehmer?

Kaum zu glauben, dass es dann doch immer wieder Klagen gibt und etwa Aldi-Angestellte nach wie vor als »unterste Kaste des Einzelhandels« gelten, wie die Illustrierte *Stern* einmal schrieb. Sprechen die Zahlen denn nicht für sich? Sie besagen, dass allein die drei großen deutschen Discounter Lidl, Aldi und Schlecker allein bis 1998 fast 95000 neue Jobs geschaffen haben. Lidl wirbt inzwischen gar damit, seit 2001 rund 20000 neue Arbeitsplätze in Deutschland geschaffen zu haben, in der gesamten Schwarz-Unternehmensgruppe und europaweit gar 45000.

Ist es da nicht ungerecht, herumzumäkeln an möglicherweise unvermeidlichen Begleiterscheinungen, die rasantes Wachstum nun einmal so mit sich bringt?

Erstaunlich jedenfalls, dass kaum jemand, der sich einmal näher mit dem System des bundesdeutschen Discounts beschäftigt, die Arbeitsmarktidylle, die da von den Unternehmen beschrieben wird, auch nur ansatzweise bestätigen will. Im Gegenteil: Ein repräsentativer Querschnitt durch die zahlreichen Veröffentlichungen über Aldi, Lidl, Schlecker und Co. aus den vergangenen zehn Jahren würde wohl zu einem erschütternd eindeutigen Ergebnis führen. Kaum ein Artikel, kaum ein Fernsehbeitrag, in dem nicht auf Missstände hingewiesen würde, auf Schikanen und unhaltbare Verhältnisse. Und das beileibe nicht nur in linken Politmagazinen, sondern regelmäßig auch in der konservativen Wirtschaftspresse. Alles also nur eine »Diffamierungskampagne«, wie etwa Lidl und Schlecker behaupten?

Ein Beispiel aus der journalistischen Praxis. Die Reporterin Karin Steinberger von der *Süddeutschen Zeitung,* die unter anderem in Neckarsulm, am Stammsitz der Lidl-Gruppe, recherchierte, hat 2003 ganz andere Erfahrungen gemacht. Da ging es etwa um ein Gespräch mit einer ehemaligen Mitarbeiterin, die einen Arbeitsgerichtsprozess gegen Lidl gewonnen hatte. »Die Frau hat mehrmals ihre Bereitschaft zu einem Gespräch zurückgezogen«, sagt Steinberger, »sie hatte richtig Angst vor Repressalien der Lidl-Leute. Und das, obwohl sie längst nicht mehr bei Lidl beschäftigt war und ihren Prozess vor dem Arbeitsgericht gewonnen hatte.« Die Reporterin hat mehrere solcher Begegnungen erlebt und nicht gerade den Eindruck gewonnen, dass bei dem schwäbischen Discountriesen eine Arbeitsatmosphäre herrscht, die auch nur annähernd von persönlicher Achtung und Wertschätzung der Mitarbeiter geprägt ist.

Typische Erfahrungen, die Journalisten immer wieder machen, wenn sie im Umfeld der großen Discounter recherchieren. Während die Unternehmen – bestenfalls – eine Schauseite präsentieren von glücklichen Arbeitnehmern, herrscht hinter den Kulissen oft die reine Angst, sich über die tatsächlichen Verhältnisse zu äußern. Denn wer den Mund aufmacht, hat schon den ersten Schritt getan, um aus der Firma zu fliegen. Es mag generell nicht viele Unternehmen geben, die öffentliche Kritik aus den eigenen Reihen besonders schätzen. Aber der Druck, der auf plaudernde Mitarbeiter ausgeübt wird, ist bei den Discountern besonders groß.

Und dennoch gibt es offenbar das Bedürfnis, die Wahrheit zu erfahren über die Arbeitsbedingungen, über die krummen Touren und die Unterdrückung, mit denen die großen Konzerne ihr Geld auch auf Kosten der Mitarbeiter verdienen. Wie anders lässt sich sonst beispielsweise der Erfolg eines Buches erklären, das in der Vorweihnachtszeit 2004 erschien und sich ausschließlich mit einem einzigen Unternehmen des Einzelhandels beschäftigte, wenn auch einem ziemlich großen?

Es war die Gewerkschaft Verdi, die damit einen kleinen Bestseller landete. Am 10. Dezember 2004, nicht zufällig der »Internationale Tag der Menschenrechte«, veröffentlichte die Dienstleistungsgewerkschaft ihr *Schwarz-Buch Lidl – Billig auf Kosten der Beschäftigten*. Innerhalb einer Woche waren die 8000 Exemplare vergriffen, weitere 10 000 Stück mussten nachgedruckt werden. Mehr als 3500 ehemalige Lidl-Beschäftigte, so die Gewerkschaft, meldeten sich allein bis Weihnachten bei Verdi und bestätigten die Vorwürfe. Und in einem eigens eingerichteten Onlinetagebuch, einem so genannten Weblog oder Blog, beteiligten sich an die 5000 Nutzer an der Diskussion. Viele wiesen darauf hin, dass es auch in anderen Ketten wie Aldi, Kik, Plus, Norma oder Netto ähnliche Missstände gebe. Verdi kündigte nach dieser gewaltigen Reaktion an, in einem weiteren »Schwarz-Buch« weitere Schikanen, Repressalien und Mobbingaktionen zu dokumentieren.

Der Entertainer und Kabarettist Harald Schmidt würde da wohl sagen, die Discounter seien zwar nicht das Paradies der Werktätigen, dafür aber das der Gewerkschafter: Wo sonst hat man es heute noch mit knallhartem Klassenkampf zu tun? Wo kann man als Gewerkschafter noch gegen richtige Ausbeuter kämpfen? Wo sonst fühlt man sich noch als Pionier der Arbeiterbewegung, wenn nicht bei den Discountern? Ist doch mal was anderes als das langweilige Ringen um Zehntelprozentpunkte bei streng ritualisierten Tarifverhandlungen ...

Das vermeintliche Jobwunder der Discounter

Die großen Discounter freilich sehen das ganz anders. Sie reden eher von einem Jobwunder, für das sie gesorgt haben. »20 000 neue Arbeitsplätze«, so tönt etwa Lidl als Reaktion auf Vorwürfe der Gewerkschaften, habe man in den vergangenen fünf Jahren geschaffen. Ist das etwa nichts?

Das klingt erst einmal gar nicht schlecht. Jedenfalls, solange man sich nicht genauer ansieht, um welche Art von Arbeitsplätzen es sich dabei handelt. Traditionell ist der Einzelhandel sowieso eine typische Frauenbranche. Der Anteil aller erwerbstätigen Frauen beträgt hier um die 70 Prozent, und das bezieht sich in der Regel nicht auf die Leitungspositionen oder jene Beschäftigten, die im technischen Bereich, also zum Beispiel in der elektronischen Datenverarbeitung, zu tun haben. Die Domäne der Frauen ist immer noch der Verkauf, mehr als 80 Prozent des Verkaufspersonals ist weiblich. Nur in Elektronik- und Baufachmärkten überwiegt das männliche Personal, vielleicht weil auch die Kundschaft überwiegend männlich ist.

Im Lebensmitteleinzelhandel, in dem die Frauen die übergroße Mehrheit stellen, wird meist keine besondere Qualifikation gefordert; dafür ist der Stress umso höher und nimmt weiter zu, je weniger Personal im Verkauf eingesetzt wird. Natürlich sparen die Arbeitgeber hier, und besonders sparen sie an Vollzeitkräften, weil die höhere Sozialabgaben mit sich bringen und mit zunehmendem Alter immer teurer werden. Kein Wunder eigentlich, dass die meisten beschäftigten Frauen im Einzelhandel heute schon Teilzeitkräfte sind und dass diese Zahl in Zukunft noch weiter wachsen wird.

Aber auch die Vollzeitkräfte verdienen nicht gerade üppig in dieser Branche. 1998 bekam knapp die Hälfte der weiblichen Vollzeitbeschäftigten netto zwischen 750 und 1000 Euro im Monat. Bei den Teilzeitverkäuferinnen sah es noch schlechter aus. Zwei Drittel von ihnen verdienten kaum mal 750 Euro monatlich, das übrige Drittel kam sogar auf weniger als 500 Euro.

Eine Situation, die sich mit der Einführung der Minijobregelung im Jahr 2003 sogar noch beträchtlich verschlechtert hat –

aus der Sicht der Verkäuferinnen. Denn im Einzelhandel hat sich daraufhin die Zahl der Minijobber, die in aller Regel maximal 400 Euro verdienen dürfen, innerhalb eines Jahres gleich um ein Drittel erhöht. Jede Dritte – so muss man wohl angesichts der Geschlechterverteilung sagen – ist heute im Einzelhandel nur mehr geringfügig beschäftigt, ohne Sozialversicherung, dafür aber mit so genannten flexiblen Arbeitszeiten.

Was flexibel bedeutet, bestimmt freilich oft der Arbeitgeber. Das bedeutet: Man hat auf Abruf bereit zu stehen. Rund 40 Prozent der Beschäftigten mit flexiblen Arbeitszeiten, hat die Gewerkschaft Verdi beobachtet, wissen weniger als vier Tage vorher, wann sie arbeiten müssen. Weniger als 20 Prozent können ihre Arbeitszeit länger als zwei Wochen im Voraus einplanen. Hinzu kommt, dass der Einzelhandel inzwischen ziemlich selbstverständlich davon ausgeht, dass auch geringfügig Beschäftigte gerne Überstunden machen. Wer Vollzeit arbeitet, kommt im Durchschnitt auf monatlich 19 Überstunden, Teilzeitbeschäftigte auch auf etwa 13, und selbst Verkäuferinnen mit Minijobs kommen auf 10 Stunden pro Monat.

Was bleibt denn da nun vom Jobwunder der Discounter, die immerhin so rund 100 000 Arbeitsplätze in Deutschland anbieten? Diese Zahl wirkt auf den ersten Blick beeindruckend – schließlich bedeutet das doch eine Zunahme. Möchte man meinen.

Tatsächlich sieht die Lage völlig anders aus. Seit Mitte der neunziger Jahre ist die Zahl der Beschäftigten im Einzelhandel trotz des enormen Wachstums der Discounter – oder sogar deswegen? – ständig gesunken. Seit 1992, so sagt die Statistik aus, wurden hier mehr als 400 000 Arbeitsplätze vernichtet, und allein im Jahr 2003 ist die Zahl der Beschäftigten in diesem Dienstleistungssegment um 50 000 gesunken. Dieser Arbeitsplatzabbau trifft insbesondere Vollzeitbeschäftigte und Teilzeitbeschäftigte, die der Sozialversicherung unterliegen. Minijobs hingegen haben stark zugenommen. Man muss kein besonders guter Hellseher sein, um diese Spezies der Arbeitnehmer vorwiegend bei den Discountern zu vermuten. Bei allen diesen Unternehmen – bei Aldi, Lidl, Schlecker, Norma und so weiter – liegt der Anteil der Personalkosten am Umsatz in aller Regel bei einem Viertel dessen, was sonst bei Warenhäusern üblich ist.

Personal im Discount: überall das gleiche Sparprogramm

So viel zum Thema: Discount schafft Arbeitsplätze. Das System des Discounts beruht auf extremer Kosteneinsparung. Und da muss es doch Wunder nehmen, dass dieses System ausgerechnet dort nicht sparen will, wo es laut den Klagen der deutschen Wirtschaft, seit Jahren und Jahrzehnten vorgetragen in der Manier tibetanischer Gebetsmühlen, am meisten krankt: an den Personalkosten. Die Verwunderung hält freilich nicht lange an, wenn man sich den Umgang der Discounter mit ihrem Personal einmal genauer ansieht.

Denn dann ergibt sich aus den verschiedenen Skandalberichten, die einem immer wieder mal unterkommen, sei es bei Aldi, Schlecker oder Lidl, doch ein sehr einheitliches Bild. Das aber hat wenig zu tun mit einer partnerschaftlichen Beziehung zwischen Unternehmer und Arbeitnehmer, wie es Sozialromantiker auch heute noch gerne zeichnen. Sondern es geht um Methoden, die einen an eine geringfügig modernisierte Version des Manchester-Kapitalismus von 1845 erinnern könnten. Methoden jedenfalls, die sich durchgängig in allen Betrieben der Discountbranche beobachten lassen.

Und es ist erstaunlich, wie sich die Bilder gleichen. Da wirkt es nachgerade rührend, wenn die Lidl-Geschäftsführung auf die Veröffentlichung des Schwarzbuchs der Gewerkschaft mit der Stellungnahme reagiert, dass es bedauerlicherweise zu Fehlverhalten einzelner Filialleiter gekommen sei, was natürlich nicht geduldet werde. Warum jedoch ist dieses Fehlverhalten einzelner quasi durchgängig bei allen großen Discountern zu beobachten? Ganz einfach: Weil es Teil des »Systems« Discount ist, weil es anders gar nicht im erwünschten Maße funktionieren könnte.

Kurz gefasst besteht dieses »System« aus vier zentralen Bestandteilen: dünne Personaldecke, unbezahlte Mehrarbeit, ständige Kontrollen und Schikanen bis hin zum klassischen Mobbing. Natürlich würden die Discounter nie zugeben, dass dies die Regel ist in ihren Zehntausenden von Filialen. Die wahren Zustände werden beharrlich dementiert, falls man sich überhaupt zu öffentlichen Vorwürfen äußert (in der Regel tut man es nicht). Und doch sind die oben aufgeführten Merkmale ganz typisch für die großen Discounter – in nur geringfügig unterschiedlicher Ausprägung.

Nur das Nötigste, und das möglichst billig: Was für das Warenangebot der Discounter gilt, gilt ebenso für ihr Personal. Wo um jeden Cent gefeilscht wird, ist man bei der Besetzung der Filialen und bei der Bezahlung der Angestellten eben auch nicht besonders großzügig. Unterhält man sich mit Beschäftigten bei Aldi, Lidl, Schlecker und Co., so hört man fast überall die gleiche Klage: Die Filialen sind chronisch unterbesetzt, und die Mitarbeiter müssen alles machen, was so anfällt.

In der ZDF-Sendung *Frontal 21* wird im Dezember 2004 eine Mitarbeiterin zitiert: »Bei Lidl ist der Druck brutal. Wir müssen alles machen: Bestellung, Regale auffüllen, Kühlung abspachteln, Lagerarbeiten, putzen, kassieren. Oft war niemand da, der mich an der Kasse ablöst. Ich hatte nicht mal Zeit, auf die Toilette zu gehen.« Schilderungen, wie sie auch von anderen Discountern bekannt sind. Eine Schlecker-Angestellte erzählt, sie sei oft allein in der Filiale, und manchmal habe sie ihren Mann gebeten, auf die Kasse aufzupassen, nur um aufs Klo gehen zu können, oder sie laufe schnell zur Toilette, in der Hoffnung, dass in der Zwischenzeit niemand den Laden ausräume.

Obendrein ist der Leistungsdruck enorm hoch. Aldi etwa ist stolz darauf, »die schnellsten Kassiererinnen der Welt« zu haben. Bis zum Jahr 2000 etwa mussten die Damen an der Kasse für jeden einzelnen der Artikel eine dreistellige Nummer auswendig wissen und eintippen: Das ging immer noch schneller, als von jedem Artikel den Barcode per Scanner einlesen zu lassen. Denn den Barcode, das weiß jeder Käufer aus Erfahrung, muss die Kassiererin ja oft erst umständlich suchen …

Inzwischen gibt es auch bei Aldi Scannerkassen, nachdem das Unternehmen seine Zulieferer überredet hatte, den Scannercode auf möglichst allen Seiten der Verpackung aufzudrucken. Wertvolle Sekunden Arbeitszeit werden dadurch eingespart. Wenn man so will, hilft das irgendwie auch wieder den Kassiererinnen. Denn nach den Vorgaben von Aldi-Süd soll jede von ihnen 90 Kunden in der Stunde bedienen – sie hat also maximal 40 Sekunden Zeit pro Nase.

Ähnlich flott geht es beim Konkurrenten Lidl zu. »Pro Minute sollen mindestens 40 Artikel über den Scanner gezogen werden«, erklärt die stellvertretende Leiterin einer Lidl-Filiale in Berlin-Schöneberg die Vorgaben. Ist die Kassenkraft auch nach der Anlernzeit noch deutlich langsamer, was sich dank moderner Technik leicht kontrollieren lässt, gibt es eine Abmahnung.

Nun kann man sich auch leicht erklären, warum die Aldi- und Lidl-Kassiererinnen so hellauf begeistert reagieren, wenn man ihnen den geforderten Betrag ganz genau zahlen will und deshalb umständlich im Geldbeutel herumkramt, um die passenden Münzen zu finden.

Abkassieren im Akkord: Wäre die Arbeit damit erledigt, ginge es ja noch. Aber die Angestellten sitzen nicht nur an der Kasse, sie müssen auch noch Regale auffüllen, den Laden immer schön sauber halten und aufpassen, dass keiner etwas klaut.

Das artet dann schon in Stress aus, wenn die Filialen dünn besetzt sind, was bei den Discountern eigentlich immer der Fall ist. Aldi steht da noch vergleichsweise gut da, im Schnitt hat eine Filiale 3,3 Mitarbeiter und einen Filialleiter.

Der König unter den Personalkostensparern ist freilich Kettendrogist Anton Schlecker. Auf Vorwürfe der Gewerkschaft lässt er gerne kontern, in seinen Läden gebe es eine niedrige Fluktuationsrate, in seinem Unternehmen sei in 20 Jahren kein Mitarbeiter wegen Rationalisierungen entlassen worden, und überhaupt sei es gar nicht möglich, ein expansives Unternehmen wie seines gegen die Mitarbeiter aufzubauen.

Man könnte auch sagen: Dummerweise geht es auch nicht ganz ohne Mitarbeiter, denn das wäre Schlecker wohl am liebsten, betrachtet man die personelle Ausstattung seiner Filialen. Viele Läden werden bei Schlecker nur von einer einzigen Angestellten geleitet, in vielen Filialen gab es keine Telefone. Die, so wird Schlecker zugeschrieben, würden ja ohnehin nur für Privatgespräche missbraucht, und dann werde telefoniert statt gearbeitet. Inzwischen gibt es angeblich flächendeckend Telefonanschlüsse in den Schlecker-Filialen.

Das freilich nicht, weil die Firmenleitung plötzlich ihr Herz für die Mitarbeiterschaft entdeckt hätte – vielmehr machte die wachsende Zahl von Raubüberfällen auf die Schlecker-Filialen Sorge. Denn auch Kriminelle hatten mitgekriegt, dass die Schlecker-Läden ein leichtes Opfer waren, weil die Angestellten dort nicht so ohne weiteres die Polizei zu Hilfe rufen konnten und oftmals gar alleine waren. Im Jahr 2002, so die offizielle Zahl der Schlecker-Geschäftsführung, gab es fast 340 Überfälle; an jedem Öffnungstag war also mindestens eine Schlecker-Filiale betroffen. Meist fanden die Raubzüge in den Großstädten statt. »In den Berliner Filialen gibt es die meisten Überfälle«, stellte Achim Neumann, bei Verdi Berlin für den Handel verantwortlich, im März 2004 fest. Allein in den Jahren 2002 und 2003 habe es dort mindestens 200 Raubüberfälle auf Schlecker-Filialen gegeben.

Trauriger Höhepunkt war im April 2004 der Überfall auf eine Filiale in Esslingen: Die 50-jährige Filialleiterin kam dabei ums Leben. Der Täter wurde kurz darauf gefasst und gestand, die Straftat aus Geldnot begangen zu haben. Verletzte hatte es freilich vorher schon des Öfteren gegeben, und die Gewerkschaft hatte diese Fälle immer wieder angeprangert. »Für täglich zwei neue Filialen ist Geld genug da«, so die Verdi-Fachfrau Agnes Schreieder, »nicht aber für Schutz von Leib und Leben der Angestellten.« Erst nachdem die Häufung solcher Fälle an die Öffentlichkeit gelangt war, war die Firmenleitung offenkundig zum Einlenken bereit und ließ Telefone und Alarmanlagen installieren.

Vor dem Raubüberfall mit Todesfolge hatte man noch auf günstigere Lösungen gesetzt. Eine überfallene Mitarbeiterin, die bessere Sicherheit am Arbeitsplatz verlangt hatte, bekam als Antwort vom Verkaufsleiter einen Einkaufsgutschein über 100 Euro zugeschickt: »Sie haben die Qual der Wahl!«, stand im Begleitschreiben. »Ob für sich selbst oder für Ihre Familie, wählen Sie aus dem beigefügten Schlecker-Bestellmagazin Ihre Wunschprämie aus.«

Bei so viel Großherzigkeit lässt man sich doch gerne mal überfallen.

Unbezahlte Mehrarbeit ist selbstverständlich

Normalerweise sind derartige Akte von Großzügigkeit nicht Art des Hauses (und auch nicht Art der anderen Häuser in dieser Branche). Eher schon hat das Ganze nach Ansicht der Unternehmen wohl andersherum zu laufen: Die Mitarbeiter sollen gefälligst dem Unternehmen etwas schenken, nämlich unbezahlte Mehrarbeit. Die, so scheint es, ist mit der tariflichen Bezahlung abgegolten. Wobei sich auch nicht alle so richtig an den Tarif halten, wie es sein sollte. Nicht immer ist das Lohndumping aber so eindeutig wie 1998 im Falle der Schlecker-Gruppe.

Damals erließ das Stuttgarter Landgericht Strafbefehle wegen vielfachen Betrugs gegen Anton Schlecker und seine Ehefrau Christa: je zehn Monate Freiheitsstrafe auf Bewährung und eine Geldstrafe von jeweils 1 Million Mark. Für die Richter war es erwiesen, dass das Ehepaar bis 1995 insgesamt 610 Mitarbeitern eine tarifliche Entlohnung vorgetäuscht hatte, während sie in Wahrheit aber unter Tarif bezahlt worden waren. Es sei ein Schaden von 1,69 Millionen Mark entstanden, so ein Sprecher des Gerichts damals.

Man spart eben, wo man kann. Trotzdem, fürs Image eher nicht so gut. Es sei denn, man legt Wert darauf, als Sklaventreiber zu gelten. Anton Schlecker freilich fand, die Angelegenheit sei letztlich doch sehr positiv für ihn ausgegangen: »Die zu Beginn der Ermittlungen und noch in der Anklageschrift erhobenen Vorwürfe«, ließ er nach der Urteilsverkündung vermelden, »konnten im erheblichen Umfang nicht aufrechterhalten werden.« Immerhin, so einsichtig war das Ehepaar Schlecker dann doch: Drei Jahre später unterzeichnete Schlecker einen Anerkennungsvertrag mit der Gewerkschaft, seither wird nach Tarif bezahlt.

Das muss bei Schlecker noch nicht so arg viel heißen, ebenso wenig wie bei den anderen Discountern. Bezahlt wird in der Regel streng die tarifliche Arbeitszeit – gearbeitet wird hingegen meist deutlich mehr. Die so genannten »grauen Überstunden« ergeben sich durch das Abrechnen der Kasse nach Geschäftsschluss. Zwischen 20 Minuten und einer Stunde kann das dauern, bezahlt wird dafür meist nichts. Es sei denn, die Angestellten schreiben die Überstunden auf und machen sie geltend, was viele nicht wissen. Oder sich ganz einfach nicht trauen. Hinzu kommt aufräumen, Frischware ins Lager bringen, putzen.

Oft wird auch die Zeit vor der Ladenöffnung nicht bezahlt. »Wenn ich in der Frühschicht arbeite, muss ich um 6 Uhr in der Filiale sein«, berichtet eine Lidl-Mitarbeiterin im Verdi-*Schwarz-Buch*, »bis zur Öffnung um 8 Uhr müssen wir Obst, Gemüse, Brot und Non-Food-Artikel auspacken und in die Regale räumen. Ab 8 Uhr sitze ich in der Kasse – mehr oder weniger pausenlos bis zum Schichtende um 14 Uhr.«

Derlei ist gängige Praxis im Einzelhandel. Bei den Discountern jedoch wird die Zeit vor Ladenöffnung und nach Ladenschluss offenbar nur unwillig gezahlt und nach den Berichten anscheinend auch recht unterschiedlich von Filiale zu Filiale. Mal beginnt die bezahlte Arbeitszeit um 7.30 Uhr, mal auch schon um 7 Uhr; nicht anders verhält es sich mit den Überstunden nach Geschäftsschluss. Da sind die Discounter bestenfalls bereit, mal eine halbe Stunde zu zahlen, selten auch mal eine ganze. Dies aber in aller Regel nur dann, wenn es vom Personal auch eingefordert wird. Das muss meist schon ziemlich deutlich werden. Vorgesetzte Filialleiter, die ihrer Belegschaft da zu sehr entgegenkommen, haben keinen leichten Stand bei den Bezirksleitern und in der Zentrale.

Prinzipiell wird es natürlich nicht gerne gesehen, wenn die Personalkosten in einzelnen Filialen zu sehr ansteigen, weshalb auch die Markt- und Verkaufsleiter unter Druck stehen. So wird dem Führungsnachwuchs schnell eingeschärft, auf welcher Seite es steht, wie internes Schulungsmaterial belegt: »Sie müssen sich vom Arbeitnehmer zum Arbeitgeber entwickeln«, heißt es dort, »denn Sie werden Ihren Mitarbeitern im wahren Wortsinn Arbeit geben.« Ein Verkaufsleiter, der in einem nordrhein-westfälischen Bezirk bei Lidl eingesetzt war, erzählt: »Es ist auch vorgekommen, dass mir gesagt wurde: ›Die Personalkosten in der Filiale sind zu hoch. Tun Sie ein paar teure Leute raus und ein paar billige rein.‹« Die wichtigste Zahl bei Lidl, sagt er, sei die Nettoleistung pro Filiale. Sie besteht aus dem monatlichen Umsatz, geteilt durch die verbrauchten Mitarbeiterstunden. Versteht sich von selbst: je größer diese Zahl, desto besser.

Kein Wunder also, dass die Vorgesetzten möglichst wenig Überstunden haben wollen. Das geht hin bis zum so genannten »Pausenklau«: Statt der vorgeschriebenen zwei Stunden pro Ganztagsschicht von 8.30 bis 20 Uhr sei wegen der Arbeitsbelastung häufig nur eine halbe Stunde drin, sagen Mitarbeiter. Inzwischen, heißt es, sei diese Praxis bei Lidl verändert worden. Beschäftigte, die früher an drei Tagen ganz gearbeitet hätten, würden jetzt meistens an fünf Tagen zu halben Schichten eingeteilt. Vorteil für den Arbeitgeber: Dadurch fällt die zweistündige Pausenzeit der Ganztagsschichten weg.

Kreativen Lösungen im Umgang mit der Arbeitszeit wird bei den Discountern also ein hoher Stellenwert beigemessen. So ist es auch erklärlich, dass die meist mit Teilzeitverträgen Beschäftigten, in der Regel 80 Stunden pro Monat, auf ganz andere Arbeitszeiten kommen. Mehr als 100 Stunden scheinen normal zu sein, in manchen Monaten, erzählen viele, kämen sie gar auf 120 bis 130 Stunden.

Testwagen, Handtaschenschau: die ständigen Kontrollen

So lax die Abrechnung bei den Discountern gehandhabt wird, was die tatsächlich geleistete Arbeitszeit ihrer Mitarbeiter betrifft, so rigide und genau ist man auf anderen Gebieten. Lenins viel strapazierter Satz: »Vertrauen ist gut, Kontrolle ist besser«, wird da bis zum Exzess praktiziert. Man scheint auch noch ein bisschen mehr von Herrn Uljanow übernommen zu haben. Denn gerade so, wie Wladimir Iljitsch Lenin in den ersten Jahren der Sowjetunion als erster Protagonist der Terrorherrschaft wirkte, arbeitet man bei vielen Unternehmen des Discounts offenbar nach dem Prinzip »Management by terror«.

Die verschiedenen Discounter stehen sich da meist in nichts nach. Die eigene Belegschaft ist einem ständigen System von Kontrollen unterworfen, und das betrifft nicht nur die Kassiererinnen, die ihr Soll zu erfüllen haben; seien es nun 40 Artikel pro Minute oder 90 Kunden pro Stunde.

Eine der beliebtesten Methoden zu überprüfen, ob die Mitarbeiter auch erwartungsgemäß funktionieren, heißt im Branchenjargon »Testwagen fahren«. Dabei reihen sich höhere Chargen oder Bekannte von Vorgesetzten mit einem Einkaufswagen in die Schlange vor der Kasse ein, in denen absichtlich Waren so versteckt sind, dass die Kassiererin sie nur entdecken kann, wenn sie wirklich streng nach Vorschrift alle Wagen genau inspiziert. Mal findet sich in einer nicht ganz vollen Eierschachtel auch ein teurer Lippenstift, mal liegen unter einem Getränkekarton oder einer Palette Hundefutterdosen noch eine Pralinenschachtel oder ein Bettbezug versteckt oder werden gar zusammen hochgehoben, wie um zu zeigen, dass drunter nichts mehr ist – die Möglichkeiten sind nahezu unbegrenzt.

Eine Kassiererin, die das nicht entdeckt, hat ein Problem. So etwas wird mit einer Abmahnung bestraft, denn das Personal ist angehalten, jeden Einkaufswagen zu überprüfen. Theoretisch heißt das bis zu 90-mal in der Minute: aufstehen, nachsehen, wieder hinsetzen. Oder Eierkartons öffnen, Getränketräger hochwuchten und Ähnliches. Natürlich schafft man das nicht bei jedem Käufer, wenn man die Zeitvorgaben einhalten will. Eine Verkäuferin, die sich bei den Vorgesetzten unbeliebt gemacht hat, weil sie für einen Betriebsrat kandidieren will oder auf die Bezahlung ihrer Überstunden pocht, stellt dann bald fest, dass bei ihr plötzlich erstaunlich viele Testwagen gefahren werden.

Unter Diebstahlsverdacht stehen freilich nicht nur die Kunden (bei Schlecker gibt es sogar die dienstliche Anweisung, pro Monat einen Ladendieb zu fassen), sondern häufig auch das eigene Personal. Bei Schlecker werden sowohl Bezirks- als auch Filialleiter dazu angehalten, regelmäßig die Taschen der Kollegen zu kontrollieren, ebenso wie die Bargeldbestände der Kassen, die Spinde und sogar die Privatfahrzeuge der Angestellten. In den Läden dienen die Kameras durchaus auch zur Beaufsichtigung der Mitarbeiter.

Das geht so weit, dass die Mitarbeiterinnen mitgebrachte Zigaretten, Taschentücher oder Ähnliches von Kolleginnen gegenzeichnen lassen müssen, denn sonst werden sie als gestohlen betrachtet, wenn der Vorgesetzte sie bei Kontrollen in der Handtasche findet. Lidl lässt sich das Recht zu solchen Taschenkontrollen sogar vertraglich zusichern: »Dem Arbeitgeber wird das Recht eingeräumt, Taschenkontrollen durchzuführen«, heißt es in einem Arbeitsvertrag. Und dann folgt noch der schöne Satz: »Postvollmacht wird nicht erteilt.«

Immerhin, das Briefgeheimnis gilt also auch für Lidl-Angestellte. Derartige Kontrollen sind bei allen Discountern üblich; manche Filial- und Bezirksleiter nehmen sich auch die Freiheit heraus, im Kofferraum oder unter den Sitzen der Privatautos ihrer Beschäftigten nachzusehen. Wer sich weigert oder solch eine Behandlung entwürdigend findet, hat in der Zukunft eher schlechte Karten beim Arbeitgeber. Bei Lidl sind die Verkaufsleiter obendrein auch verpflichtet, zweimal monatlich so genannte »Frühkontrollen« zu machen. Ab 6 Uhr früh steht dann mehr oder weniger unauffällig ein Audi vor der Filiale, und drinnen sitzt jemand, der schaut, ob die Angestellten auch wirklich arbeiten.

Das Misstrauen geht freilich noch weiter. Bei Aldi gab es angeblich lange Zeit Filialen mit Geheimgängen hinter den Regalen, damit die Filialleiter Kunden und Angestellte unbemerkt überwachen konnten. Selbst konnten sie nicht gesehen werden, denn das Glas hinter den Regalen war nach außen hin verspiegelt. Ebenso verhielt es sich mit dem legendären erhöhten Büro des Marktleiters, der damit quasi wie in einem Wachturm über dem Laden und seinen Mitarbeitern thronte und nicht gesehen werden konnte, wenn er seinen prüfenden Blick über die Regalreihen streifen ließ. Einzelne Unternehmen bevorzugen hingegen professionelle Hilfe. »Schlecker setzt angeblich sogar Detektive ein«, schrieb das *Manager Magazin* einmal, »die heimlich von Nischen hinter den Regalen aus durch Sehschlitze den Verkaufsraum kontrollieren.«

Wo das Misstrauen dermaßen zum Geschäftsprinzip erhoben ist, glaubt man natürlich auch niemals, dass Mitarbeiter wirklich einmal krank werden könnten. Erfreulicherweise scheint ein Beschäftigungsverhältnis bei einem Discounter ein wahrer Jungbrunnen zu sein. Denn die Fehlzeiten wegen Krankenstandes sind in dieser Branche erstaunlich niedrig. Aldi kommt im Schnitt auf 0,5 Prozent der Arbeitszeit – normalerweise sind es im Einzelhandel um die 3 Prozent.

Warum die Aldi-Angestellten so erstaunlich gesund sind, mag sich auf den ersten Blick nicht erschließen. Insbesondere wenn man bedenkt, dass einem in den Filialen des Discounters erkennbar schwer erkältete Verkäuferinnen über den Weg laufen und gelegentlich auch schon mal Kassiererinnen mit Gipsbein gesichtet wurden.

Des Rätsels Lösung ist einfach. Aldi zahlt nämlich vergleichsweise gute Gehälter für die Angestellten einer Filiale. Sie bekommen Entlohnung nach Tarif und zusätzlich eine Zulage, die einen Anteil vom Umsatz der Filiale im Promillebereich ausmacht. Diese Zulage wird gleichmäßig auf die Belegschaft aufgeteilt. Wer krank wird, erhält die Zulage ungekürzt weiter. Schaffen es die Kolleginnen jedoch nicht, die Arbeit der Erkrankten mitzuschultern, und muss eine Aushilfskraft eingestellt werden, so erhält auch diese eine Zulage. Die Umsatzbeteiligung wird dann also nicht durch drei, sondern durch vier geteilt – alle verdienen dann weniger. Folglich achten die Kolleginnen tunlichst darauf, dass die Krankheitszeit nicht ausufert. Gelegentlich schaut auch schon mal der Bezirksleiter unangemeldet zu Hause bei der Krankgemeldeten vorbei, gerne auch abends oder am Wochenende, um sich über die Fortschritte bei der Genesung zu erkundigen.

Derartig fürsorgliche Anteilnahme kennt man auch aus anderen Unternehmen der Discountbranche. Denn Krankwerden ist in diesem System eigentlich gar nicht vorgesehen. Bei Schlecker erhalten Mitarbeiter, die mehrfach für längere Zeit krankgemeldet waren, schon einmal Auflistungen mit ihren Fehlzeiten zugeschickt. Es gebe da schließlich eine »gesetzliche Fürsorgepflicht«, und man werde prüfen müssen, ob der Gesundheitszustand eine weitere Beschäftigung zulasse, stand zur Erklärung dabei, nicht ohne den Hinweis auf die geringeren Fehlzeiten der anderen Mitarbeiter. Bei Lidl kommt es des Öfteren vor, dass auf Krankheitszeiten die Kündigung folgt, wenn auch meist nicht mit dieser Begründung. Die Gewerkschaft hat zahlreiche Fälle dokumentiert.

Mobbing als Führungsaufgabe

Raue Sitten sind im Discount an der Tagesordnung

Die Übergänge zum regelrechten Mobbing sind bei den im letzten Kapitel beschriebenen Kontrollen schon fließend. Oft genug werden sie dazu benutzt, Kündigungen auszusprechen, und das mit zum Teil sehr fadenscheinigen Begründungen. Bei Schlecker machen Bezirksleiter auch mal Hausbesuche bei den Verkäuferinnen – mit vorbereiteten Entlassungsschreiben, wenn sie zuvor festgestellt haben, dass die Filiale nicht sauber genug geputzt worden war. Denn das ist Pflicht bei Schlecker. Notfalls müssen die Angestellten eben ein bisschen länger dableiben. Die Gewerkschaft Verdi berichtet auch von dem Fall zweier Frauen, die von Vorgesetzten im Lager eingesperrt worden waren mit der klaren Ansage, sie dürften erst dann wieder raus, wenn alles ordentlich geputzt sei. Fälle dieser Art wurden schon aus mehreren Filialen berichtet.

In München hat die Gewerkschaft im November 2003 beispielsweise eine Anti-Mobbing-Kampagne gegen den Discounter Schlecker gestartet. Dort, so hieß es, werde besonders rigoros gegen die eigenen Mitarbeiter vorgegangen – und zwar nicht nur von einzelnen niederen Bezirksleitern, sondern aus der Personalabteilung der für den Münchner Raum zuständigen Zentrale heraus, der bei Schlecker bis Augsburg, Ingolstadt und Starnberg reicht. Die Schlecker-Chefs arbeiteten mit Abmahnungen en masse, Beleidigungen, Beschimpfungen, mit Taschenkontrollen und Videoüberwachung.

»Bei Schlecker herrscht ein Klima der Angst«, so Verdi-Bezirkssekretärin Wiebke Oldsen. Leider könne die Gewerkschaft das oft schwer belegen – es gehöre zur Strategie der Schlecker-Chefs, Angestellte ohne Zeugen herunterzuputzen. Offenbar würden Kontrollbesuche durch genaues Studium der Einsatzpläne in den Filialen geplant. »Sie kommen dann, wenn ihr Opfer alleine ist«, so die Gewerkschaft, »das ist inzwischen wegen Personalabbaus der Regelfall.« Die Verkäuferinnen dürften sich dann schon mal Vorwürfe anhören wegen angeblich schlecht geputzter Filialräume, ergänzt durch die Frage, ob sie denn zu Hause auch »wie die Schweine« leben würden. Oder müssten sich beschimpfen lassen als »Brut«, die »ausgerottet« gehöre.

Besonders beliebt sind auch Abmahnungen nach Testkäufen. Bei Schlecker gibt es die Anweisung, geschenkte Eincentmünzen penibel abzurechnen, und das wird gelegentlich auch bei Testkäufen überprüft. Der Tester kauft zum Beispiel Waren für 9,99 Euro, zahlt mit einem Zehner und lässt den übrigen Cent an der Kasse zurück. Fehlt die geschenkte Münze abends bei der Abrechnung, gibt es Ärger. Das *Manager Magazin* etwa stellt fest: »Als Kündigungsgrund führt der Drogerieriese gern Unregelmäßigkeiten an, die bei den ständigen Testkäufen aufgefallen sind.«

Besonders beliebt ist auch Mobbing im Zusammenhang mit Diebstahlskontrollen. Liest man die einschlägigen Berichte, möchte man fast glauben, die Mitarbeiter der Discounter klauten wie die Raben. Diebstahl ist wohl einer der wichtigsten Kündigungsgründe, und das Schema ist fast immer gleich. Die Verdächtigte wird von mehreren Vorgesetzten in einen Nebenraum gerufen und in die Mangel genommen. Charakteristisch ist der stereotype Vorwurf, es fehle Geld in der Kasse oder man habe die Verkäuferin beim Diebstahl von Waren überrascht. Von diesem Vorwurf, gern auch lautstark vorgetragen, rücken die Vorgesetzten in solchen Gesprächen nicht ab, trotz guter Argumente. Manchmal dauern diese Verhöre stundenlang, so ist zu hören, und fast immer sind die Betroffenen alleine. Vertrauenspersonen oder gar Anwälte werden nicht zugelassen, das würde ja den psychischen Druck eher mindern.

Meist unterschreiben die Betroffenen nach mehrstündigen Verhören einen Auflösungsvertrag, und der Satz: »Ich hätte in dieser Situation auch mein Todesurteil unterschrieben«, ist nachher oft zu hören. Juristisch lässt sich danach meist wenig machen, und für die Betroffene ist dieses Ende eines Beschäftigungsverhältnisses fatal. Wer in seinem Zeugnis einen ungeraden Tag mitten im Monat als Vertragsende stehen hat, hat bei anderen Betrieben meistens keine Chance mehr: Jeder Personalchef weiß, dass die Bewerberin in ihrem letzten Job wegen Unregelmäßigkeiten gekündigt worden ist. Was sich vor dem Arbeitsgericht am ehesten noch erreichen lässt, ist dann ein Zeugnis mit einem Kündigungstermin zum Monatsende.

Nicht eben selten, so scheint es, sind diese Anschuldigungen schlichtweg konstruiert. Bei Aldi zum Beispiel stellt eine Verkäuferin schon mal erstaunt fest, dass sich abends bei der Kontrolle in ihrer Handtasche eine Leberwurst findet, die sie gar nicht hineingetan hat. Von einer Münchner Schlecker-Filiale ist ein Fall dokumentiert, bei dem eine Mitarbeiterin mit einer Abmahnung davonkam, obwohl sie, so die schriftliche Begründung, eines schrecklichen Vergehens überführt worden war: »Sie hatten folgenden Artikel ohne Kassenzettel und Abzeichnung durch einen anderen Mitarbeiter bei sich: eine Schachtel West 19er.«

Das System der Abmahnungen ist bei Schlecker offensichtlich besonders ausgeprägt und als Mobbingmethode bei den Vorgesetzten äußerst beliebt. So gibt es Abmahnungen, wenn in den Regalen Ware entdeckt wird, deren Verfallsdatum abgelaufen ist. Eine Schlecker-Beschäftigte, berichtet Verdi, habe mal überprüft, ob die von ihr entfernte Ware tatsächlich auch verschwunden war: Sie markierte die ins Lager zurückgebrachte Babynahrung mit einem Punkt. Prompt sei einige Zeit später der Bezirksleiter aufgetaucht und habe ihr das gleiche Glas vorgehalten. Das habe er eben im Regal gefunden, monierte er, so gehe es ja wohl nicht.

Über einen besonders krassen Fall von Mitarbeitermobbing berichtete im Oktober 2004 das ARD-Wirtschaftsmagazin *Plusminus*. Es geschah in einer Filiale der Marken-Discounter-Gruppe Netto, die zum Spar-Konzern gehört[19] und bundesweit rund 1200 Niederlassungen hat. Dort hatte eine Kassiererin angeblich den Diebstahl einer Kollegin gedeckt und wurde von den Filial- und Bezirksleitern ins Büro gerufen. In der Fernsehsendung trat sie aus Angst vor Repressalien anonym auf und berichtete: »Wir waren ungefähr sechs Stunden in der Mangel. Immer wieder und immer wieder sagten sie: Sagen Sie doch die Wahrheit, sagen Sie die Wahrheit, und immer wieder und immer wieder Druck. Ich durfte nicht telefonieren.«

Danach wurden die beiden Kassiererinnen sofort zum Notar gefahren, um eine hohe Wiedergutmachungserklärung zu unterschreiben – angeblich gängige Praxis bei dem Discounter Netto. Auch der betroffenen Kassiererin erging es so: »Wir mussten sofort zum Notar mit den Bezirksleitern. Die Formulare waren im Großen und Ganzen schon fertig, dass ich fünftausend Euro zahlen muss, und das musste ich unterschreiben.« Sie tat es, obwohl sie die Vorwürfe nach wie vor bestreitet, aber sie sei so geschockt gewesen, »da hätte ich alles unterschrieben«. Jetzt muss die mehrfache Mutter, die inzwischen vom Arbeitslosengeld lebt, die 5000 Euro mühsam in 100-Euro-Schritten abstottern, denn juristisch lässt sich nach einer notariell beglaubten Wiedergutmachungserklärung kaum noch etwas machen. Fazit des Autors der Sendung, Mirko Tomic, damals: »Fast scheint es so, als ob im Einzelhandel eine Art Wettbewerb um die mieseste Art der Personalführung herrscht.« Wer diesen Wettbewerb letztendlich gewinnt? Mit Sicherheit lässt sich das nicht sagen. Aber es könnte derjenige sein, der die niedrigsten Personalkosten aufzuweisen hat.

Wenn sich's rechnet, wird auch schikaniert

Denn natürlich stellt sich die Frage: Wozu das alles? Setzt sich das Führungspersonal bei Aldi, Lidl, Schlecker und Co. denn nur aus Sadisten zusammen? Menschen, denen es Spaß macht, ihre Untergebenen zu schikanieren und unter der Knute zu halten?

Ganz so ist es natürlich nicht. Prinzipiell aber muss man als Führungskraft rechnen können. Denn die Discounter mobben nicht wahllos. Es geht eben gerade nicht darum, ob dem Vorgesetzten die Nase nicht passt oder Ähnliches, jedenfalls nicht grundsätzlich. Sondern darum, welche Kosten jemand verursacht, verursachen wird oder verursachen könnte. Und wer zu teuer wird, fliegt eben raus.

So etwas kann schnell geschehen. Es passiert Angestellten, die schlicht und einfach schon zu lange für das Unternehmen arbeiten. Egal, wie sehr sie sich engagiert haben oder nicht: Nach sechs Jahren, beispielsweise, haben sie eine Tarifgruppe erreicht, die den Discounter so viel kostet wie eineinhalb Neueinsteiger. Die sind dann zwar vielleicht langsamer und unproduktiver, aber trotzdem immer noch wesentlich billiger als die altgediente Kraft. Deshalb muss die altgediente Kraft möglichst schnell raus. Sei es auch mit Hilfe von unfeinen Methoden.

Gut dokumentierte Beispiele gibt es dafür zuhauf. Ein ehemaliger Lidl-Manager erzählt, dass es unter Verkaufsleitern einen regelrechten Wettbewerb gegeben habe, wer die meisten Aufhebungsverträge vorweisen konnte. Dabei gibt man sich gelegentlich keine besondere Mühe mit der Suche nach Kündigungsgründen. Im *Schwarz-Buch Lidl* von Verdi wird auch der Fall der Verkäuferin Siliz A. aus der Nähe von Bamberg geschildert.

Eines Tages im Juni 2003 warf ihr der zuständige Verkaufsleiter vor, 20 Euro aus der Kasse gestohlen zu haben. Pech für ihn: Die Verkäuferin hatte gar nicht so viel Geld dabei, weil sie ihr Portemonnaie an diesem Tag zu Hause vergessen hatte. Das angeblich gestohlene Geld fand der Verkaufsleiter auch nicht, als er nacheinander das Auto, die Tasche, den Arbeitskittel, den Spind und auf Siliz A.s Angebot hin auch noch die Schuhe der Angestellten kontrollierte. Trotzdem bestand er auf seinem Vorwurf und holte eine weitere Vorgesetzte hinzu. Drei Stunden lang, berichtete die Verkäuferin, sei sie dann ins Kreuzverhör genommen worden, doch sie weigerte sich standhaft, den bereits vorbereiteten Aufhebungsvertrag zu unterschreiben. Sie durfte weder ihren Mann anrufen noch die Polizei. Schließlich gaben die Vorgesetzten auf und warfen sie regelrecht aus dem Laden. Zwei Tage später kam schriftlich die fristlose Kündigung. Siliz A. ging vors Arbeitsgericht; dort erreichte sie immerhin einen Vergleich: Die Kündigung wurde nachträglich in eine fristgerechte umgewandelt, außerdem erhielt die Verkäuferin eine Abfindung.

Ähnlich erging es der 45-jährigen Verkäuferin Christa B., die ihren Job in einer Lidl-Filiale im baden-württembergischen Schriesheim verlor, weil ihr die Vorgesetzten einen Griff in die Pfandkasse vorwarfen. Auch hier war der Aufhebungsvertrag schon vorbereitet; die Vorgesetzten drohten ihr mit einer Strafanzeige wegen Diebstahls und einem Vermerk im Arbeitszeugnis, falls sie nicht unterschriebe. Aus lauter Verzweiflung tat sie das – nach insgesamt neuneinhalb Jahren bei Lidl. Im folgenden Gerichtsverfahren blieb Lidl übrigens jeden Beweis für den Diebstahlsvorwurf schuldig.

»Bei Lidl haben diese Vorwürfe offensichtlich System«, schreibt Gudrun Giese im *Schwarz-Buch,* »immer wieder trifft es langjährige, verhältnismäßig gut bezahlte Verkäuferinnen oder Verkäufer, die Vollzeitstellen haben.« Anschließend würden dann meist Teilzeit- oder 400-Euro-Kräfte eingestellt – Lidl wolle sich also anscheinend peu à peu von seiner »Stammbelegschaft« trennen.

Man kann diese Erkenntnis durchaus auf die meisten Discounter übertragen. Geschichten dieser Preisklasse gibt es von allen zu berichten. Das Prinzip ist ganz einfach: Wer zu teuer ist für seine Leistung, der fliegt. Betroffen davon sind häufig Frauen, die wegen Krankheit oder Schwangerschaft nicht mehr die volle Leistung bringen können. Oder Beschäftigte, die schon älter sind und laut Tarifvertrag eigentlich mehr verdienen müssten oder überhaupt in den Augen der Chefs zu viel verdienen. Ganz besonders schlechte Karten haben diejenigen, die auf ihren Rechten beharren oder sich gar für andere einsetzen. Betriebsrätinnen oder Kandidatinnen für den Betriebsrat sind auffällig häufig Ziel von Schikanen.

Wie man Betriebsräte ganz gezielt verhindert

Arbeitnehmervertretungen sind für die Discounter nichts anderes als ein nicht zu überschauendes Kostenrisiko. Also schlichtweg unnötig. Die radikalen Kostenbremser tun alles, um Betriebsräte zu verhindern. Das fängt schon ganz unten an. Extrem allergisch reagieren bereits niedere Filialleiter auf die bloße Erwähnung des Begriffs »Gewerkschaft«, und Flugblätter oder anderes Werbematerial von Verdi fürchten sie wie der Teufel das Weihwasser. Vom innigen Verhältnis zwischen Gewerkschaft und Unternehmen hat auch das *Manager Magazin* in seiner Ausgabe vom März 2004 Kenntnis genommen. Es berichtete von einem Schlecker-Verkaufsleiter in Wilhelmshaven, der äußerst heftig auf Kugelschreiber mit Verdi-Logo reagierte: »Sofort wegschmeißen!«, habe seine Anordnung an die Beschäftigte gelautet. Normalerweise gebe das eine Abmahnung, soll er noch gesagt haben, »dieses Mal« verzichte er aber gnädigerweise noch einmal darauf.

Sehr großzügig, der Mann. Wenn ihm das mal nicht berufliche Nachteile bringt. Denn mit solchen Kleinigkeiten, das weiß man im Discount, fängt es an: Erst ist der Kugelschreiber im Laden, und plötzlich hat man einen Gesamtbetriebsrat im Konzern. Das aber gilt es auf jeden Fall zu verhindern. Denn ein Betriebsrat kostet viel Geld. Nicht nur für die Ausstattung seines Büros, so er denn groß genug ist, um Anspruch auf ein solches zu haben.

Viel bedeutender sind noch die Folgekosten. Wenn nämlich einmal Betriebsräte da sind, dann wollen die meist auch ihre Kundschaft bedienen – so wie es der Discounter ja letztlich auch tut. Nur: Die Kundschaft sind in diesem Falle die Beschäftigten, und erfahrungsgemäß ist dann Schluss mit unbezahlten Überstunden, freiwilliger Mehrarbeit und dergleichen, aber auch die Methode »Hire & Fire« ist dann nicht mehr so leicht durchzuhalten. Die Folge ist ganz klar: immense Mehrkosten!

Und wo kommen die großen Discounter hin, wenn ihre 80-Stunden-Kräfte plötzlich nicht nur für 80 Stunden im Monat bezahlt werden müssten, sondern für jene 120 oder gar 150 Stunden, die sie tatsächlich arbeiten? Also gilt es, die Einrichtung von Betriebsräten mit aller Macht zu verhindern – und sich gleichzeitig nach außen als sozialer Arbeitgeber zu präsentieren. Oder zumindest nicht allzu viel an die Öffentlichkeit dringen zu lassen. Könnte ja sein, dass den einen oder anderen Konsumenten gelegentlich das Gewissen packt und er dann nicht mehr einkauft bei einer Kette, die weit und breit als Ausbeuterladen verschrien ist.

Wie man einen Betriebsrat verhindert? Es ist eigentlich ganz einfach. Man muss nur dafür sorgen, dass die Beschäftigten des Unternehmens gar keinen wollen. Und die, so scheint es, wollen im Gegensatz zu Millionen anderswo Beschäftigten partout keinen. Immer wieder berichtet die Presse von gescheiterten Betriebsratswahlen – und die scheitern meist daran, dass sich eine Mehrheit der Beschäftigten bei der zwingend vorgeschriebenen Betriebsversammlung schon mal grundsätzlich gegen die Einsetzung eines Wahlvorstands ausspricht.

Bei Aldi-Süd gibt es in keiner der gut 1500 Filialen einen Betriebsrat. Warum das so ist, lässt sich exemplarisch an einer Geschichte erklären, die im Frühjahr 2004 in München spielt. Dort wollten Verkäuferinnen mit Unterstützung der Gewerkschaft einen Betriebsrat auf Bezirksebene gründen. Gut 50 Filialen aus München und der umgrenzenden Region wären davon betroffen gewesen.

Alles begann in der Aldi-Filiale im Münchner Stadtteil Großhadern. Vier der insgesamt 17 Verkäuferinnen hatten dort die Schikanen satt, die hauptsächlich vom Filialleiter und seinem Stellvertreter kamen. Der habe immer wieder kurzfristig Verkäuferinnen in die Filiale kommen lassen, obwohl sie einen freien Tag hatten oder krankgeschrieben waren. Ein rüder Ton herrschte sowieso. Der Chef, so wird berichtet, habe sich gelegentlich mit rassistischen und sexistischen Sprüchen hervorgetan – eine dunkelhäutige Mitarbeiterin nannte er »schwarzen Teufel«, eine andere, die wegen Rückenproblemen krankgeschrieben war, fragte er vor Kunden: »Hat Sie Ihr Mann nicht zugedeckt, als er Sie von hinten genommen hat?« Andere Mitarbeiterinnen werden im Krankheitsfall gern mal als »Simulantin« beschimpft. Offenbar hatten sich auch schon Kunden, die solche Vorfälle mitbekommen hatten, bei Aldi über den Ton des Vorgesetzten beschwert, denn einmal musste dieser sich »auf Anweisung von oben« sogar bei einer Mitarbeiterin entschuldigen. So etwas kommt nicht oft vor bei Aldi.

Beschwerden aus der Belegschaft sind aber auch eher selten. Wer das tut, wird nachher gezielt schikaniert, kriegt Einsatzpläne, die nur schwer einzuhalten sind, wenn man Kinder hat. Oder der Chef lässt einen nicht rechtzeitig gehen – mit der Begründung, aus Sicherheitsgründen dürften die Angestellten nur geschlossen und nach der Abrechnung den Markt verlassen. Eine ganz neue Regelung, extra vom Boss beschlossen für die aufmüpfige Mitarbeiterin, wie sich später herausstellte.

Diese Schikanen wollten sich die Verkäuferinnen nicht mehr gefallen lassen und beschlossen, mit Hilfe der Gewerkschaft einen Betriebsrat zu gründen. Doch das ist nicht ganz so einfach, denn zuvor muss die Mitarbeiterversammlung einen Wahlvorstand bestimmen, der dann die eigentliche Betriebsratswahl organisiert. Auch das ist schon ein wichtiger Schritt: Denn Kandidaten und Wahlvorstand können von diesem Zeitpunkt an nicht mehr gekündigt werden.

Doch in München-Großhadern sollte es erst gar nicht so weit kommen. Zuerst schien es noch, als würde alles seinen normalen Gang nehmen. Am 23. März schickt Verdi die Einladung zur Wahl des Wahlvorstands an die Regionalzentrale von Aldi, wie sich das gehört. Als Termin für die Wahl ist der 30. März vorgesehen. Tags darauf meldet sich der Rechtsanwalt von Aldi: »Aus logistischen Gründen« sei es leider nicht möglich gewesen, die Einladung am Vortag an die Beschäftigten in der Großhaderner Filiale weiterzuleiten.

Verdi verschiebt daraufhin die Wahl um zwei Tage auf den 1. April. Denn die Einladung muss mindestens eine Woche zuvor bekanntgemacht werden, ansonsten könnte es sein, dass ein Gericht die Wahl wegen zu kurzer Fristen für ungültig erklärt.

Andererseits will man bei Verdi die Wahl auch nicht zu lange im Voraus ankündigen, weil das der Betriebsführung Möglichkeiten gibt, Druck auf die Belegschaft auszuüben, um einen Betriebsrat zu verhindern.

Das Misstrauen ist offensichtlich berechtigt. Denn die Vorgesetzten in der Großhaderner Aldi-Filiale nutzen die Zeit, die ihnen bis zum Wahltag bleibt, im Sinne des Unternehmens. Jede einzelne Mitarbeiterin wird in den kommenden Tagen vom Bezirksleiter und Filialleiter persönlich betreut – in Einzelgesprächen unter sechs Augen. Ob sie unzufrieden sei, will man wissen, wie sie denn abstimmen würde, wenn es um die Einsetzung eines Wahlvorstandes gehe. Die beiden raten den Verkäuferinnen, sich ihr Verhalten sehr genau zu überlegen, und der Filialleiter kommt auch mal mit der Drohung, Urlaubs- und Weihnachtsgeld zu streichen, falls ein Betriebsrat zustandekomme. Ein Grund für die Münchner Gewerkschaftssekretärin und Discounterspezialistin, Dagmar Rüdenburg, sich beim Aldi-Anwalt zu beschweren über »massive Wahlbehinderung«. Aber es sollte noch schlimmer kommen.

Am Abend vor dem Wahltermin lädt die Filialleitung zu einer Mitarbeiterversammlung, es besteht Anwesenheitspflicht. Zwei Stunden lang reden die Vorgesetzten auf die Belegschaft ein. Mehrmals sagen sie den Mitarbeiterinnen, sie sollten sich genau überlegen, wie sie am nächsten Abend abstimmen würden.

Dann ist der 1. April, und zur Wahlversammlung, zu der die Gewerkschaft eingeladen hat, kommen auch auffallend viele Würdenträger aus dem Aldi-Reich. Selbst der Regionalgeschäftsführer ist da. Zwar bittet die Gewerkschafterin Rüdenburg ihn mehrmals vor der Abstimmung, den Raum zu verlassen. Aber mit dieser Bitte stößt sie auf taube Ohren. Den Aldi-Chefs gelingt es auch, als Wahlleiter den Assistenten des Filialleiters durchzusetzen. Der wiederum geht nicht ein auf den Wunsch nach einer geheimen Abstimmung, sondern lässt offen und in Anwesenheit des Geschäftsführers abstimmen, ob die Anwesenden überhaupt einen Wahlvorstand wollen.

Unter diesen Umständen sind zehn dagegen, nur drei dafür. Die Veranstaltung ist geplatzt, Dagmar Rüdenburg bricht sie ab mit dem Hinweis, eine solche Abstimmung sei unwirksam.

Das gleiche Prozedere wiederholt sich ein paar Wochen später, als Verdi einen Betriebsrat für vier Münchner Filialen mit insgesamt 54 Mitarbeitern durchsetzen will. Diesmal drängelt sich ein Filialchef als Wahlleiter vor, und wieder wird offen abgestimmt. »Mit großer Mehrheit« heißt es nachher, habe die Versammlung nach einstündiger Diskussion die Bildung eines Wahlvorstands abgelehnt: mit 3 : 47 Stimmen. Warum 50 Mitarbeiter gekommen sind, obwohl sie doch gar keinen Betriebsrat wollten, bleibt unklar. Niemand will sich im Nachhinein vor der Presse outen, Rundfunk, Fernsehen und Zeitungen bleiben von der Veranstaltung ohnehin ausgesperrt.

Verdi kündigte an, nun vor das Arbeitsgericht zu gehen, um doch noch einen Betriebsrat durchzusetzen.[20] Dazu kommt es dann aber nicht: Von den ursprünglichen Kandidatinnen will keine mehr antreten, bis auf eine, für die Verdi später immerhin eine halbwegs passable Abfindung aushandeln kann. Fürs Erste ist die Betriebsratswahl sinnlos geworden, denn die Gewerkschaft will nicht das Risiko eingehen, dass sich vielleicht gar Personen aus der Führungsriege von Aldi zur Wahl stellen.

Das System der Einschüchterung hat funktioniert.

Sozialpartnerschaft? Nicht im Discount!

Arbeitnehmervertretungen sind längst in fast allen größeren Betrieben völlig selbstverständlich, schließlich geht es ja um »Sozialpartnerschaft« im Unternehmen. Nur die Discounter scheinen, was Betriebsräte angeht, noch in der Zeit des Frühkapitalismus zu leben. Mitarbeitervertretungen sind überall die krasse Ausnahme. Bei den Methoden, mit denen Betriebsräte verhindert werden, sind die Chefs nicht gerade zimperlich. »Aldi macht es da eher noch auf die sanfte Tour«, sagt Dagmar Rüdenburg von Verdi trotz der Erfahrungen mit den Münchner Filialen.

In der Tat, die anderen haben da eine noch härtere Gangart drauf. Selbstredend, dass es in solchen Fällen Einzelgespräche gibt. Und logisch, dass die Drohungen oft recht massiv sind. Wer sich unzufrieden zeigt oder sich gar beschwert, der muss zumindest mit einem vermehrten Aufkommen von Testwagen an seiner Kasse rechnen; und auffallend oft werden Mitarbeiter des Diebstahls bezichtigt, die sich für andere einsetzen oder gar Lust auf Betriebsratsarbeit haben.

Die will man nämlich schleunigst loswerden. Lidl und Schlecker, so sagen die Gewerkschaften, sind die Marktführer auf diesem Gebiet. Verdi-Chef Frank Bsirske spricht von »entwürdigender Beschäftigtenhaltung«. Schlecker versetzt aufmüpfige Frauen gerne mal in andere Filialen, die dann kurz darauf »aus Gründen der Standortoptimierung« dichtgemacht werden, was eine betriebsbedingte Kündigung erlaubt.

Die Schwarz-Gruppe ist besonders einfallsreich, was die Blockierung von Betriebsräten angeht. Für Führungskräfte gibt es angeblich sogar spezielle Seminare, die die Verhinderung von Betriebsräten zum Thema haben. Zwar existieren eine Reihe von Arbeitnehmervertretungen, vor allem im Osten Deutschlands: ein Relikt der Wendezeit. Damals engagierte sich die Schwarz-Gruppe mit Lidl und Kaufland sehr stark und sehr schnell im Osten und kaufte Unternehmen auf, die bereits Betriebsräte hatten. Die sind der Schwarz-Gruppe dann freilich auch geblieben, versteht sich.

Im Frühjahr 2002 versuchte die Gewerkschaft Verdi nun, auf der Basis des Betriebsrates im Lidl-Zentrallager Unna, das 230 Mitarbeiter hat, einen gemeinsamen Betriebsrat für Lager, Verwaltung und Verkaufsstellen in der gesamten Region zu schaffen.[21] Die umfasst immerhin die Landkreise Unna, Soest, Paderborn, Warendorf und den Hochsauerlandkreis, 120 Filialen, 20 Verkaufsbezirke und rund 1200 Mitarbeiter. Lidl freilich verweigerte erst die Listen mit den Namen aller wahlberechtigten Mitarbeiter; Verdi musste die Herausgabe vor dem Landgericht Dortmund mit einer einstweiligen Verfügung erwirken. Doch das nützte nicht viel, denn Lidl griff zu einem bewährten Mittel, das gerne mal zum Einsatz kommt, wenn es eng zu werden droht: Zum Jahresbeginn 2002 wurde das Unternehmen einfach umstrukturiert. Die 120 Filialen kamen unter das Dach der Lidl Vertriebs GmbH & Co. KG; eine gemeinsame Wahl war damit unmöglich geworden.

Die Gewerkschaft ließ trotzdem nicht locker. Monatelang hatte der Gewerkschafter Harald Maier, der selbst langjähriger Betriebsratsvorsitzender bei Aldi im nordrhein-westfälischen Radevormwald gewesen war, die Lidl-Filialen abgeklappert. Nun sollten wenigstens in den einzelnen Filialen Arbeitnehmervertretungen gewählt werden. Doch die Geschäftsführung hielt dagegen – es folgten die üblichen »Einzelgespräche« mit den Mitarbeitern.

Von den ursprünglich rund 70 Filialen, in denen ein Betriebsrat geplant war, blieben letztlich drei übrig. Dann aber – an dem Abend im Frühjahr 2003, an dem der Wahlvorstand bestimmt werden sollte – erlebten die Verdi-Leute eine herbe Enttäuschung: Von den eingeladenen Filialmitarbeitern erschien niemand. Dafür jedoch fast die gesamte Führungsriege von Lidl, die sich strategisch günstig an sämtlichen Zugängen zum Versammlungsort aufstellte und aufpasste, dass auch ja keine Mitarbeiter kamen. Aber die erschienen eh nicht, denn sie waren nicht ganz zufällig von der Geschäftsführung genau für diesen Abend zu einer internen »Schulungsmaßnahme« verdonnert worden.

Betriebsräte gibt es in den Filialen nach wie vor noch nicht. Damit ist die Geschichte aber nicht zu Ende. Denn auch der Betriebsrat im Zentrallager Unna bekam in der Folge der Auseinandersetzungen heftigen Gegenwind zu spüren. Auch hier strukturierte Lidl nämlich mal wieder um. Zum 1. September 2003 wurde der Fuhrpark des Lidl-Lagers mit 40 Fahrern und 15 Lastern an die Firma H&K Betontransporte GmbH & Co. KG, Köln, ausgegliedert. Auch der freigestellte Betriebsratsvorsitzende war Fahrer gewesen, und Lidl kündigte ihm nun mit der Begründung, ihn nicht adäquat im Unternehmen beschäftigen zu können. Das war kaum vorstellbar, und so landete der Fall vor dem Arbeitsgericht. Immerhin bekam der Fahrer noch eine Abfindung.

Für Lidl zweifellos ein angenehmer Nebeneffekt zur Kosteneinsparung durch die Aufgabe des Fuhrparks. Bis Oktober 2004 wurde übrigens die gesamte firmeneigene Spedition an insgesamt neun weiteren Standorten an Subunternehmer vergeben, die jetzt zum Teil erheblich niedrigere Löhne zahlen. Die Betriebsräte in den meisten Zentrallagern wurden dadurch obendrein geschwächt.

Die Verhinderung von Betriebsräten – auch das wohl mit ein Grund für die recht zersplitterte Struktur des Schwarz'schen Firmenimperiums mit seinen mehr als 600 Untergesellschaften. Nach Ansicht der Gewerkschaft ist klar: Die Aufsplitterung der einzelnen Unternehmensbereiche in immer kleinere rechtliche Einheiten hat Methode, weil man damit auch die für Betriebsratswahlen notwendige Mitarbeiterzahl unterschreiten kann.

Es gibt sie: die Ausnahmen von der Regel

Freilich: Es ist nicht so, dass es gar keine Betriebsräte gebe, bei den Discountern. Doch die haben oft einen schweren Stand, und manchmal hat es Jahre gedauert, bis einer gewählt werden konnte. Aldi-Süd hat bis heute keinen Betriebsrat, während es bei Aldi-Nord in etwa zwei Dutzend Filialen und Lagern einen gibt. Lidl hat allein in Deutschland rund 33 000 Beschäftigte, aber nur in den Lagern und in sieben von 2500 Filialen gibt es Betriebsräte. Bei Schlecker war die Verurteilung wegen Lohndumpings mit ein Grund, weniger aggressiv gegen die Zumutung vorzugehen, Arbeitnehmervertretungen einzurichten. Dennoch gibt es auch heute lediglich 85 Betriebsräte, obwohl gesetzlich 330 möglich wären, wie die Verdi-Sekretärin Agnes Schreieder sagt.

Und die Arbeitnehmervertreter haben es nirgendwo leicht. Was in normalen Unternehmen vollkommen selbstverständlich ist, erfordert bei den Discountern erhebliche Kraftakte. Es mutet zugleich rührend und erschreckend an, was die Dienstleistungsgewerkschaft da auf ihrer Homepage als einschneidende Erfolge der Arbeitnehmervertretungen verkaufen muss. Zu solchen gehört es, dass Schlecker sich im Jahr 2004 endlich bereit erklärt hatte, die Telefone in den einzelnen Filialen – soweit vorhanden – für Anrufe zum jeweiligen Betriebsrat freizuschalten.

Doch auch bei einer solchen Lappalie mauerte die Schlecker-Geschäftsführung erst einmal: Anfangs ließ sie nur in den Verkaufsstellen, wo Betriebsratsvorsitzende oder deren Stellvertreterin arbeiteten, die Telefone so einstellen, dass sie auch von allen anderen Filialen aus erreichbar waren. Einfache Betriebsratsmitglieder hingegen waren weiterhin nicht zu erreichen. Es brauchte erst eine Entscheidung des 7. Senats des Bundesarbeitsgerichts, bis Schlecker einlenkte und auch andere Telefone freischaltete.[22]

So verwundert es nicht, dass das Verhältnis gespannt bleibt. Auf einer bundesweiten Betriebsräteversammlung in Gotha wird Schlecker im Herbst 2003 mit der »Goldenen Nase« ausgezeichnet, einem fiktiven Preis, der für Lohndumping und mangelnde Fürsorge gegenüber den Beschäftigten verliehen wird. Nach wie vor versuche Schlecker, die Gründung neuer Betriebsräte zu verhindern, sagt die Gesamtbetriebsratsvorsitzende Birgit Berger.

Die Angegriffenen schweigen in aller Regel zu solchen Vorwürfen. Am konsequentesten natürlich Aldi – schließlich gehört es zur Firmenpolitik, sich nur ja nicht öffentlich zu äußern. Sehr viel mehr ist auch von den anderen beiden Großen nicht zu hören. »Die Gewerkschaften haben sich auf uns eingeschossen«, erklärte Anton Schlecker einmal lapidar die Proteste. Seinen Unternehmenssprecher Uwe Blank lässt Schlecker betonen, dass seine Firma »sich vor allem auch in wirtschaftlich schlechten Zeiten als zuverlässiger Arbeitgeber gezeigt« habe.

Kein Grund zur Aufregung also, ebenso wenig wie bei Lidl. Dort erfuhr der *Stern* nach Erscheinen des *Schwarz-Buchs* der Gewerkschaft immerhin ganz offiziell aus der Firmenzentrale: »Das Betriebsklima ist gut und fair.« Mitarbeiterbefragungen hätten im Übrigen »einen hohen Zufriedenheitsgrad, insbesondere in den Filialen« ergeben. Wahrscheinlich sind die Filialmitarbeiter deshalb vorsichtshalber mal so zufrieden, weil es dort im Unterschied zu vielen Zentrallagern praktisch keine Betriebsräte gibt.

*

Man muss an dieser Stelle allerdings schon auch mal etwas Verständnis aufbringen für die Herren des Discounts und für die oberste Führungsriege. Es muss einfach lästig sein, wenn man immer wieder mit Klagen des einfachen Verkaufspersonals oder der Gewerkschaft konfrontiert wird. Denn schließlich zahlt man ja nicht eben wenig an Gehältern für seine Angestellten. Die aber beklagen sich trotzdem und sind bisweilen auch noch aufmüpfig.

Das kann einen gestandenen Discountmanager schon enttäuschen. Der weiß nämlich, wie es anderswo auf der Welt aussieht mit Gehältern und Arbeitnehmerrechten. Schließlich lässt er vieles dort produzieren, was seine undankbaren Beschäftigten dann in den Filialen der westlichen Welt verkaufen sollen. Verglichen mit den Bedingungen dort, geht es den deutschen Mitarbeitern ja nun wirklich noch »Gold«.

Die Frühstückssemmel aus Marokko

Woher die Billigwaren wirklich kommen

Klar gibt es auch Brot, das besser schmeckt, meint Monika Neumann. Die 30-jährige Sozialpädagogin aus einem Münchner Vorort schwärmt gelegentlich von einem frischen Holzofenlaib, wie er beim Bäcker um die Ecke zu haben ist. Aber andererseits: Brot ist Brot, und beim Frühstück muss man ja nicht unbedingt auch noch genießen ... Anders ausgedrückt: Beim Plus kostet der Pfundlaib halt 25 Cent, beim Bäcker hingegen 2 Euro.

Muss man mehr sagen?

Monika Neumann ist jedenfalls im Großen und Ganzen zufrieden mit dem, was sie etwa bei Plus oder Lidl (1000 Gramm für 59 Cent) bekommt. Wie die das machen, weiß sie auch nicht so genau. Sie vermutet, das habe was mit den großen Brotfabriken zu tun. Längst sind ja in ihrer Stadt die kleinen Bäcker verschwunden, die meisten zumindest; was man noch sieht, sind die Filialen einiger Ketten, die regelmäßig, zweimal am Tag, aus der Zentralbäckerei beliefert werden, und wenn man Pech hat und zu spät dran ist, schmeckt die Brezel eben ein bisschen nach Styropor. So trocken.

Insofern ist es Monika Neumann natürlich völlig klar, dass der Bäcker, der ihre Frühstückssemmel geknetet hat (beziehungsweise die entsprechende Maschine bediente), wahrscheinlich nicht auf den Namen Hans, Sepp oder Oskar hört, sondern eher auf Pjotr, Ahmed oder Sergiu. Ist ja was für Angelernte, die gerne auch ein bisschen weniger verdienen. Denn das, was sie hier bei uns verdienen, ist immer noch mehr als das, was sie daheim bekommen würden. Anders ließe sich Brot eben auch nicht so günstig herstellen.

Monika Neumann weiß nicht, dass die Bäcker ihrer Frühstückssemmeln möglicherweise tatsächlich Pjotr, Ahmed und Sergiu heißen (oder eine ganze Menge anderer fremdländischer Namen tragen), aber ihre Heimat trotzdem nie verlassen haben und auch keineswegs in Deutschland gutes Geld – für ihre Verhältnisse – verdienen. Monika Neumanns Semmeln werden nämlich möglicherweise dort produziert, wo Pjotr, Ahmed und Sergiu leben: in Polen, Rumänien oder Bulgarien – oder sogar in Tunesien oder Marokko. Nun ja, nicht ganz – gebacken wird dort letztlich nicht. Man mixt den Teig dort in großen Fabriken, stellt die Rohlinge her, bäckt sie vor. Sie kommen dann ins Flugzeug oder in Kühllaster, werden nach Deutschland gebracht und in der Supermarktfiliale kurz aufgebacken. Schmeckt zwar nicht ganz wie frisch, ist aber immer noch um ein Vielfaches billiger, als einen ortsansässigen Bäcker zu beschäftigen.

*

»Der Backmarkt ist umkämpft wie nie«, sagt Herbert Schindler, Direktor und Vorstandsmitglied des Badischen Genossenschaftsverbandes. Eines Verbandes, dem 2004 gerade mal noch vier Einkaufsgenossenschaften für Bäcker und Konditoren angehörten. Zwei Jahre zuvor waren es noch sieben gewesen. Die kleinen Bäcker litten sehr unter der Konkurrenz, steht auf der Website des Verbandes zu lesen – erst durch die großen Discountbäckereien und die Ketten, in jüngster Zeit aber auch durch ganz neue Mitbewerber auf dem Markt: »Penny und Co. bieten Backwaren zu Preisen an, die für unsere Handwerksbetriebe und deren Kostenstrukturen jenseits von Gut und Böse liegen.« Viele Billigbäcker und Discounter bezögen industriell vorgefertigte, tiefgekühlte Teiglinge von großen Backfabriken, wie sie in allen Teilen Deutschlands stehen – aber in jüngster Zeit vermehrt auch aus Polen, Ungarn, Bulgarien, Marokko und Algerien. Gerade in den osteuropäischen Ländern, so Schindler, seien in den letzten Jahren zahlreiche moderne Großbäckereien entstanden, die konkurrenzlos billig produzierten, selbst wenn man die Transportkosten hinzunehme.

Derlei Aussagen fallen häufiger im Frühling 2004. Der Obermeister der Kölner Bäckerinnung, Josef Pelzer, wird in der Onlineausgabe des *Spiegel* mit dem Satz zitiert: »Brot wird heute in Rumänien, Tunesien oder Bulgarien hergestellt.« Auch der Hauptgeschäftsführer vom Zentralverband des Deutschen Bäckerhandwerks, Eberhard Groebel, machte »regelrechte Dumpingpreise einiger Discounter« verantwortlich für den »irrsinnigen Wettbewerbsdruck«, unter dem das Bäckerhandwerk zu leiden habe.

Gemeint sind damit nicht nur Aufbackstationen in Supermärkten oder bei Discountern, sondern auch Discountbackketten wie »Back-Factory« in Hamburg oder »Backwerk« in Düsseldorf, die sich mit ihren Filialen in den großen Ballungszentren ausbreiten. Die traditionellen Handwerksbetriebe klagen mittlerweile über Umsatzrückgänge von bis zu 9 Prozent im Jahr; pro Jahr müssten 600 bis 800 Bäcker aufgeben, schätzt Groebel. Allein 2003 seien 15 000 von insgesamt 315 000 Arbeitsplätzen weggefallen.

Ein Jahr später sieht der Hauptgeschäftsführer die Lage nicht viel rosiger. Angesprochen auf die Backfabriken in Billiglohnländern, wird er freilich etwas wortkarg. Er sei schließlich Jurist, gibt er zu verstehen, und rate jedem, mit diesen Behauptungen vorsichtig zu sein, solange er sie nicht zweifelsfrei belegen könne. Tatsache sei freilich, dass nach dem Fall der Mauer und dem Untergang der sozialistischen Staatssysteme speziell in Osteuropa viele sehr große Backfabriken entstanden seien.

Wohin die heute liefern, darauf möchte er sich im Einzelfall aber nicht festlegen, sagt Groebel.

Wie sie mit der Billigkonkurrenz, die zum Teil für ein Viertel ihres Preises anbieten, fertigwerden sollen, wissen die Bäcker noch nicht so genau. Man müsse das Argument der höheren Qualität stärker ins Bewusstsein bringen, meint Groebel. »Die alteingesessenen Bäckereien sind gefordert«, sagt auch Herbert Schindler aus Baden, »dem Kunden zu vermitteln, warum bessere Ware auch mehr kosten muss.« Das ist ein hehres Ziel und eine große Aufgabe. In einer Zeit, in der nur noch jedes dritte Brot bei einem Handwerksbäcker gekauft wird, dürfte das freilich schwierig werden.

Die Deutschen sind es gewohnt, dass ihre Lebensmittel billig sind. Woran das liegt, scheint ihnen nicht so wichtig zu sein. Oder sie wissen es schlichtweg nicht. Obendrein ahnen sie auch oftmals gar nicht, woher die Nahrungsmittel tatsächlich kommen, die sie zu Superniedrigpreisen im Discounter erwerben, und zu welchen skandalösen Bedingungen sie in Wirklichkeit hergestellt werden.

Zum Beispiel ganz normaler Orangensaft.

Ausgepresst ohne Ende: Wie Orangensaft entsteht

Der billige Orangensaft bei Aldi, Lidl und Co. ist wohl deshalb so günstig, möchte man meinen, weil die EU-Überschüsse aus den andalusischen Orangenplantagen so preiswert zu haben sind. Nicht zuletzt gaukelt uns die Werbung bei Orangensaft ja immer wieder vor, wie ein Onkel Dittmeyer höchstpersönlich durch sonnige Plantagen streift und die Früchte einzeln per Hand prüft …

10 Liter Orangensaft trinkt der Durchschnittsdeutsche im Jahr, in Österreich sind es sogar 20 Liter, aber nur wenige Tropfen davon stammen aus dem Mittelmeerraum. Der Weltmarkt

wird nämlich beherrscht von einer Handvoll brasilianischer Großproduzenten. Bis zu 90 Prozent des weltweit umgesetzten Orangensaftkonzentrats wird von fünf Unternehmen aus Brasilien geliefert, und der Bundesstaat São Paulo ist das größte Orangenanbaugebiet der Welt: Rund 150 Millionen Orangenbäume stehen in den riesigen Plantagen, die sich oft über viele Kilometer erstrecken.

Alles begann 1928 mit dem deutschen Kaufmann Carl Fischer, der eigentlich auf der Durchreise nach Argentinien war, dann aber im brasilianischen Santos hängenblieb. Dort kaufte er seine erste Plantage und baute einen Fruchthandel auf. 1963 tat er sich dann mit dem deutschen Unternehmer Ludwig Eckes zusammen, kaufte eine Orangenverarbeitungsfabrik in der Stadt Mateo und gründete das Unternehmen »Citrosuco Paulista«. Sinn und Zweck der ganzen Sache: der Export von Orangensaft nach Europa. Damit das Geschäft auch weitgehend in einer Hand blieb, gründete er mit der »Alianca Navegaceo« auch gleich noch seine eigene Reederei.[23]

Was Herr Fischer da mit deutscher Gründlichkeit anging, fand bald schon Nachahmer. 1967 etwa machte sich der Sizilianer José Cutrales daran, ebenfalls Orangen auf riesigen Flächen anzubauen. »Sucocitrico« nannte er seine Firma, und die war bald ebenso erfolgreich wie der Kollege von »Citrosuco«. Heute teilen sich die Familien Cutrales und Fischer mehr als die Hälfte der weltweiten Orangensaft-Exporte auf.

Den größten Rest des Weltmarkts beliefern ein Ableger des amerikanischen Handelshauses Cargill, der brasilianische Konzern Votorantim und der französische Unternehmer Robert Louis-Dreyfus. Und dann gibt es da noch den amerikanischen Markt, der durch Schutzzölle weitgehend abgeschottet ist und hauptsächlich aus den riesigen Plantagen Floridas versorgt wird. Aber auch dort haben die Brasilianer bereits ihre Finger im Spiel: Fischer und Cutrales kauften sich dort in den neunziger

Jahren ein und sind heute für 40 Prozent der US-Produktion von Orangensaft verantwortlich.

Jährlich werden 1,1 Millionen Tonnen Orangensaft produziert, vier Fünftel davon in Brasilien. Über Kilometer hinweg ziehen sich die Orangenhaine im Hochplateau des Bundesstaats São Paulo. Allein die Fischer-Firma »Citrosuco Paulista« besitzt 10 Millionen Bäume und hat 10 000 Mitarbeiter, ist damit Brasiliens größter Agrarbetrieb oder besser: Agrarkonzern. Computerunterstützt werden die Haine überwacht; auf Bildschirmen kann man sehen, welche Baumreihen reif sind und wohin die Plantagenarbeiter zum Ernten müssen, um Tag für Tag während der sechsmonatigen Erntesaison 20 000 Tonnen Orangen zu pflücken. Zwei Fabriken in Limeira und Mateo pressen die Früchte zu Konzentrat, auf einem firmeneigenen Terminal in Santos an der Atlantikküste wird dieses dann in Tankschiffe verladen. »Citrosuco Paulista« besitzt selbst zwei eigene Riesentanker mit jeweils 32 000 Tonnen Fassungsvermögen.

Richtig in Mode gekommen ist der Orangensaft in Mitteleuropa erst in den siebziger Jahren, und ein neues Verfahren machte den Export für die brasilianischen Großgrund- und Plantagenbesitzer richtig lukrativ: Dem Saft werden 60 Prozent seiner Flüssigkeit entzogen, das entstandene Konzentrat wird eingefroren und bei minus 8 Grad von riesigen Tankfirmen an der Atlantikküste auf Tankschiffe verladen. Dadurch ließen sich fünf Sechstel der bisherigen Transportfläche sparen; das Konzentrat wird über Gent in Belgien nach Mitteleuropa gebracht, dort wieder aufgetaut, verdünnt, abgefüllt und an Supermärkte auf dem ganzen Kontinent ausgeliefert. Zwischen 50 Cent und 1 Euro kostet der Liter dann im Schnitt.

Das ist eigentlich gar nicht so viel, betrachtet man die nicht geringen Verarbeitungs- und Transportkosten. Dass die großen Plantagenbesitzer und die europäischen Handelskonzerne sich damit trotzdem eine goldene Nase verdienen können, liegt vor allem an den niedrigen Löhnen, die den 80 000 brasilianischen Pflückern gezahlt werden. Pro verkauftem Liter bekommen sie, je nach Marktlage, zwischen einem Hundertstel und einem Zweihundertstel des Verkaufspreises. Diese Erntearbeiter sind Tagelöhner, ziehen oft von Plantage zu Plantage und ernten, was gerade Saison hat: Orangen, Zuckerrohr, andere Früchte.

Beschäftigt sind sie nach einer entsprechenden Gesetzesänderung im Jahr 1995 meist als so genannte »autonomos« – freie Unternehmer, was glatter Hohn ist. Denn bezahlt werden sie von Leihfirmen, die wiederum Tochterunternehmen der großen Konzentrathersteller sind. Kranken- und Rentenversicherung sind dort ebenso ein Fremdwort wie Arbeitslosenversicherung, und Gewerkschaften sind für die »autonomos« sowieso verboten. Bezahlt werden sie in der Regel für jede volle Kiste, die sie abliefern; pro Tag kommen sie meist trotz Akkordarbeit auf nicht mehr als 12 Euro Lohn.

Das aber ist auch in Brasilien nicht sehr viel, die Lebenshaltungskosten sind dort fast mit Westeuropa vergleichbar. So ist bei der Orangenernte oft die ganze Familie im Einsatz: vom Heranwachsenden bis zum Opa.

Kinderarbeit ist also gar nicht so ungewöhnlich, wenn es um so etwas Banales wie den Orangensaft im Supermarkt geht. Nach Schätzungen des Gewerkschafts-Dachverbandes CUT waren noch 1994 an die 15 Prozent der Orangenpflücker im Bundesstaat São Paulo unter 14 Jahre alt. Das heißt: bis zu 25 Kilo schwere Säcke mit Orangen schleppen, manchmal auch 14 Stunden am Tag. Zwar ist der Anteil an Kinderarbeit, wenn man neueren Berichten und den Beteuerungen der Safthersteller glauben darf, sehr zurückgegangen, nachdem Mitte der neunziger Jahre verschiedene Gewerkschaften und Dritte-Welt-Initiativen unter dem Motto »Bittere Orangen« auf die katastrophalen Produktionsbedingungen aufmerksam gemacht hatten.

Seit 2000 gibt es amtliche Kontrollen auf den Farmen, die vom brasilianischen Arbeitsministerium durchgeführt werden, und die meisten europäischen Konzerne haben ihre Zulieferer auch auf ein Verbot der Kinderarbeit verpflichtet – aber wer kann das draußen auf den Plantagen schon so genau kontrollieren? Menschenrechtsgruppen wie das kirchennahe Südwind-Institut in Wuppertal bezweifeln den Erfolg dieser Verpflichtung sowieso. Es gibt noch genügend Augenzeugenberichte und Studien, die davon erzählen, dass nach wie vor Kinder unter 14 Jahren in den Plantagen ausgebeutet werden. Das ist nicht weiter erstaunlich: Denn an den niedrigen Löhnen für die Arbeiter hat sich praktisch nichts geändert.

Sklavenarbeit für unsere billige Schokolade

Und dennoch geht es den Kindern von São Paulo, die unsere Orangen von den Bäumen pflücken, geradezu prächtig im Vergleich zu jenen, die in Afrika den Kakao für unsere Süßigkeiten ernten. Vier Fünftel des von der deutschen Süßwarenindustrie importierten Kakaos stammt aus Westafrika – vornehmlich von der Elfenbeinküste, Ghana, Kamerun und Nigeria, die zusammen wiederum mehr als die Hälfte von weltweit 3 Millionen Tonnen Rohkakao pro Jahr herstellen. Dort wird er meist von kleineren Bauern angebaut – angeblich leben 1,2 Millionen Kleinbauern mit 11 Millionen Beschäftigten von den Kakaopflanzen, an denen sie im Schnitt für die Ernte eines gesamten Jahres rund 340 Euro verdienen. Das ist natürlich nicht üppig, aber die Weltmarktpreise geben eben nicht mehr her.

Wahrscheinlich ließen die sich gar nicht halten, wenn nicht manche Plantagenbesitzer an der Elfenbeinküste so ungemein billige Arbeitskräfte hätten: Sklaven. Genauer: Kindersklaven. Die Menschenrechtsorganisation »Terre des Hommes« schätzt, dass etwa 20 000 Kinder aus dem völlig verarmten Nachbarland Mali auf die Plantagen an der Elfenbeinküste verschleppt worden sind und dort als Sklavenarbeiter eingesetzt werden.[24] Ohne Bezahlung, versteht sich, in primitiven Unterkünften hausend und ständig von Schlägen und Misshandlungen durch ihre Besitzer bedroht. Knapp 30 Euro kostet ein Kind auf dem Markt. Insgesamt sollen allein in Westafrika rund 200 000 Kinder als billige Arbeitskräfte gehalten werden, nicht nur auf den Plantagen.

Der französische Journalist Sönke Giard veröffentlichte im Oktober 2000 in der Wiener Tageszeitung *Der Standard* eine schockierende Reportage über das Schicksal zweier Jungen aus Mali, die für einen Kakaofarmer aus der Elfenbeinküste schuften durften: sieben Tage die Woche, bei sengender Hitze, von sechs Uhr früh bis abends um neun. »Die Jungen keuchen wie alte, asthmakranke Männer, ihre Augen sind leblos, ihre Köpfe hängen schlaff zwischen den gesenkten Schultern«, schreibt Giard. »Als einzige Nahrung des Tages erhalten Abou, Adama und ihre Kameraden je eine Schüssel Maisbrei, den sie mit ihren Fingern essen müssen, sowie einen Krug Wasser, den sie in einem Zug leeren.« Mit primitiven Holzpflügen müssen die 20 Kinder, alle zwischen 10 und 14 Jahre alt, den Boden bearbeiten, werden geschunden und geschlagen, wenn sie nicht mehr können.

Giard zitiert in seinem Artikel auch den Unicef-Chef von Mali, Pierre Poupard: »Was an der Elfenbeinküste geschieht, ist Sklaverei, definitiv Sklaverei«, sagt der. Die Kinder werden unter falschen Versprechungen auf eine leichte Arbeit und die Möglichkeit zum Schulbesuch aus ihrer Heimat fortgelockt und auf illegalen Märkten für den Gegenwert einer Stange Zigaretten an die Plantagenbesitzer verkauft. »Wer Kakao trinkt«, zitiert der *Spiegel* im April 2001 den Direktor des »Save the Children Fund« aus Mali, »trinkt ihr Blut.«

Nachdem um die Jahreswende 2000/2001 einige Artikel über die Sklaverei an der Elfenbeinküste in der internationalen Presse erschienen waren, versprachen immerhin die britischen Süßwarenhersteller, sich um die so genannten »chocolate slaves« zu kümmern. Bis zum Juli 2005, so kündigten sie an, solle es eine Garantie dafür geben, dass an der Kakaoproduktion keine Sklaven mehr beteiligt wären.

Allzu viel Eile gab man sich damit nicht. Als der BBC-Reporter Humphrey Hawksley sich im Juni 2002 aufmachte, die Kindersklaven an der Elfenbeinküste aufzuspüren, hatte er zu seiner eigenen Überraschung kein Problem, welche zu finden: »Ich dachte, es wäre schwierig, Kinderarbeit zu entdecken«, berichtet er, »ich hatte mit Kontaktleuten gesprochen, Telefonnummern zusammengesammelt und Stunden auf die Vorbereitung verwandt. Letztendlich brauchte ich gar nichts davon.« Schon in der ersten Kleinstadt, die er ansteuerte, fand er am Straßenrand eine Gruppe von zehn Kindersklaven, allesamt im Alter zwischen 6 und 13 Jahren alt: »Es stellte sich heraus, dass die Jungen zwischen Mais-, Kaffee- und Kakaofarmen hin und her geschoben wurden – je nach Saison. Falls man sie überhaupt bezahlte, entsprach der Lohn etwa einem Pfund pro Tag – geteilt durch zehn.«

Der englische Soziologieprofessor Kevin Bales, der ein Buch über die moderne Form der Sklaverei geschrieben hat,[25] schätzt, dass an der Elfenbeinküste sogar die Mehrzahl der großen Plantagenbesitzer auf ihren Farmen Kindersklaven einsetzt. Dies sei angesichts der Preise auf dem Weltmarkt zwar grausam, aber nicht weiter verwunderlich. »Die neue Sklaverei«, schreibt Bales, »löst sich wie die Weltwirtschaft von Besitzständen und konzentriert sich stattdessen auf die Nutzung und Kontrolle von Ressourcen.« Und so werde eben auch der Mensch nur noch als Ressource, als Rohstoff betrachtet, der jederzeit durch einen billigeren ersetzt werden könne.

Wo die Gewinnmargen gering sind, muss man eben sehen, wie man die Kosten weiter senken kann. Und sei es durch Ausbeutung und Sklaverei. Die Absichtserklärungen der weiterverarbeitenden Industrie wie in Großbritannien sind da sicher erste Ansätze, bessere Verhältnisse für die Menschen zu erreichen, die uns die Rohstoffe liefern. Aber, und das ist das Problem, an der Wurzel des Elends ändert es wenig. Niedrige Rohstoffpreise, die nicht oder kaum zum Überleben reichen, sind in allen Teilen der Welt eine der Hauptursachen für Kinderarbeit.

Wenig hilfreich erscheint es da, wenn beispielsweise die Europäische Union seit März 2000 eine Senkung des Kakaobutteranteils in Schokolade um 5 Prozent des Gesamtgewichts zulässt – auf Druck der großen Lebensmittelkonzerne. Die brauchen seitdem weniger Kakaobutter, weil sie deren Anteil durch das billigere Palmöl oder andere pflanzliche Fette ersetzen können. Das macht den Rohkakao noch billiger und stürzte vor allem die Kleinbauern in den Erzeugerländern in existenzielle Krisen. Ihr Einkommen sank zwischen 15 und 20 Prozent. Ob das die Bemühungen zur Abschaffung der Sklaverei wesentlich vorangebracht hat?

Betroffen sind davon freilich nicht nur bettelarme Kinder in Westafrika, sondern auch viele Altersgenossen am anderen Ende der Welt, wiederum in Brasilien. In der Region Bahia nämlich befinden sich ebenfalls riesige Anbaugebiete für Rohkakao. Brasilien ist der viertgrößte Produzent von Rohkakao auf der Welt. Wie schon auf den Orangenplantagen ist auch auf den Kakaofarmen Kinderarbeit nichts Ungewöhnliches. Ein normaler Arbeiter erhält für seinen Job etwa 15 Euro in der Woche, Kinder und Alte die Hälfte. Mehr als 150 000 Menschen arbeiten auf den riesigen Kakaofeldern unter harten Bedingungen, denn die Herstellung von Rohkakao ist nicht einfach. So müssen die Bohnen in einem 60 Grad heißen Trockenofen, dem so genannten »Estufa«, mit den Füßen klumpenfrei getreten werden. Ein Job, der häufig den Kindern und den alten Menschen überlassen bleibt.

Hinzu kommt die gesundheitliche Belastung durch Pestizide. Denn die »fazendeiros«, die brasilianischen Großgrundbesitzer, lassen den Kakao in riesigen Monokulturen anbauen, und die sind besonders bei Kakao sehr anfällig für Ungeziefer. Dagegen werden wiederum ziemlich giftige Insektizide versprüht – Menschen können davon, wenn sie damit nicht vorsichtig umgehen, Störungen des Nerven-, Atmungs- und Immunsystems erleiden, unfruchtbar werden, Hautkrankheiten und sogar Krebs bekommen. Die Herstellerfirmen liefern zwar Gebrauchsanweisungen und Aushänge für die Landarbeiter in der Landessprache mit. Weil die meisten von ihnen jedoch immer noch Analphabeten sind, hilft das nicht viel.

Und manchmal, wenn sie sich auflehnen, droht ihnen gar ganz unmittelbar Gefahr für Leib und Leben. In der Bewegung der »Landlosen« versuchen besitzlose Bauern seit 20 Jahren, Land zu besetzen und selbst zu bewirtschaften. Um dagegen vorzugehen, haben manche Großgrundbesitzer eigene Söldnergruppen aufgestellt, die so genannten »pistoleiros«. Seit 1986 sind bei Unruhen und Besetzungen an die 120 Menschen verletzt oder gar ermordet worden.

Schlimme Geschichten, gewiss.

Und was hat das alles mit dem deutschen Verbraucher zu tun? Der hat natürlich gern billige Schokolade, und er isst nicht eben wenig davon. 9 bis 10 Kilogramm reine Schokolade verzehrt der durchschnittliche Mitteleuropäer, in der Woche also rund zwei Tafeln, dazu kommen aber auch noch Nutella fürs Brot oder Kaba in der Tasse. Deutschland ist nach Holland und den USA der drittgrößte Verarbeiter von Rohkakao auf der Welt; rund 260 000 Tonnen sind es pro Jahr. Die Weltmarktpreise für eine Tonne Rohkakao sind aber vergleichsweise niedrig und können zwischen 800 und 3700 Euro pro Tonne schwanken.

Ganz ohne Frage ist Deutschland also ein wichtiger Player

auf dem Weltmarkt, der auch mitbestimmt, wie hoch die Erzeugerpreise sind. Je billiger die Schokolade hierzulande wird, desto weniger bekommen die Bauern und Erntehelfer. Oder aber auch: Je günstiger die Tafel im Supermarkt oder beim Discounter ist, desto billiger muss der Hersteller die Rohstoffe einkaufen, und desto weniger wird er dem Erzeuger zahlen.

Wie die günstigen Garnelen ins Tiefkühlregal kommen

Nicht zuletzt durch die Discounter sind viele einstmals als »teuer und edel« geltende Lebensmittel mehr als erschwinglich, nämlich geradezu billig geworden. Man braucht da gar nicht an den berühmten »Aldi-Champagner« zu denken, es genügt schon ein Blick ins Kühlregal. Tiefgefrorene Garnelen zum Spottpreis sind längst gang und gäbe; was einst als Delikatesse für einen besonderen Abend galt, passt im Grunde – vom Preis her – längst auf den täglichen Speiseplan.

Möglich wurde das durch die Industrialisierung der Essenserzeugung. Was auf den Wiesen und Weiden geschah – oder genauer gesagt, dort nicht mehr geschah, weil die Nutztiere nämlich in klimatisierte, rund um die Uhr beleuchtete Fabrikhallen umziehen mussten, um fortan Teil der Agrarindustrie zu werden –, passierte in den späten Siebzigern so ähnlich auf den Weltmeeren. Um Garnelen auf den Tisch zu bringen, mussten nicht mehr Fischer und Fangflotten ausrücken: Man züchtete sie nun. Die Überfischung in der Nordsee machte die Kaltwassergarnele zum raren und ziemlich teuren Produkt, und da kam es gerade recht, dass sich im Pazifik Thailänder, Inder und Indonesier anschickten, die Krustentiere quasi ebenso industriell zu züchten, wie das mit Hühnern, Kühen und Schweinen in Europa geschah.

Anfangs waren die Warmwassergarnelen vor allem für den asiatischen Markt bestimmt. Japan war ein zuverlässiger Abnehmer; dort hatten die Tiere einen gewissen kulturellen Stellenwert als Nahrungsmittel. Der ist geschwunden in der Zwischenzeit, und Europa ist mittlerweile gleich nach Japan der Hauptabnehmer der asiatischen Zuchttiere geworden: In Deutschland kommen 80 Prozent der Rohware und 70 Prozent der schon weiterverarbeiteten aus Asien – also das, was man bei den Lebensmitteldiscountern in der Tiefkühltruhe zu Schleuderpreisen vorfindet.

Der Hintergrund ist allerdings schauerlich: Denn für die Produktion der asiatischen Garnelen werden ganze Landstriche in den Herkunftsländern regelrecht verwüstet. Die Umweltschutzorganisation *Robin Wood* wies bereits 1997 darauf hin und brachte speziell die Discounter, die die Ware aus den wichtigsten Produktionsländern unter die Leute bringen, dadurch in arge Bedrängnis. Denn für die Anlage der Zuchtbecken wird Raubbau an der Natur betrieben, speziell an den großen Mangrovenwäldern in Küstennähe, die ideal geeignet sind für die Aufzucht von Garnelen.

Mangroven, das sind tropische Bäume, die bis zu 70 Meter hoch werden können und im Ökosystem der Küstengebiete eine wichtige Funktion erfüllen. Sie dienen als Schutz gegen die Küstenerosion, gegen Stürme, Überschwemmungen und Fluten. Sie sind ein wichtiger Biotop, weil sich dort Meer- und Flusswasser zu Brackwasser vereinen; ein ideales Gebiet für viele Fische und andere Meerestiere, um zu laichen. Aber eben auch für Garnelen, die sich in küstennahen Gebieten besonders wohl fühlen.

In Thailand wurde während der achtziger Jahre die Hälfte aller Mangrovenwälder für die Anlage von Garnelenfarmen gerodet, auf den Philippinen noch mehr, und in Vietnam »mussten von den einstmals 400 000 Hektar Mangroven zwei Drittel Garnelenfarmen Platz machen, und auch die über 300 000 Hektar der indonesischen Garnelenbecken befinden sich auf ehemaligem Mangrovengebiet«, wie *Robin Wood* klagt. Weltweit, so sagt die Umweltschutzorganisation, sei bereits die Hälfte aller Mangrovenwälder vernichtet.

Schuld daran ist vor allem die intensive Monokultur der Garnelenfarmen. Wo früher 10 000 Garnelen pro Hektar gezüchtet wurden, sind es heute 300 000. So etwas geht nur, indem der Mensch Pestizide, Dünger, Antibiotika und Kraftfutter einsetzt – Chemikalien, die den Boden vergiften. Oft sind die Garnelenfarmen auf dem gerodeten Land schon nach zwei Jahren – was drei bis vier Ernten entspricht – nicht mehr zu gebrauchen. Dann ziehen die Farmer, häufig Großunternehmen aus den reicheren asiatischen Ländern wie Taiwan oder Thailand, weiter. Ins nächste gerodete Gebiet. Um auch dort wieder für zwei, drei Jahre Garnelen »anzubauen«, bis der Boden so verseucht ist, dass dort nichts mehr wächst …

So wird Küstengebiet um Küstengebiet der Garnelenzucht geopfert; die Erzeugnisse gehen fast ausschließlich in den Export – nach Europa, nach Japan. Im Land selbst hat man wenig davon, zurück bleibt eine ökologische Wüste. Den Bauern geht das Trinkwasser aus, versalzen die Brunnen, weil die Garnelenfarmen täglich fast ein Drittel ihres Wassers austauschen müssen. Die Fischer in den Zuchtregionen klagen über einen Rückgang der Fangquoten um bis zu 80 Prozent – weil dort, wo früher Fische ihre Laichgebiete hatten, in den Mangrovensümpfen nämlich, jetzt nur noch Garnelen mehr oder weniger groß werden dürfen.

Die Zusammenhänge hat man natürlich erkannt in den Gebieten, wo die großen Garnelenfarmen liegen. Und so beginnen sich Bauern und Fischer zu wehren. Unterstützung durch den Staat erhalten sie dabei in aller Regel nicht, im Gegenteil. Die Interessen der Macht, oft eng verknüpft mit nationalen und sogar internationalen Konzernen, liegen eben woanders. »Gewaltsame Vertreibung, Einschüchterung durch Gewaltanwendung, illegale Verhaftung, fingierte Anklagen und selbst Folter sind aus Bangladesch, Malaysia, Indonesien und Indien bekannt«, so 1997 der Journalist Gerrit Anfang im *Robin Wood Magazin.*

Da hilft es auch wenig, wenn staatliche Institutionen wie etwa das indische Verfassungsgericht feststellen, dass die Garnelenzucht schlimme soziale und ökologische Folgen hat, weil die Kosten den wirtschaftlichen Nutzen weit übersteigen. Eine im Auftrag des Gerichts erstellte Studie kam beispielsweise zu dem Ergebnis, dass die Garnelenzucht im indischen Bundesstaat Andhra Pradesh mehr als viermal höhere Kosten verursacht, als sie einbringt. Egal, der schnelle und kurzfristige Profit scheint wichtiger zu sein.

Das ist ein Grundsatz, der dem Geschäftsprinzip der großen europäischen Discounter entspricht. Man kann ihnen das noch nicht einmal wirklich vorwerfen – sie sind ja schließlich keine Institutionen zur Verbesserung der Welt. Ihr Zweck ist es, möglichst schnell möglichst viel Geld zu verdienen. Mehr nicht. Sie sind keine moralische Anstalt, sondern eine Gelddruckmaschine.

Die andere Frage ist, was die Kunden dieser Gelddruckmaschine mit ihrem sauer verdienten Geld zu zahlen bereit sind. Man darf vermuten, dass ihnen die ach so preiswerten Garnelen oftmals im Halse steckenbleiben würden, wenn sie wüssten, wie sie wachsen, großgezogen und geerntet werden und welche Auswirkungen die Zucht auf Ökosystem und Menschen im Anbaugebiet haben.

Ein Blumenstrauß aus dem Herzen Afrikas

Dass unsere Lebensmittel nicht direkt vor der Haustür wachsen, daran haben wir uns längst gewöhnt. Insbesondere dann, wenn es sich um einigermaßen exotische Genüsse handelt wie Schokolade oder Garnelen. Nur den wenigsten aber dürfte klar sein, dass der Zehnerstrauß Rosen, der bei Aldi für 1,99 Euro kurz vor der Kasse steht, nicht aus deutschen oder auch europäischen Gewächshäusern stammt, sondern häufig einen ziemlich weiten Weg hinter sich gebracht hat.

Das *Greenpeace Magazin* hat für seine Ausgabe vom März 2005 einmal den Versuch gemacht, der Herkunft der Discountschnittblumen nachzuspüren.

Die Reporterin Marlies Uken erhält freilich unterschiedliche Antworten, mal aus der Essener Aldi-Nord-Zentrale, mal aus der Regionalverwaltung Seefeld. In Holland würden die Schnittblumen eingekauft, heißt es erst. Auf weiteres Nachbohren folgt dann die Antwort, sie kämen unter anderem auch aus Südafrika und Israel, und per E-Mail schieben die Aldis nach: »Unsere Rosen kommen aus Holland und Kenia. Wichtigster Lieferant ist Sher Agencies Ltd., die das Zertifikat von MPS ›Socially Qualified Certificate‹ besitzt.«

Der Zusatz war den Aldi-Leuten wichtig. Denn vermutlich wissen sie, was in vielen Ländern abgeht, die Blumen für den europäischen Markt züchten. So werden in Südafrika, Kenia und Simbabwe Schnittblumen in riesigen Mengen für den internationalen Markt auf großen Plantagen angepflanzt. Sher Agencies, der Aldi-Zulieferer, beschäftigt nach eigenen Angaben allein rund 5500 Arbeiter und ist mit 60 Millionen Rosen pro Jahr einer der größten Blumenproduzenten Kenias. Immerhin, so lobt man sich auf der eigenen Webpage, sei man von der Kenianischen Menschenrechtskommission als vorbildlichster Blumenproduzent des Landes ausgezeichnet worden. Man beschäftige keine Leiharbeiter, unterhalte ein eigenes Krankenhaus, habe Frauenbeauftragte und Umweltschutzprogramme.

Damit stünde man allerdings nicht nur in Kenia höchst vorbildlich da. Normal ist was anderes. In den großen Blumenanbaugebieten in der Region um den Naivasha-See sind die Arbeiter oft schutzlos den hochgiftigen Pestiziden ausgesetzt, sagen Menschenrechtsorganisationen wie FIAN (FoodFirst Informations- und Aktions-Netzwerk) – und das für einen Tageslohn, der selten höher sei als 2 Euro pro Tag. Auch ökologisch seien die riesigen Blumenfarmen höchst bedenklich. Die Farmer bedienten sich unkontrolliert (und kostenlos, versteht sich) am Grund- und Seewasser; Abwässer aus den Plantagen flössen ungehindert in den See. Dadurch komme es häufig zu verstärkter Algenbildung und immer wieder auch zu Fischsterben.

Auswüchse, wie sie auch in anderen großen Blumenplantagen in Südafrika oder Simbabwe vorkommen. Auch dort würden die Arbeiter nach dem Spritzen mit giftigen Pestiziden, die in Europa und den USA verboten seien, häufig viel zu schnell wieder in die Gewächshäuser geschickt, Schutzkleidung gebe es nicht, behaupten Menschenrechtler. Die Arbeiter leiden deshalb häufig an Asthma, Bindehautentzündungen sowie Kopf- und Rückenschmerzen. Was den Umweltschutz angeht, ist man dort nicht sehr viel verantwortungsvoller als in Kenia.

Es würde das Kraut wahrscheinlich auch nicht mehr fett machen. Denn Schnittblumen, die um den halben Erdball geflogen werden, sind aus ökologischer Sicht sowieso Irrsinn.

Dafür sind sie freilich unerreicht billig, und deshalb werden heute ein Drittel aller Schnittblumen nicht mehr beim Floristen gekauft, sondern bei Aldi, Lidl und all den anderen Discountern. Insgesamt macht das einen Jahresumsatz für die Handelsketten von 420 Millionen Euro aus. Dafür nimmt man schon mal ein paar Bedenken in Kauf, was den Umweltschutz oder Menschenrechte angeht. Noch dazu, wenn man ein Zertifikat vorweisen kann.

Das erwähnte MSP-Zertifikat übrigens wird keineswegs von einer unabhängigen Stelle verliehen. Es ist eine Erfindung des holländischen Blumenhandels, eine Art Selbstverpflichtung, mit der Hersteller und Handel sich selbst kontrollieren. Es soll verhindern, dass hochgiftige Pflanzenschutzmittel eingesetzt und Arbeiter ausgebeutet werden.

Wie streng die Kontrolleure sein dürfen, ist leider nicht bekannt.

Der letzte Schrei aus Fernost

Warum unsere Kleider immer billiger werden

Es dürfte nicht mehr allzu viele Menschen geben, die sich darüber wundern, dass die heimische Textil- und Bekleidungsindustrie darniederliegt. T-Shirts für 1 Euro, Jogginghosen für 5, Babystrampler für 3 – jedem dürfte wohl klar sein: Mit deutschen Tariflöhnen ist das nicht zu machen, und zwar schon seit Jahrzehnten nicht mehr.

Heute werden in der Bundesrepublik Deutschland gerade noch knapp 10 Prozent der Kleidung hergestellt, die hier auch verkauft wird – von nicht mehr als etwa 500 Bekleidungsherstellern. Die sind in aller Regel sowieso nur noch für die höherwertige Ware zuständig – Anzüge, Konfektionskleidung. All das, was sich anderswo auf der Welt nicht sehr viel billiger herstellen lässt.

Aber auch da sind längst Veränderungen in Gang. Die Textil- und Bekleidungsindustrie hat mindestens einen entscheidenden Nachteil: Die Fertigungsmethoden haben sich in den letzten 100 Jahren nicht wesentlich verändert: Noch immer braucht es vor allem Handarbeit, um Kleidungsstücke zusammenzunähen, noch immer ist die Nähmaschine das wichtigste Arbeitsmittel. Es braucht keine teuren Hightechgeräte, um eine Kleiderfirma aufzumachen. Genau gesagt: Es gibt auch gar keine teuren Hightechgeräte, die die menschliche Arbeitskraft ersetzen könnten.

Und so ist der Mensch nach wie vor der entscheidende Kostenfaktor in der Bekleidungsindustrie. Die Unternehmensberatungsfirma Kurt Salmon Associates hat Anfang 2005 eine Studie über die Produktionskosten von Bekleidungsherstellern in 75 Ländern veröffentlicht. Demnach sieht es für die westlichen Hersteller ganz, ganz übel aus. Für einen Anzug, den ein Händler in Deutschland bestellt, muss er etwa 70 Euro bezahlen. Exakt der gleiche Auftrag, in der Türkei vergeben, kommt ihn auf 19 Euro, die Transportkosten schon eingerechnet. Lässt er in China nähen, zahlt er gar bloß 7 Euro. Die europäischen Händler, so Kurt Salmon Associates, beziehen mittlerweile 20 Prozent ihrer Ware aus China, und das aus gutem Grund: Wegen der ständig gewachsenen Produktivität der dortigen Textilfabriken haben sich die Beschaffungskosten in den fünf Jahren zwischen 1999 und 2004 nahezu halbiert. Die Transportkosten spielen da nur noch eine untergeordnete Rolle.

*

So weit die Zahlen aus dem Wirtschaftsteil der Presse. Die sagen freilich nichts aus darüber, unter welchen nahezu unglaublichen Bedingungen unsere Kleidungsstücke in den Herkunftsländern zusammengenäht werden. Der naive Verbraucher in Westeuropa mag noch glauben, das Billig-T-Shirt aus dem Kaufhaus sichere wenigstens eine paar armen Näherinnen in Bangladesch oder Kambodscha das Auskommen – und natürlich liegt er damit auch nicht ganz falsch. Denn alles ist besser als Verhungern.

Doch sehen wir uns zuerst einmal an, wer die großen deutschen Textilhändler sind, warum sie es sind und woher sie ihre Waren beziehen. Dass KarstadtQuelle und der Otto-Versand die zehn größten unter den Textileinzelhändlern anführen, dürfte nicht verwundern. Die Metro-Gruppe auf Platz 3 mag schon eher erstaunen; danach folgen C&A sowie H&M. Bereits auf dem nächsten Platz jedoch findet man Aldi als sechstgrößten

Bekleidungshändler der Republik. Es folgen Peek & Cloppenburg und auf Platz 8 Tchibo – der Kaffeeröster aus Hamburg, der den wesentlichen Teil seines Umsatzes längst nicht mehr mit Kaffee erwirtschaftet. Sondern eben auch mit Billigklamotten.

Klamotten vom Kaffeeröster, Nähen nach dem Internet

400 bis 500 verschiedene Textilprodukte wirft Tchibo Jahr für Jahr auf den Markt, meist unter der hauseigenen Marke TCM. Rund ein Drittel seines Jahresumsatzes von 3,3 Milliarden Euro macht Tchibo inzwischen mit Textilien. Die kann man nur in den 870 Filialen kaufen oder in den rund 45 000 Verkaufsstellen in Supermärkten, Bäckereien und Schreibwarenläden, im so genannten »Tchibo-Regal«, in dem es manchmal eben auch Kaffee gibt. Und dann sind die Hamburger ganz groß im Internet. Allein in den ersten neun Monaten 2004 bestellten 4 Millionen Kunden Waren im virtuellen Kaufhaus; damit ist »Tchibo.de« mittlerweile schon auf Platz 3 der Internetwarenhäuser, nach Ebay und Amazon.

Die meisten Kleidungsstücke, die Tchibo vertreibt, kommen aus Asien, in der Regel aus Bangladesch, wo sie in den klassischen Sweatshops und Wellblechfabriken der Freihandelszonen zusammengenäht werden. Darin unterscheidet sich der Kaffeeröster nicht von den anderen großen Textileinzelhändlern Deutschlands. Eine feste, langfristige Zusammenarbeit mit den Zulieferern aus Fernost gibt es in der Regel nicht. Aufträge bekommt, wer verspricht, so billig wie möglich zu produzieren. So billig wie möglich bedeutet in der Regel: Die schwächsten Glieder in der Kette, die Näherinnen und Arbeiterinnen, müssen den Profit für Fabrikbesitzer und Handelsketten erwirtschaften, indem sie mit konkurrenzlos niedrigen Löhnen zufrieden sind. Wobei »zufrieden« natürlich ein großes Wort ist –

denn es bleibt ihnen schlichtweg nichts anderes übrig, als für einen Hungerlohn zu arbeiten.

Der deutsche Zweig der »Kampagne für saubere Kleidung«, einer internationalen Organisation zum Schutz der Menschen- und Arbeitsrechte, beschreibt in einer Broschüre, die im Februar 2005 erschienen ist, das Vorgehen von Tchibo bei der Auftragsvergabe. Dort wird auch ein anonymer Lieferant zitiert: »In jeder Saison werden die Preise gedrückt, alle sechs Monate wird neu verhandelt«, heißt es dort, »viele seiner Aufträge vergibt Tchibo inzwischen über Internetauktionen, und das bedeutet: Der billigste Anbieter bekommt den Auftrag.«

Dies ist keine ungewöhnliche oder wahnsinnig moderne Vorgehensweise, mittlerweile. Der globale Preiswettbewerb ist für die Zulieferer längst zum Normalfall geworden. Die großen Handelskonzerne beschleunigen via Internet ihren Einkauf und haben eine einfache Methode gefunden, die niedrigsten Preise zu ermitteln: die elektronische Versteigerung.

KarstadtQuelle beispielsweise, der deutsche Marktführer, beteiligte sich im August 2000 mit 1 Million Dollar an dem elektronischen Marktplatz »texyard.com«. Texyard, 1999 in London gegründet, versteht sich als eine Art Auktionshaus für die Textil- und Bekleidungsbranche, das vor allem Lieferanten aus dem türkischen und asiatischen Raum an europäische Händler vermittelt. Auf längere Sicht plant Texyard, die gesamte Kette abzudecken: von der Bestellung der Garne und Stoffe bis hin zum Verkauf von Restbeständen.

KarstadtQuelle begann bereits 1999, mit Texyard zu arbeiten, anfangs vor allem mit türkischen Herstellern. Rund 1000 Textilfirmen gibt es dort, die auch international tätig sind, und rund ein Viertel davon arbeitet für KarstadtQuelle. Um die 150 davon, so die Gewerkschaft Verdi, waren von Anfang an beteiligt an den Texyard-Pilotprojekten.

Das System funktioniert denkbar einfach. Die hauseigenen

Karstadt-Designer entwerfen ein Kleidungsstück mit allen Details: Länge der Seitenschlitze, gewünschte Waschtemperatur, Farbe, Garnstärke, Aufnäher und so weiter. Das Muster wird fotografiert, die technischen Details genau aufgelistet, und alles zusammen wird eine Woche vor dem Auktionstermin per E-Mail an alle beteiligten Hersteller versandt. Die müssen dann binnen einer Woche Probeexemplare herstellen und an die KarstadtQuelle-Zentrale nach Essen schicken. Wer dann das günstigste Angebot macht, erhält den Zuschlag.

Für die Einkäufer bedeutet das eine deutliche Arbeitserleichterung. Einkaufstouren durch die Türkei und Asien, die früher mindestens drei Wochen gedauert haben, sind inzwischen in zehn Tagen zu erledigen. Denn die Spreu trennt sich bereits am Bildschirm vom Weizen. Der Händler gibt ein, was er haben will, und erhält binnen weniger Stunden Angebote auf den Monitor. Hersteller, die Angst haben, ihre Anlagen nicht ausgelastet zu bekommen, gehen dabei gerne mal unter das eigentlich angestrebte Limit. Und auch während der Auktion können sich die Preise noch ändern – dann, so wissen die Einkäufer in den Konzernzentrale, hat ein Fabrikant gerade noch mal schnell mit einem Zulieferer telefoniert und bessere Bedingungen beim Stoff oder beim Garn ausgehandelt.

KarstadtQuelle schätzt, dass die Texyard-Auktionen den Beschaffungspreis um bis zu 15 Prozent gesenkt haben. Per Internet hat man Konkurrenz in Echtzeit unter den Zulieferern, und die Einholung von Angeboten geht auch schneller: Was früher bis zu zwei Wochen dauerte und bei Nachfragen natürlich entsprechend länger, ist inzwischen innerhalb weniger Tage, ja gar Stunden möglich. KarstadtQuelle hat inzwischen auch seine Einkaufsbüros in Asien an Texyard angeschlossen und plant längerfristig, den Anteil der per Internet beschafften Ware auf ein Drittel aller Produktsparten zu steigern. Derzeit beträgt der Anteil noch um die 10 Prozent.

Eine schöne, elektronische Zukunft, vor allem für den Marktführer im deutschen Textileinzelhandel. Wenn das Polohemd im Einkauf schließlich nur 3,90 Euro kostet statt der erwarteten 4,50 Euro – das ist natürlich ein voller Erfolg für das Team, und wahrscheinlich hat ja auch der Verbraucher was davon, weil das Hemd so billiger verkauft werden kann als ursprünglich kalkuliert.

*

Man braucht nicht lange zu rätseln, auf wessen Kosten diese Einsparungen möglich sind. Die internationale Bekleidungsindustrie gilt als eine der härteren Branchen, was die sozialen Bedingungen und die Löhne angeht. Häufig sind es einfache Frauen vom Land, angelernte Näherinnen, die hier ihr Auskommen finden oder etwas zum Familieneinkommen beitragen.

Neun Zehntel der allein in Deutschland verkauften Bekleidungsstücke aller Art kommen aus dem Ausland, und in aller Regel aus den Sonderwirtschaftszonen Asiens, Lateinamerikas und Osteuropas. Was den deutschen Markt angeht, handelt es sich dabei häufig um Importe aus Bangladesch, Indonesien, Sri Lanka und China. Gerade Letzteres gilt weltweit als der Zukunftsmarkt schlechthin, was Textilien angeht. Schon heute produziert China 20 Prozent aller Kleider, die auf dem Weltmarkt gehandelt werden – und in wenigen Jahren, so schätzen Experten, werden es 50 Prozent sein.

Die Sonderwirtschaftszonen: Wie China die Welt anzieht

Möglich geworden ist die Vernichtung von Millionen von Arbeitsplätzen in den westlichen Industrieländern und ihre Verlagerung in Entwicklungsländer vor allem durch die Schaffung von Sonderwirtschaftsgebieten und freien Exportzonen seit

Mitte der sechziger Jahre. Damals galten sie als Patentrezept für den wirtschaftlichen Aufstieg unterentwickelter Länder und Regionen. Freie Exportzonen oder Sonderwirtschaftsgebiete, das bedeutet nach der Definition der Internationalen Arbeitsorganisation (ILO), einer Unterorganisation der UNO, eine »Industriezone mit speziellen Anreizen für ausländische Investoren, in denen importierte Materialien weiterverarbeitet und dann reexportiert werden«. Wachstumsimpulse für die heimische Wirtschaft versprachen sich die jeweiligen Regierungen davon, weniger Arbeitslose, mehr Devisen. Deshalb gab es Subventionen, Steuererleichterungen, laxe Arbeitsgesetze und die Bereitstellung von Infrastruktur wie Straßenanbindungen oder Hafenanlagen.

Freilich, die Erwartungen, die manche in die Sonderwirtschaftsgebiete setzten, haben sich selten erfüllt. Zwar stellen in manchen Ländern wie China, der Tschechischen Republik, Mexiko oder Vietnam die in den Sonderwirtschaftsgebieten produzierten Güter gleich vier Fünftel der gesamten Güterexporte dar. Aber zu steigendem Wohlstand für einen ansehnlichen Teil der Bevölkerung führte das so gut wie nie. Taiwan, Südkorea und Singapur sind eigentlich die einzigen positiven Beispiele. In den meisten anderen Ländern war das Ergebnis nur, dass ausländische und gelegentlich auch inländische Investoren traumhafte Bedingungen vorfanden: billige Arbeitskräfte, meist junge unterprivilegierte Frauen, die auf sozialen und wirtschaftlichen Aufstieg hofften und für wenig Geld viel schufteten; wenig Kontrollen und kaum Ärger mit Gewerkschaften.

Eine neue Qualität, wenn man das denn so nennen will, ergab sich in Sachen Sonderwirtschaftsgebiete Anfang der achtziger Jahre. 1979 hatte die chinesische Staats- und Parteiführung ihre Wirtschaftspolitik der »offenen Tür« beschlossen. Der Name hätte, im Nachhinein betrachtet, nicht sinnfälliger gewählt sein können. Denn sperrangelweit wie ein offenes Scheunentor machte die chinesische Führung Platz für eine neue Zeit des Wirtschaftens. Mit viel staatlichem und privatem Kapital wurden »Zentren kapitalistischer Marktwirtschaft« gegründet; Sonderwirtschaftszonen entstanden in den Städten Shenzen, Zuhai und Shantou in der Provinz Guangdong sowie in Xianmen-Stadt in der Provinz Fuijian.

Der Staat gab viel Geld aus für die Schaffung der notwendigen Infrastruktur und für den Aufbau riesiger Fabriken. Erklärtes Ziel war es, das Land vor allem für den Export zu industrialisieren. Die Industrie sollte nach marktwirtschaftlichen Gesetzen arbeiten, aber dennoch vom Staat kontrolliert werden; das Geld sollte bald schon von ausländischen Investoren und vor allem von Auslandschinesen aus Hongkong und Macau kommen.

Und es kam auch, denn Investitionen in die riesigen chinesischen Freihandelszonen rentierten sich schnell. Die chinesischen Behörden gewährten Steuerfreiheit und beste Steuervorteile, insbesondere für Großinvestitionen ab 5 Millionen Dollar, die über mehr als fünf Jahre getätigt wurden. Von den Arbeitsgesetzen her herrschten in den Sonderwirtschaftszonen von Anfang an die Prinzipien einer weitgehenden Privatisierung, und im Grunde konnten die Arbeitgeber die Bedingungen in den Fabriken nach ihrem Gusto festlegen. Traumhafte Konditionen also für Investoren.

Die chinesische Regierung setzte diese Beschlüsse mit einer atemberaubenden Konsequenz durch, wie es kaum irgendwo in der kapitalistischen Welt möglich wäre. Dabei gelang es ihr auch, die lokale Wirtschaft in einem Maße einzubinden, wie es in wenigen Entwicklungsländern machbar gewesen ist: 40 Prozent der Zulieferungen stammen aus dem Land selbst. Das Interesse am chinesischen Milliardenmarkt war groß, und die Staatsführung nutzte dieses Interesse rücksichtslos aus – auch auf dem Rücken der Beschäftigten, versteht sich.

In wenigen Jahren entstanden so hunderte von Sonderwirtschaftszonen in ganz China. Heute befinden sich zwei Drittel der insgesamt rund 3000 Freien Exportzonen auf dem Gebiet der Volksrepublik. Überwiegend handelt es sich dabei um Industriebetriebe, die viele und billige Arbeitskräfte brauchen können, wie die Textil-, die Bekleidungs- und Spielwarenindustrie. Es gibt in der Volksrepublik aber inzwischen auch 49 staatliche Technologie- und 53 Hightechzonen. Was zeigt, dass die Entwicklung längst auch in Richtung höherwertiger Wirtschaftsgüter geht.

Rund 30 Millionen Chinesen sind heute in den Sonderwirtschaftszonen der Volksrepublik beschäftigt und produzieren fast 90 Prozent der Auslandsexporte des riesigen Landes. Sie arbeiten hauptsächlich für den Export in die westlichen Länder, und sie zählen zu den billigsten Arbeitskräften der Welt. Zwar verdienen sie noch etwas mehr als die Kolleginnen und Kollegen in Bangladesch, Indien oder Indonesien – aber die Produktivität in den chinesischen Fabriken ist deutlich höher, und das macht die Lohnkosten pro Stück produzierter Ware niedriger. Üppig sind die Löhne sowieso nicht: In der Stunde verdient eine chinesische Näherin etwa 0,68 US-Dollar.

Stadt der Socken, Stadt der Abendkleider

Einen Schwerpunkt bildet nach wie vor die Bekleidungsindustrie; 15 Millionen Chinesen, so schätzt man, schneidern und nähen für den Weltmarkt. Allein in der Provinz Guangdong sind fast 5 Millionen Menschen, in ihrer überwiegenden Mehrheit Frauen und Wanderarbeiterinnen, in rund 30 000 Bekleidungsfabriken beschäftigt. Ganze Städte sind spezialisiert auf einzelne Bekleidungsstücke. So gilt Datang in der Provinz Zhejiang als die »Stadt der Socken«: 9 Milliarden Paar werden hier jedes Jahr hergestellt, womit man locker die gesamte Weltbevölkerung versorgen könnte. Das bringt rund 1,6 Milliarden Dollar ein.

Die Krawattenhauptstadt des Planeten hingegen befindet sich in Shenzhou, nicht weit von Datang entfernt. 300 Millionen Krawatten werden hier pro Jahr hergestellt, im Gegenwert von 1,2 Milliarden Dollar. Westlich von Shenzhou befinden sich riesige Städte, in denen vorwiegend Pullover oder Kinderkleidung gefertigt werden. 225 Millionen Jeans werden jährlich vor allem in Xintang und Zengcheng in der Provinz Guangdong zusammengenäht; Hochzeitsroben und Abendkleider bekommt man in Chaozhou, im Norden derselben Provinz: Eine halbe Milliarde davon werden in dieser Stadt jährlich produziert.[26]

Alle diese Zahlen, so beeindruckend sie bereits klingen mögen, gelten noch für eine Zeit der Beschränkungen. Der Beschränkungen, die das so genannte »Welttextilabkommen« der Welthandelsorganisation (WTO) von 1995 auferlegt hatte, und jener, die zuvor schon durch das »Multi-Faser-Abkommen« im Zuge der GATT-Beschlüsse von 1974 festgelegt worden waren. Vereinfacht ausgedrückt, handelte es sich in beiden Fällen um bestimmte Quoten, die von den großen Industrienationen für die Entwicklungsländer festgesetzt wurden. Beide Abkommen sahen Mengenbeschränkungen für den internationalen Textil- und Bekleidungshandel vor – damit wollte man der heimischen Industrie die Möglichkeit geben, durch Umstrukturierung auf die Konkurrenz aus den unterentwickelten Ländern mit ihren niedrigen Arbeitskosten zu reagieren.

Besonders erfolgreich war diese Politik schon bislang nicht, wie man am Niedergang der Bekleidungsindustrie in den wohlhabenden Staaten des Westens beobachten kann. Obendrein wussten aufstrebende Bekleidungshersteller in den Entwicklungsländern die ihnen zugestandenen Quoten geschickt zu umgehen. War die Quote in ihrem Land erfüllt, so wichen sie

einfach auf ein anderes Entwicklungsland und dessen Sonderwirtschaftszonen aus, in denen noch Kleidung produziert werden konnte. Im Laufe der Zeit sind so rund 160 Länder zusammengekommen, in denen Textilien für den Weltmarkt produziert werden.

Seit 1. Januar 2005 ist es freilich vorbei mit der Quotierung;
das Welttextilabkommen ist ausgelaufen. Nun können die, die
dazu imstande sind, nahezu unbeschränkt produzieren und
exportieren. Zu den großen Gewinnern des Endes der Quote,
da sind sich alle Experten einig, wird China gehören. Beherrscht
das Riesenreich schon jetzt 20 Prozent des Weltmarkts für
Kleidung, so soll es binnen weniger Jahre gut die Hälfte sein.
Das jedenfalls ist das ehrgeizige Ziel der chinesischen Regierung. China will die Nummer eins auf dem Planeten werden,
was die Herstellung von Bekleidung angeht. Es gibt inzwischen
wenige, die noch Zweifel daran hegen, dass das auch gelingen
wird.

Ein derartig erstaunliches Wachstum ist natürlich nicht einfach von oben zu verordnen und ist auch nicht möglich, ohne
dass es Leidtragende gibt. Die befinden sich weiß Gott nicht nur
in den Industrienationen, deren Bekleidungsfabriken kaputtgehen. Nein, es trifft natürlich auch die Arbeiterinnen und Arbeiter in den ländlichen Gebieten Chinas, die zwar einerseits Arbeit bekommen, diese aber zum Teil unter menschenunwür-
digen Bedingungen. Liest man die Schilderungen aus den
Sonderwirtschaftszonen Chinas, so möchte man fast den Eindruck gewinnen, die Staats- und Parteiführung wolle Friedrich
Engels' Klassiker *Die Lage der arbeitenden Klasse in England*
aus dem Jahre 1845 in einer megalomanen Neuinszenierung
auf die Bühne der Welt bringen. Eine Art Superkapitalismus auf
sozialistisch; geradeso als wollten die letzten verbliebenen,
wirklich noch mächtigen Führer der internationalen Arbeiter-
klasse den Kapitalisten zeigen, wie man ein gnadenloses Wirt-

schaftssystem tatsächlich mit größtmöglicher Konsequenz aufbaut und durchzieht.

Wollte man zynisch sein, könnte man hinter all dem ja auch eine gigantische, kommunistische Weltverschwörung vermuten. Denn wann ist der Kapitalismus laut Marx und Engels reif für die sozialistische Revolution? Auf der Stufe seiner höchsten Entwicklung und Ausprägung, wenn die Massen zu verelenden beginnen ... Und das kann ja nicht mehr so lange dauern, wenn die Chinesen unsere Arbeitsplätze mittels Dumpingpreisen vernichten, oder?

Vorderhand freilich werden erst einmal Arbeitsplätze geschaffen, und zwar in erster Linie an der Ostküste Chinas, wo Millionen von Wanderarbeitern aus dem Landesinneren Beschäftigung finden in den riesigen Fabrikanlagen der Exportzonen. Sie arbeiten dort für chinesische Fabrikanten, für ausländische Investoren, und sie stellen Kleidungsstücke her für Markenproduzenten aus der ganzen Welt. Für H&M und C&A, für Peek & Cloppenburg, für Otto und Calvin Klein, für Adidas, Nike, Reebok, Speedo und Fila. In der Tat gibt es kaum einen europäischen oder amerikanischen Markenartikler, der seine Waren nicht in China produzieren lässt.

In den Bestimmungsländern jedoch weiß man noch immer wenig über die Produktionsbedingungen in den Fabriken da unten im fernen China. Zwar sind die Fabriken und Sweatshops in Indonesien, Kambodscha und Bangladesch schon fast zum Symbol geworden für die Globalisierungskritik; Fallbeispiele aus jenen Ländern füllen die einschlägigen Bibeln der Antiglobalisierer – von Naomi Kleins *No Logo* bis zum deutschen *Schwarzbuch Markenfirmen* von Klaus Werner und Hans Weiss, weil sie das ganze Elend von internationalem Handel und Produktion bestens auf den Punkt bringen und weil vor allem internationale Markenfirmen, speziell aus der Sportartikelbranche, daran verdienen. In China jedoch ist die Recherche schwieriger, und anscheinend ist das Land wohl deshalb noch nicht so sehr ins Rampenlicht der Globalisierungskritik geraten.

Arbeiten im sozialistischen Superkapitalismus

Es liegen jedoch durchaus schon eindrucksvolle Berichte vor. So veröffentlichte die Menschenrechtsorganisation »Hong Kong Christian Industrial Committee« am 16. September 2004 einen Forschungsbericht über die »Arbeitsbedingungen in Zulieferfabriken deutscher Einzelhandelsunternehmen und Markenfirmen in China«.[27] Der Bericht befasst sich mit der Einhaltung von Arbeitsnormen, wie sie die Internationale Arbeitsorganisation (ILO) als bindend vorsieht. Insgesamt fünf größere Fabriken in der Provinz Guangdong wurden dabei in der ersten Jahreshälfte 2004 untersucht, und die Ergebnisse sind erschreckend.

Drei der fünf Fabriken gehören Investoren aus Hongkong, sie beliefern zahlreiche deutsche und internationale Einzelhandelsunternehmen wie den Otto-Versand, C&A oder Adidas, die anderen beiden stellen Baseballkappen und Sportsocken für Adidas und Puma her. Die kleineren Betriebe unter ihnen beschäftigen zwischen 200 und 400 Arbeiterinnen. Das sind vorwiegend Frauen aus der Region, die zuvor meist als Wanderarbeiterinnen in der Landwirtschaft tätig waren und in den Fabriken auf einen sicheren Job gehofft hatten, der ihnen ein geregeltes Auskommen auf Dauer sichern sollte. Die größeren Fabriken beschäftigen zwischen 3000 und 3800 Arbeiterinnen, so das Ergebnis der Studie.

Ob groß, ob klein: Allen Fabriken gemeinsam ist, dass die reguläre Arbeitszeit von acht Stunden pro Tag reine Illusion ist – vor allem während der Produktionsspitzenzeiten, wenn die Abnehmer in den westlichen Ländern mal wieder einen Großauftrag vergeben haben, der in wenigen Wochen abgewickelt sein soll. Dann sind lange Arbeitszeiten von bis zu 13 Stunden täglich normal. Herrscht jedoch Flaute bei der Auftragslage, und das kommt immer mal wieder vor, können sich die Arbeiterinnen nicht auf ihren Arbeitsplatz verlassen.

Mit der Arbeitszeit schwankt dann auch das Einkommen sehr stark. Arbeitsverträge in Schriftform gibt es häufig nicht, es gibt keine Sozialversicherung, wie es eigentlich im Gesetz vorgeschrieben ist, und auch bei Arbeits- und Gesundheitsschutz liegt einiges im Argen. Der bezahlte Stücklohn, so ergab die Studie des christlichen Verbandes, ist meist sehr niedrig und liegt häufig sogar noch unter der gesetzlich vorgeschriebenen Mindestgrenze.

Am aufreibendsten für die Beschäftigten sind jedoch die Arbeitszeiten. Während der Spitzenzeiten beginnt die Arbeit morgens zwischen 7.30 und 8 Uhr und kann schon mal bis 2 Uhr nachts dauern, wenn es die Produktion erfordert. Zwei bis fünf Überstunden pro Tag gelten dann als normal; in allen untersuchten Fabriken war es ebenso selbstverständlich, dass es während der Produktionsspitzen nur einen Tag pro Monat, manchmal auch gar keinen Tag frei gab.

Überstunden werden in aller Regel schlechter bezahlt, als es das Gesetz eigentlich vorschreibt. Die allgemein übliche Bezahlung richtet sich sowieso nach dem Stücklohn. So kommen die Arbeiterinnen in einer Fabrik in der Regel auf einen Stundenlohn von umgerechnet nur 0,22 Euro, obwohl der gesetzlich vorgeschriebene Mindestlohn pro Stunde in dieser Region eigentlich bei 0,26 Euro liegt.

Dies ist durchgängiges Muster in allen untersuchten Fabriken. Und bei den Überstunden verhält es sich nicht sehr viel anders. Die gesetzlichen Vorgaben – 50 Prozent mehr als der Lohn für normale Arbeitszeit – wird praktisch nirgends eingehalten. Das Ergebnis der Studie: »Es ist offensichtlich, dass angesichts der geleisteten Überstunden (die Arbeiterinnen leisten in Produktionsspitzen täglich im Durchschnitt fünf Überstunden) die Arbeiterinnen nicht nach Vorschriften entlohnt werden.«

Wo kein Kläger, da kein Richter: Freie Gewerkschaften sind in der Volksrepublik China natürlich nicht erlaubt. Die staatlichen aber stecken mit den Fabrikanten meist unter einer Decke und haben das gleiche Ziel – die Entwicklung der sozialistischen Marktwirtschaft, die letztlich nur eine perfide Abart der freien, kapitalistischen zu sein scheint. Freilich, völlig enthemmt und entfesselt darf auch in China nicht gewirtschaftet werden. In den ersten Jahren der chinesischen Sonderwirtschaftszonen waren die Missstände noch wesentlich krasser. Im Jahr 2000 verschärfte die Regierung in Beijing die Gesetze, sorgte wenigstens für ein bisschen Entlastung der Arbeiterschaft. Dennoch, man sieht es an den Beispielen, die das »Hong Kong Christian Industrial Committee« gesammelt hat: Von den ohnehin schon nicht sehr opulenten Grund- und Mindestlöhnen, wie sie die Internationale Arbeitsorganisation (ILO) vorsieht, ist man weit entfernt.

Das gilt auch für die Arbeitssicherheit und den Gesundheitsschutz. Die großen Fabrikhallen sind oft nur notdürftig mit Ventilatoren ausgerüstet, die Raumtemperatur ist sehr hoch, weil die Nähmaschinen dicht an dicht gereiht sind, um Platz zu sparen. Die Näherinnen leiden nicht selten unter Allergien, Asthma und Atemproblemen, weil die Stoffe, mit denen sie arbeiten, oft sehr stark flusen. Auch Haltungsschäden sind normal – in den Fabriken gibt es kaum verstellbare Arbeitstische oder Stühle, die überlangen Arbeitszeiten tun ein Übriges. Die medizinische Versorgung ist in aller Regel miserabel, einen Gesundheitscheck gibt es meist weder bei der Einstellung noch später.

Das alles braucht es auch nicht, wenn es nach den Fabrikanten geht. Schließlich rechnet man ohnehin eher mit kurzzeitiger

Beschäftigung der Angestellten. Die meisten von ihnen bekommen Einjahresverträge. Selbst da schreibt das chinesische Recht zwar Renten-, Arbeitsunfall-, Mutterschutz- und Krankenversicherung vor. In der Praxis aber wird auf solche sozialen Errungenschaften verzichtet. Die Wanderarbeiterinnen sind froh, dass sie überhaupt einen Job haben, und kennen meist auch die einschlägigen Vorschriften gar nicht. Fast alle Wanderarbeiterinnen, so hat das »Hong Kong Christian Industrial Committee« bei seinen Befragungen festgestellt, glauben immer noch, dass sie kündigen müssen, wenn sie schwanger werden sollten. Gesetzlich jedoch steht ihnen eigentlich ein 90-tägiger Mutterschutz zu.

Ansonsten sind die Arbeiterinnen in den Fabriken rundum versorgt – wenn man das so sehen will. Die meisten der großen Betriebe bieten den Angestellten sogar Unterkunft in Schlafsälen. Sie wohnen dort in Räumen, in denen 8 bis 20 Personen hausen, Waschgelegenheiten und Toiletten werden geteilt. Das kostet monatlich zwischen 1 und 2,50 Euro an Kosten für Wasser und Strom. Essen kann man in den großen Werkskantinen; oft wird das Geld für die Mahlzeiten schon vom Lohn abgezogen. »Die Ausgaben für Essen und Unterkunft«, so heißt es in der Untersuchung, »werden zum Problem, wenn in der Nebensaison die nach Stückzahl entlohnten Arbeiterinnen kein stabiles Einkommen haben und nicht durch einen Mindestlohn abgesichert werden.«

Was bringen die Verhaltenskodizes wirklich?

Natürlich sind derartige Arbeitsbedingungen nicht nur nach unseren Maßstäben unzumutbar. Westliche Organisationen wie die »Clean Clothes Campaign« (CCC), die sich um die Einhaltung von grundlegenden sozialen und wirtschaftlichen Standards in den Sweatshops und großen Textilfabriken der Entwicklungsländer bemüht, drängen immer wieder auf die Beachtung dieser Maßstäbe. Die Erfolge sind zwar nicht überwältigend, aber immerhin schon mal ein erster Schritt. Die großen Markenunternehmen und Textilkonzerne sehen sich durchaus gezwungen, die Einwände ernst zu nehmen, um ihrem Image nicht zu schaden.

Fast alle der großen Einkaufsunternehmen haben unter dem Druck der öffentlichen Meinung inzwischen eigene »Codes of Conduct«, Verhaltenskodizes aufgestellt. Die sollen gewährleisten, dass die Waren in den Ursprungsländern unter einigermaßen anständigen Bedingungen für die Beschäftigten hergestellt werden. Diese Verhaltensregeln lesen sich allesamt recht engagiert und sehr rigoros, was Verstöße angeht.

In der Praxis jedoch sind sie häufig das Papier nicht wert, auf dem sie geschrieben stehen. Nicht nur, weil die wenigsten Unternehmen eine unabhängige Prüfungsinstanz eingesetzt haben und ihren Verhaltenskodex lieber von den eigenen Leuten überprüfen lassen. Die aber dürfen sicher auch nicht allzu oft einen konkurrenzlos günstigen Anbieter anschwärzen und stattdessen einen teureren, dafür aber sozialeren Konkurrenten empfehlen. Sondern auch, weil die Vertragsunternehmen in den Sonderwirtschaftszonen oftmals alles tun, um die Vorschriften, die die Abnehmer machen, zu umgehen. Im Falle der fünf chinesischen Fabriken, die beispielhaft untersucht worden sind, gibt es bei mindestens zwei Betrieben glaubhafte Berichte über gefälschte Dokumente, was Arbeitszeit und Arbeitslohn betrifft, aber auch andere Manipulationen.

So werden sprachgewandtere Arbeiterinnen gerne mal an genau den Tagen von der Arbeit freigestellt, an denen eine Untersuchung durch die westlichen Einkaufsunternehmen angekündigt ist; andere werden bewusst dazu angehalten, falsche Antworten auf die Fragen der Kontrolleure zu geben, und erhalten manchmal eine Sonderprämie, wenn sie die Standardantworten, die ihnen die Geschäftsführung vorgibt, auch brav aufsagen. Arbeiterinnen, die noch nicht volljährig aussehen, werden an solchen Tagen sowieso weggeschickt.

*

All diese Schilderungen unterscheiden sich nicht allzu sehr von denen, die seit Jahren aus den Sonderwirtschaftszonen in Sri Lanka berichtet werden. Ausbeuterische, ja zum Teil sogar geradezu lebensgefährliche Arbeitsbedingungen sind ein fester Bestandteil der Billigproduktion von Textilien und Kleidungsstücken. Auf Deutsch gesagt: Anders ließen sie sich gar nicht zu diesen niedrigen Preisen herstellen.

Sowohl die Produzenten als auch die Abnehmer in den westlichen Nationen leben aber nicht nur von der Arbeitskraft derer, die sie zu unverschämt niedrigen Lohnkosten beschäftigen. Sie leben auch davon, dass die Menschen in den Ländern des Wohlstands kaum wissen, wo genau und unter welchen konkreten Bedingungen die Kleidungsstücke gefertigt wurden, die sie auf dem Leib tragen. Wüssten die Kunden, wie mit der Näherin umgegangen wird, die sein Zwei-Euro-T-Shirt von Tchibo oder Aldi im Akkord zusammengenäht hat – sie würden es möglicherweise nicht kaufen.

In der Tat ist es sehr schwer, die Herkunft eines bestimmten Kleidungsstücks nachzuverfolgen. Von den Handelsketten erfährt man dazu in aller Regel wenig bis gar nichts. Vielleicht wissen sie es oft sogar selbst nicht so genau. Derartige Waren werden von Handelsunternehmen, die ihr Kerngeschäft nicht im Textilbereich sehen, meist in großen Mengen bei einschlägigen Importeuren bestellt. Die wiederum machen dann Lieferverträge mit Firmen in den Sonderwirtschaftszonen.

Der deutschen »Kampagne für saubere Kleidung« ist es immerhin gelungen, einzelne Aktionsware von Tchibo bis hinunter zu großen Fabriken in Indonesien einigermaßen gesichert nachzuweisen. Dabei hat sich herausgestellt, dass die Hamburger Importeure häufiger auch mit Aldi und anderen Discountern im Geschäft sind, wenn es um Bekleidung geht.

Aber dass der Discount dort einkauft, wo die Ware am billigsten ist, wird ohnehin niemand mehr bezweifeln.

Der weltweite Geiz

Die Verantwortung der großen Handelsketten

Wäre es nicht ein bisschen komisch, den Aldi oder Lidl an der nächsten Straßenecke für alles Elend dieser Welt verantwortlich zu machen? Doch, das wäre erst einmal komisch. Die Herren Albrecht, Schwarz, Schlecker, Roth und wie sie alle heißen, beuten keine Kinder in Südamerika, Afrika oder Südostasien aus. Jedenfalls nicht willentlich. Sie sind auch nicht für die Abholzung des Tropenwalds verantwortlich, nicht für die Überfischung der Meere oder für den Treibhauseffekt. Man wird ihnen auch kaum vorwerfen können, dass kleine Bauern und Handwerker in Osteuropa kaputtgehen, weil ihre Kunden nicht mehr zu ihnen kommen, sondern lieber in die großen Einkaufszentren fahren, wo es billiger ist, das Essen und all die Dinge des täglichen Bedarfs, die man zum Überleben nun einmal braucht.

Und nichts anderes ist letztlich das Ziel der großen Discounter: viel Geld verdienen auf einfache Weise mit Dingen, die die Menschen haben wollen; für die sie bereit sind Geld auszugeben. Nicht so viel, wie anderswo, aber doch in einem Maße, das dem Händler einen mehr als gesunden Profit verspricht.

Dass dies nicht immer zu haben ist, ohne dass andere Dinge auf der Strecke bleiben, versteht sich von selbst. Natürlich kann man nicht die günstigsten Preise auf dem Markt bieten und seine Lieferanten trotzdem zu Reichtum und Wohlstand führen. Das heißt: die Lieferanten vielleicht schon. Aber nicht auch noch jene, die für den Lieferanten arbeiten müssen. Und sollen die vielleicht nicht besser selbst drauf achten, wo sie bleiben? Schließlich kann man nicht alle Verantwortung auf jene abwenden, die am einen Ende der Kette stehen. Es müssen auch die anderen Glieder mitziehen. Wer wollte ausgerechnet vom Letzten in dieser Warenkette verlangen, an alle anderen Glieder zu denken. Ist das nicht ein wenig viel verlangt?

Natürlich ist diese Sichtweise nicht ganz falsch. Die Globalisierungskritik in ihrer eher schlichten Form macht gerne mal Welt- und Markenkonzerne wie Nike, Reebok, Tommy Hilfiger oder auch Toys'R'Us und Matell nahezu allein verantwortlich für das, was an Sauereien nicht nur in Entwicklungsländern geschieht. In der Tat gibt es Kinderarbeit und Ausbeutung in der Dritten Welt gerade auch deshalb, weil diese großen Konzerne die Fabriken in ihren ursprünglichen Heimatländern dicht gemacht haben und die Arbeitsplätze dorthin verlagert haben, wo Kinder, Frauen und Alte für einen Hungerlohn schuften müssen, bis sie nicht mehr können.

Aber tun sie das, die Firmenlenker und Konzernherren, weil sie grundsätzlich schlechte Menschen sind, bis ins Mark verdorben und verroht? Oder ist es nicht vielleicht doch eher so, dass es schlicht und einfach möglich und erlaubt ist, solange niemand dagegen protestiert, und deshalb eben einfach gemacht wird? Die Politik, der jeweilige Staat, stellt es schließlich nicht unter Strafe, Arbeitsplätze in Billiglohnländer zu verlagern. Und dort unten, so scheint es, ist man froh, Arbeit zu bekommen. Die Regierungen dort stünden doch auch in der Pflicht, für ihre Bevölkerung zu sorgen. Müssten nicht sie für die Einhaltung der Gesetze sorgen, ja sogar erst einmal überhaupt für Gesetze sorgen, die beispielsweise Ausbeutung, Kinderarbeit und Umweltzerstörung wirksam verhindern? Und den Kunden in der westlichen Welt, so scheint's, ist es ohnehin weitgehend egal, unter welchen Bedingungen und mit welchen Folgen die Waren, die sie so konkurrenzlos günstig erwerben, geerntet, weiterverarbeitet oder hergestellt werden. Hauptsache, sie können sie sich leisten.

An dieser Argumentation ist vieles richtig. Aber es ist auch vieles falsch daran. Keiner ist völlig ohne Macht, ohne Einfluss und auch ohne Verantwortung in diesem Spiel, das der Vereinfachung halber »Globalisierung« genannt wird. Dabei handelt es sich genau genommen eigentlich nur um die weitgehende Verlagerung der industriellen Produktion in Billiglohnländer und nicht um eine weltweite Vereinheitlichung der Waren- und Produktionswelt, wie der Name nahelegt. Keine Frage, wo sich die vermeintlich schwächsten Glieder dieser Vermarktungsketten befinden – ganz unten, in den Sweatshops oder in den Fabrikhallen, in denen billige Baseballkäppis hergestellt werden in Zwölf- und Dreizehnstundenschichten, wenn es die Auftragslage gerade erfordert. Auf den Feldern und Plantagen, wo auch noch Kinder und Großeltern mithelfen müssen, weil das, was für den Ertrag gezahlt wird, kaum zum Überleben reicht. Oder vielleicht auch in den jahrtausendealten Ökosystemen, die plötzlich zusammenbrechen. Aber sich dann wenigstens, wenn man so will, in Form veritabler Naturkatastrophen rächen können.

Über den Einfluss von Politik und Verbrauchern wird später noch zu reden sein. Fürs Erste wollen wir uns ansehen, welche Macht und Verantwortung jene am oberen Ende der Kette haben. Jene, die billige Waren an den Mann und an die Frau bringen, und woher sie diese beziehen, wenn sie international tätig sind. Das sind alle, die eine gewisse Bedeutung auf dem Markt haben.

Wer aber eine derartige Macht auf dem Markt hat, in der wichtigsten Wirtschaftsnation der Europäischen Gemeinschaft, der hat eben auch eine Verantwortung. So wie die Politik Verantwortung hat und der einzelne Verbraucher. Nicht mehr vielleicht, aber auch nicht weniger.

Der Discount, die neue Internationale des Konsums

Die großen Handelskonzerne können sich längst nicht mehr auf die Position zurückziehen, sie seien nur eine Art Zwischenhändler, die ja lediglich im deutschsprachigen Raum tätig seien und die sich nicht groß um den Rest der Welt kümmern könnten. Die großen Discounter sind schon lange über die Schwelle der Internationalisierung gegangen, haben nicht nur zahlreiche Filialen im europäischen Ausland, sondern organisieren ihren Einkauf längst weltweit. Sie kaufen dort ein, wo es am billigsten ist, und das auch schon mal ohne Rücksicht auf Verluste – ob willentlich oder aus Naivität, weil man vom einfachen Einkäufer aus Essen-Schonnebeck nicht verlangen kann, dass er sämtliche Abgründe der Weltwirtschaft kennt, das sei erst einmal dahingestellt.

Abgesehen davon endet der Horizont der großen Einzelhändler schon längst nicht mehr dort, wo die deutschen Landesgrenzen sind – oder soll man sagen »waren«? –, ja noch nicht einmal an der Grenze des deutschen Sprachraums. Den Großen der Branche ist es schon seit Jahrzehnten zu eng geworden an ihren Heimatstandorten. Sowohl die Metro-Gruppe als auch Tengelmann erwirtschaften die Hälfte ihres Umsatzes im Ausland, und auch Aldi und Lidl können ein gutes Drittel Auslandsumsatz vermelden. So haben wir es also tatsächlich nicht mit im Herzen doch kleinbürgerlich-deutsch gebliebenen Einzelhändlern zu tun, denen man noch den verstaubten Charme des kleinen Krämerladens anzusehen meint, mit dem einst alles anfing. Sondern mit international tätigen Konzernen.

Bei Aldi begann diese Entwicklung schon in den sechziger Jahren, als noch lange nicht vorhersehbar war, zu welcher späteren Größe das Unternehmen einmal heranwachsen sollte. Bereits 1967 übernahm die Aldi-Süd-Gruppe einen kleineren Filialisten in Österreich mit dem Namen Hofer – einer der wenigen Fälle im Aldi-Imperium übrigens, in dem man nicht selbst eine neue Filialkette aufbaute, sondern einen bestehenden Namen übernahm. Der Alpen-Aldi heißt noch heute Hofer, und die Österreicher lassen jeden siebten Euro, den sie für Lebensmittel ausgeben, in den rund 340 Filialen. Anfangs allerdings hatten die deutschen Discounter mit erheblichen Schwierigkeiten zu kämpfen und auch mit hinhaltendem Widerstand der inzwischen Pleite gegangenen Konsum-Kette. Sogar ein »Anti-Hofer-Gesetz« stand 1975 zur Diskussion: Damit sollten alle Lebensmitteldiscounter verpflichtet werden, zur besseren Sicherung der Nahversorgung Milch, Molkereiprodukte und Brot im Angebot zu führen. Das hätte Aldi damals, 1975, noch Probleme bereitet; heute gehören diese Artikel völlig selbstverständlich zum Sortiment.

War der Markteintritt in Österreich noch mit Schwierigkeiten behaftet, so entwickelte sich das Auslandsengagement in anderen Ländern umso erfreulicher. 1975 wagte Aldi-Nord den Sprung über die Grenze in die Niederlande, wo es heute an die 360 Aldi-Filialen gibt. Ein Jahr später folgte die Übernahme der kleinen belgischen Kette Lansa, die sich für Aldi erfreulich gut entwickelte. Aldi-Süd investierte derweil im selben Jahr 1976 in den USA. Karl Albrecht kaufte damals die Läden der Benner Tea Company in Illinois und stülpte ihnen ein neues Konzept über. »Boxstores« nennen die Amerikaner diese Läden, weil dort die Ware aus Kartons oder Kisten heraus verkauft wird – das System kommt uns bekannt vor.

Heute hat Aldi etwa 700 Filialen in den USA, in 26 Bundesstaaten, hauptsächlich von Kansas City bis zur Ostküste. Bruder Theo Albrecht zog 1978 nach und kaufte ein kleines Filialunternehmen für Delikatessen, europäische Weine und Käsespezialitäten, die Kette »Trader Joe's«. Sicher ein Exot in der Filialwelt des Aldi-Imperiums, denn »Trader Joe's« gilt als Spezialitätengeschäft für Betuchte und andere Gourmets. Es ist insofern nicht besonders verwunderlich, dass der Gründer und

Vorbesitzer Joe Coulombe anfangs sehr zögerte, seine Feinkost-läden an Theo Albrecht zu verkaufen. Sein Unternehmen und seine Mitarbeiter, berichtet der Ex-Aldi-Manager Dieter Brandes, der den Deal einfädelte, stünden zu Aldi »wie Feuer zu Wasser«.

So richtig Angst hätte er eigentlich nicht haben müssen; Albrecht hatte offenbar Lust auf einen Edelstein in seiner Billigladensammlung. Jedenfalls sind die mittlerweile mehr als 80 Läden der »Trader Joe's«-Kette noch immer Delikatessengeschäfte, auch wenn sie die Spezialitäten von der Palette weg verkaufen und es auch Austern in der Konservendose für 1,29 Dollar gibt. Pro Jahr tragen die Läden von »Trader Joe's« immerhin rund 750 Millionen Dollar zum Konzernumsatz bei.

Nur um Seriosität allein ging es Theo Albrecht in den USA freilich wohl nicht, und so kaufte er sich 1982 auch noch als Großaktionär mit einem Anteil von 10 Prozent in die Supermarktkette Albertson's ein, die einem Einzelunternehmer von ähnlichem Schlage gehörte, wie er einer ist. Später fusionierte Albertson's dann mit der großen Kette American Stores und steht heute in den USA an zweiter Stelle, was den Umsatz angeht.

Das muntere Filialenkaufen war damit zumindest in Übersee erst einmal beendet, aber der Rest von Europa wartete sehnlichst darauf, mit dem Aldi-Konzept beglückt zu werden. 1990 folgten England und Irland, das Karl Albrecht seinem Südreich einverleibte; heute gibt es dort rund 250 Aldis. Bruder Theo hatte sich bereits zuvor um Dänemark gekümmert (heute etwa 200 Märkte) und schickte sich dann an, vom französischsprachigen Wallonien in Belgien aus auch nach Frankreich vorzustoßen. 1996 übernahm er 74 Dia-Märkte von der Kette Promodès; zwei Jahre später waren es bereits 350 Aldi-Märkte mit damals schon mehr als 2 Milliarden Mark Umsatz. Im Jahr 2000 hielt Aldi-Nord auch in Spanien Einzug, und Aldi-Süd wagte sogar ein ganz besonders exotisches Engagement und eröffnete seinen ersten Aldi in Australien, heute immerhin auch schon eine Kette mit 80 Filialen. Der jüngste Vorstoß ging in die Schweiz, wo 2005 Aldi Suisse eröffnete. Von einem »Global Player« zu sprechen ist nun also nicht mehr so ganz falsch.

Der multinationale Konzern aus Neckarsulm

Dabei sind die beiden Albrecht-Brüder noch nicht einmal die innovationsfreudigsten der Branche, was den Auslandseinsatz angeht. Diesen Preis darf sich wohl Lidl-Gründer Dieter Schwarz anheften. Der hatte mit seinen Discountmärkten wesentlich später begonnen als die beiden Brüder, verglichen mit ihnen begann er aber wesentlich früher mit konsequenten Auslandsinvestitionen. Zur Jahreswende 1988/89 fing er mit einem einzigen Markt im französischen Colmar an – heute besitzt er etwa 1100 Filialen in ganz Frankreich. Damit sind die Aldi-Brüder im Nachbarland weit abgehängt. Doch auch im übrigen europäischen Ausland ist die Schwarz-Gruppe gut vertreten, insgesamt in 17 Ländern. Großbritannien und Irland haben zusammen etwa 360 Lidls, genauso viel wie Spanien. 300 Lidls gibt es in Italien, 200 in den Niederlanden, 221 in Belgien und 166 in Portugal, jeweils um die 100 in Tschechien und Österreich, 85 in Griechenland und 75 in Polen.

Seit 2003/2004 hat Dieter Schwarz auch Nordeuropa im Visier; dort eröffnete er 60 Lidls in Finnland, 35 in Schweden und 10 in Norwegen – zum Teil unter größeren Schwierigkeiten. Die Skandinavier wollen offenbar gar nicht so gern mit den Segnungen des deutschen Discountkonzepts beglückt werden, insbesondere wenn das verbunden ist mit Verschlechterungen für die Arbeitnehmer. Die rigiden Kontrollen des Verkaufspersonals und die großzügigen Arbeitszeiten sorgten schon vor der Eröffnung der ersten Filiale in Norwegen für heftige Diskussionen in der Öffentlichkeit, ja sogar für Boykottaufrufe. Lidl zeigte sich hier jedoch flexibel: Alle neuen Beschäftigten bekamen zum Einstand einen Umschlag, der nicht nur einige allgemeine Informationen enthielt, sondern auch einen Mitgliedsantrag für die Gewerkschaft.

Eine Praxis, die man sich in den deutschen Lidl-Filialen nun überhaupt nicht vorstellen könnte. Offenbar hatte man aus den Problemen, die es ein Jahr zuvor in Schweden gegeben hatte, gelernt. Dort hatte es drei Jahre gedauert, bis man überhaupt einen Fuß auf den Boden brachte. Von Anfang an stand die schwedische Öffentlichkeit dem deutschen Discounter mehr als kritisch gegenüber. Baugenehmigungen waren verzögert worden, Lieferanten lehnten Verträge ab, und die schwedischen Molkereien weigerten sich, Lidl zu beliefern, weil die Deutschen die Milch in einer eigenen Verpackung anbieten wollten und wie gewohnt großen Druck auf die Preise ausübten.

Als es dann so weit war, wurde es nicht besser. Seit der ersten Eröffnung im August 2003 war es immer wieder zu Klagen aus der Belegschaft über die rauen Methoden der Deutschen gekommen, die in der Presse dann auch genüsslich zitiert wurden. Die geforderte ständige Einsatzbereitschaft selbst von Teilzeitbeschäftigten, die häufigen Personalkontrollen und die Anweisung, dass Beschäftigte nicht ohne Genehmigung auf die Toilette gehen durften, kosteten die Lidl-Leute viele Sympathien. Sofern bei den Schweden überhaupt welche vorhanden waren. Als im August 2004 der führende Lidl-Manager Arie Struik das Unternehmen verließ, hatte der Discounter endgültig jeden Kredit verspielt. Struik gab Journalisten als Grund für seine freiwillige Kündigung die anhaltende Kritik an der Personalpolitik des Unternehmens an, die er anscheinend nicht mehr mittragen wollte.

Probleme hatte Lidl freilich auch zuvor schon in anderen Ländern. In der Slowakei zum Beispiel gab es von Anfang an

Zoff. Dort hatte Lidl zwar schon 20 Filialen gekauft oder neu gebaut. Die aber standen monatelang lang leer und wurden nicht eröffnet. Grund dafür war ein Gesetz der slowakischen Regierung, das besagte: Ausländische Filialbetriebe müssen 65 Prozent slowakische Produkte in ihr Sortiment aufnehmen. Darauf wollte sich der Discounter nicht einlassen und wartete lieber, bis die Regelung nach der Sommerpause vom Parlament gekippt wurde. Inzwischen sind die 20 Läden in Betrieb.

Viel Ärger gab es auch im Nachbarland Tschechien. Die Regierung hatte dem Discounter nämlich untersagt, Kakaopulver als solches zu verkaufen, das nur zu 30 Prozent aus Kakao bestand. Auch mit dem Naturschutz gab es Probleme. Im Sommer 2003 wurde bekannt, dass Lidl in unmittelbarer Umgebung von neun Filialen mehr als hundert Bäume fällen ließ, die eigentlich unter Naturschutz standen, dummerweise aber die Sicht auf die Läden versperrten. Ein Jahr später machte eine Nachricht Schlagzeilen, die von Lidl freilich später dementiert wurde. Angeblich hätte es eine Anordnung gegeben, wonach weibliche Beschäftigte des Discounters Stirnbänder tragen müssten, damit sie während ihrer Menstruation ohne besondere Erlaubnis auf die Toilette durften. Die Empörung war groß, nicht nur in Tschechien, und auch das deutsche Branchenblatt *Lebensmittel-Zeitung* berichtete sehr kritisch über den Fall. Wie gesagt, die Konzernzentrale in Neckarsulm dementierte die Anordnung einige Monate später.

Wie auch immer: In Tschechien hat Lidl keinen besonders guten Ruf, vor allem nicht unter den Einzelhändlern. Mit seiner Marktmacht zwingt der deutsche Discounter die einheimischen Händler in die Knie. Wenn er zum Beispiel Tiefkühlhähnchen für 93 Cent anbietet, dann gibt es niemanden im Lande, der da noch mithalten könnte. Solche Kampfpreise sind dazu angetan, die Konkurrenten in den Ruin zu treiben.

Viele andere Länder dürfen sich also freuen auf die Segnungen, die das deutsche Discountsystem ihnen angedeihen lässt. Lidl und Kaufland waren 2006 bereits in 23 europäischen Ländern vertreten, und die Schwarz-Gruppe ist weiterhin auf dem Vormarsch. Auf längere Sicht will man sogar nach Kanada exportieren.

Muss man noch mehr Beispiele anführen? Schlecker etwa mit seinen europaweit 13 300 Filialen, oder auch die Metro-Gruppe, die allein mit ihren Elektrodiscountern Saturn und Media Markt außerhalb Deutschlands mit insgesamt 167 Filialen, so der Stand im Jahr 2004, in Belgien, Frankreich, Italien, den Niederlanden, Österreich, Polen, der Schweiz, Spanien und Ungarn vertreten ist?

Man muss es wohl nicht. Längst ist klar, dass wir es bei unseren großen Discountern nicht mit harmlosen Einzelhändlern zu tun haben, sondern mit internationalen Großhändlern. Die Suche nach neuen Märkten ist keine neue Erscheinung; Lidl hat ganz offiziell und recht treuherzig früh verkündet: »1989 wurde uns Deutschland zu klein.« Dass daraus das größte Netz an Lebensmitteldiscountern in Europa überhaupt mit mehr als 4000 Filialen in 15 Ländern werden sollte, war ja nun nicht so ohne weiteres klar.

Die Suche nach neuen Märkten hat aber alle Discounter schon früh umgetrieben, sobald der deutsche Markt einigermaßen gesättigt erschien. Dort ließen sich weitere Marktanteile fast nur noch durch Verdrängung von Konkurrenten erzielen – und was lag näher, als sich im Ausland umzutun, wo das System noch nicht so gut funktionierte? Mit der zunehmenden Liberalisierung des Handels und des Dienstleistungssektors boten sich hier ja gewaltige Möglichkeiten. Der Zusammenbruch des sozialistischen Systems kam dazu, und damit die Öffnung neuer, gewaltiger Märkte in Regionen, die mehr als bereit waren für ein Konzept des billigen Handels – koste es, was es wolle.

Vom Einzelhandel zum globalen Handel

Je internationaler der Verkauf wurde, desto internationaler wurde jedoch auch die Beschaffung, also der Einkauf. Warum in der Region einkaufen, trotz der kurzen Transportwege und der damit niedrigen Transportkosten, wenn es anderswo viel billiger ging und die Transportkosten im Vergleich zu den Einstandspreisen lächerlich gering waren? Die Entwicklung kam zwangsläufig: Die Discounter – und nicht nur sie, sondern auch die großen Einzelhandelskonzerne – begannen, auch ihren Einkauf zu internationalisieren.

So hat die Metro-Gruppe inzwischen ihren Einkauf für mehrere Länder zentral organisiert. Immer größere Mengen lassen sich zu immer besseren Preisen günstig einkaufen. Der Druck auf die Lieferanten wird zwangsläufig größer – je mehr man abnehmen kann, desto attraktiver wird man für große Zulieferer und desto günstiger wird der Einkaufspreis, den man erzielen kann. Wer wird da noch erwarten, dass irgendwelche im weitesten Sinne moralischen Bedenken mitspielen? Der müsste hoffnungslos naiv sein.

Und in der Tat ist die Frage der Moral für die großen, internationalisierten Handelskonzerne längst nicht einmal mehr zweitrangig, falls sie überhaupt jemals diesen Stellenwert hatte – sondern mindestens dritt-, viert- oder fünftrangig. Interessant wird diese Frage erst dann, wenn man an den Pranger gestellt wird. Doch so lange das nicht der Fall ist, gilt der Grundsatz: Wo kein Kläger, da kein Richter. Immerhin, die großen Konzerne haben schon ihre eigene Form des Audits. Was bei der Stiftung Warentest durchfällt, fliegt auch bei Aldi aus dem Sortiment. Aber damit hat es sich auch schon.

Je mehr die Konzentration im Einzelhandel fortschreitet, desto schwächer wird auch die Position derer, die an den Einzelhandel verkaufen. Hat man nur zwei oder drei Abnehmer, tut man sich schwerer mit den Einstandspreisen, als wenn man es mit 20 oder 30 Kunden zu tun hätte, das ist klar. Umso zwingender wird auch die Konzentration auf der Seite der Produzenten. Es liegt nahe, dass die großen Händler auch Einfluss gewinnen wollen auf die Produzenten, ja vielleicht sogar das Geschäft, das diese machen, irgendwann selbst machen möchten. Oder, so sie es nicht selbst machen wollen, genügend Einfluss darauf nehmen werden, um die Preise diktieren zu können.

Eine Entwicklung, die weltweit zu beobachten ist. Die großen Ketten nehmen direkten Einfluss auf die Produzenten, und die Produzenten wachsen zu immer größeren Einheiten zusammen, um überhaupt noch mithalten zu können. Die Produktion konzentriert sich zunehmend auf immer größere Farmen, auf immer größere Industrieunternehmen, die in der Lage sind, die Erfordernisse der großen Handelskonzerne zu erfüllen. Der Konzentrationsprozess im Bereich der deutschen Molkereien spricht ebenso für diese Entwicklung wie die internationalisierte landwirtschaftliche Produktionsweise, deren Erzeugnisse von der Werbung immer noch verkauft werden, als würden sie direkt vor der Haustür von freundlichen Kleinbauern geerntet.

Schöne neue Discountwelt

Wie unser Leben im Jahr 2020 aussehen könnte

Im Jahr 2020 ist das Einkaufen recht übersichtlich geworden für die meisten Menschen in Europa. Acht Zehntel der Bevölkerung decken sich mit Waren des täglichen Bedarfs in Discountmärkten ein – dort, wo die Preise für Artikel des täglichen Bedarfs noch erschwinglich sind.

Mehr könnten sich die meisten auch gar nicht leisten. Selbst bei jenen in den alten Industrienationen, die noch Arbeit haben, reicht es inzwischen gerade mal so für den Lebensunterhalt, denn die Löhne sind in den vergangenen zehn Jahren rapide gesunken. Schlimmer dran ist das große Heer der Arbeitslosen. Immer rigorosere Zumutbarkeitsregelungen schließen viele bereits aus der amtlichen Arbeitslosenversicherung aus. Die offiziellen Statistiken sprechen trotzdem schon von rund 30 Prozent Erwerbslosigkeit in ganz Europa. In manchen Regionen sind jedoch bis zu zwei Drittel der Einwohner ohne Job. Die sozialen Grundsicherungssysteme sind weitgehend zusammengebrochen, weil sie schlicht nicht mehr finanzierbar waren. Viele Rentner und Erwerbsunfähige führen ein Leben unterhalb der Armutsgrenze.

Die Krise hat auch den einstigen Mittelstand nicht verschont, und jene Entwicklung, die sich schon Ende des 20. Jahrhunderts abzeichnete, hält unvermindert an. Die Lebenshaltungskosten sind derart in die Höhe gegangen und die Löhne selbst für Führungskräfte des mittleren Managements nur so mäßig gestiegen, dass auch vermeintlich Gutverdienende auf die Discounter angewiesen sind. Immerhin, für sie gibt es nun bei Aldi die Produktlinie »Better Living«, die das Standardangebot aus 700 Artikeln um 50 relativ hochwertige und etwas teurere Waren erweitert.

Wer sich aber wirklich noch etwas leisten kann – rund ein Zehntel der Europäer –, lässt von seinem Dienstpersonal in ausgewählten Premiumläden der großen Städte einkaufen. Ja, es gibt sie noch, die guten Dinge: allerdings zu horrenden Preisen. Regionale Biokost ist zum Luxusartikel geworden, den sich nur noch wenige leisten können. Die herkömmliche Landwirtschaft, wie es sie auch im 20. Jahrhundert noch gegeben hatte, hat sich in wenigen Jahren radikal verändert: Die meisten Bauern haben ihren Beruf aufgegeben, der Rest wandte sich dem Wachstumsmarkt »ökologischer Landbau« für eine privilegierte Käuferschicht zu, und der Rest wagte den Umbau seiner Betriebe zu wenigen großen, spezialisierten Agrarfabriken, die (noch) konkurrieren können mit Billiganbietern aus Russland, der Ukraine oder der Türkei.

Der überwiegende Teil von Waren des täglichen Gebrauchs kommt ohnehin längst aus den osteuropäischen und asiatischen Schwellenländern. Die mag man fast schon nicht mehr so nennen, denn sie haben seit etwa 2010 einen rasanten wirtschaftlichen Aufschwung hingelegt – auch wenn sich das für die breite Masse der dort Lebenden noch immer nicht ausgezahlt hat. Bei niedrigen Löhnen ist es geblieben, schließlich ist es nur durch Billigproduktion möglich, die Konkurrenz in den reicheren Staaten zu unterbieten und den Forderungen der internationalen Handelsketten zu entsprechen.

Der ständige Preisdruck hat mit den Jahren freilich auch die Qualität verändert: Kaum jemand wagt es noch, das Verbot von genmanipulierten Lebensmitteln zu fordern, denn die ausufernde Massenproduktion ist selbst in den Schwellenländern längst nur noch so möglich. Lediglich in den reicheren Industriestaaten gibt es noch Sonderzonen, in denen ökologisch angebaut wird, um die Bedürfnisse der oberen Schichten zu befriedigen.

Anders wären Niedrigpreise auch nicht mehr zu halten. Längst vorbei sind die Zeiten, als die Discounterketten noch damit warben, sie böten die gleiche Qualität wie der herkömmliche Einzelhandel, nur eben zu günstigeren Preisen. Es ist auch nicht mehr nötig, denn die Einzelhändler von früher sind weitgehend von der Bildfläche verschwunden. Ebenso wie eine ganze Reihe von Herstellern hochwertiger Markenartikel, die irgendwann vor der Alternative standen, sich in ihrer Produktion fast völlig von den großen Discountern abhängig zu machen und ihre Qualitätsstandards zu senken oder nur noch für eine vermögende Kundschaft mit hohen Ansprüchen zu arbeiten – klein, aber fein zu bleiben.

Oft war das die einzige Möglichkeit, ein Unternehmen überhaupt noch zu erhalten – ob es nun Feinkost herstellte oder hochwertige Elektronikartikel. So gibt es im Jahr 2020 mehrere deutsche Weltunternehmen, die ausschließlich in Fernost und Lateinamerika produzieren lassen, und kleinere Familienbetriebe, die teure Designerstücke für den verwöhnten Geschmack anfertigen ...

*

Ein absurdes Horrorszenario, entworfen von ein paar hysterischen Globalisierungskritikern? Das wäre schön. Wir sind von dieser Wirklichkeit nicht mehr weit entfernt. Der Siegeszug von Aldi, Lidl, Schlecker, Saturn oder Media Markt ist nicht mehr aufzuhalten, seit Jahren nicht mehr. Allein in den vier Jahren von 1998 bis 2002 konnte Aldi seinen Marktanteil im Lebensmittelhandel um 2,5 Prozent erhöhen, Konkurrent Lidl gar um 3,4 Prozent. Zusammen haben die Billigheimer heute einen Marktanteil von fast 40 Prozent, und er wird weiter ansteigen, wenn die gesellschaftliche Entwicklung so weitergeht, wie es sich bislang abzeichnet.

Die Mehrheit der Bevölkerung scheint das nicht besonders schlimm zu finden. Schließlich können wir alle billiger einkaufen, und ein paar Arbeitsplätze – wenn auch nicht gerade die qualifiziertesten – entstehen auf diese Weise schließlich auch.

Doch das ist ein Trugschluss. Eine Untersuchung in den USA[28] hat ergeben, dass gerade jener Weltkonzern, der den rasantesten Anstieg an Beschäftigten in den letzten zehn Jahren hatte, gleichzeitig auch zahllose andere Arbeitsplätze vernichtet hat. Wal-Mart, dessen Erfolg auf dem Programm: »Täglich den niedrigsten Preis« basiert, hat inzwischen zwar rund 1,6 Millionen Angestellte. Für jeden Arbeitsplatz, den Wal-Mart geschaffen hat, sind aber in den untersuchten Regionen der USA eineinhalb andere weggefallen. Und das dürfte noch sehr zurückhaltend gerechnet sein. Berichten zufolge soll die Expansion von Wal-Mart in den vergangenen zehn Jahren für den Bankrott von mehr als zwei Dutzend amerikanischer Supermarktketten verantwortlich sein.

Wir alle kennen entsprechende Beispiele. Angefangen von der kleinen Drogerie, die dichtmachen muss, weil zwei Straßen weiter ein Schlecker-Markt aufgemacht hat, bis hin zu ganzen Stadtvierteln, in denen es längst keine kleinen Elektrohändler mehr gibt, weil Saturn oder Media Markt mal wieder einen Megamarkt aufgemacht hatten und die gesamte Kundschaft abzogen.

Viele der Entwicklungen, die der Discount in den vergangenen Jahrzehnten mitverursacht hat, werden nie wieder rückgängig zu machen sein. Es sind Entwicklungen, an denen er nicht alleine schuld ist – man kann Aldi und Co. schlechterdings nicht verantwortlich machen für die Liberalisierung der Weltmärkte, für die Neoliberalisierung der Wirtschaftspolitik, auch nicht für die sinkenden Einkommen größerer Bevölkerungskreise und die horrend steigenden einiger anderer, die allerdings zahlenmäßig sehr, sehr viel kleiner sind – sieht man mal vom märchenhaften Reichtum der paar Discountkettenbesitzer ab und den eher bescheidenen Gehältern, die ihre Beschäftigten bekommen. Das System des Discounts ist Nutznießer einer gesellschaftlichen Entwicklung gewesen, die vor allem die neunziger Jahre und das beginnende 21. Jahrhundert prägte und prägt. Es ist aber nicht nur Nutznießer gewesen, es hat diese Entwicklung auch stark befördert.

Willkommen in der neuen Wirklichkeit

So sind wir nun in einer neuen Wirklichkeit angekommen. Ist es schon die neue »billige Gesellschaft«, wie sie David Bosshart, Chef des Gottlieb-Duttweiler-Instituts für Wirtschaft und Gesellschaft, in seinem Buch *Billig – Wie die Lust am Discount Wirtschaft und Gesellschaft verändert* nennt, das »Age of Cheap«, das Zeitalter, in dem die drei Grundsätze »Liberté, Egalité, Portemonnaie« heißen? In dem das einstige Vertrauen in das politische System längst ersetzt ist durch das Vertrauen in das Geld, das man – noch – hat und das einem einzig und allein Sicherheit zu versprechen scheint?

Fest steht: So wie's mal war, wird's nie wieder werden. Die siebziger und achtziger Jahre des vergangenen Jahrhunderts waren das Paradies, verglichen mit dem, was vorher war und nachher kommen sollte. In den Wirtschaftswunderjahren davor gab es die zuversichtliche Hoffnung auf wachsenden Wohlstand – im Westen Europas nicht zuletzt gefördert durch die Konkurrenz der Systeme. Die brachte ja nicht nur den Kalten Krieg, sondern auch – was heute nur allzu gerne vergessen wird – die Notwendigkeit mit sich, den Glücksverheißungen des Kommunismus auf kapitalistischer Seite etwas ebenso Erstrebenswertes entgegenzusetzen.

Die soziale Marktwirtschaft in der guten, alten Bundesrepublik Deutschland wäre wohl nicht möglich gewesen ohne ihr Spiegelbild, die Diktatur des Proletariats in den Staaten Osteuropas, die – nun ja – Herrschaft der Werktätigen über die Produktionsmittel, von der wir nicht erst heute wissen, dass es sie so nie gegeben hat. Aber jedenfalls sahen sich die westlichen Staaten gezwungen, in diesem Wettlauf der Systeme ein Angebot für jene zu machen, die an diesem Wettlauf auf ihrer Seite teilnehmen sollten. Es hieß Wohlstand, Frieden und soziale Gerechtigkeit für alle.

Seit dem Fall der Berliner Mauer 1989 ist der Wettlauf der Systeme zu Ende, und es ist klar, wer ihn gewonnen hat. Von Marktwirtschaft spricht man natürlich immer noch, nur das Adjektiv ist ein anderes geworden. »Sozial« lautet es kaum noch, das mögen selbst die Amts- und Funktionsträger jener Parteien, die dasselbe Adjektiv im Namen führen, nur noch selten verwenden. Vermutlich haben sie Angst davor, als gestrig zu gelten, als heimliche Sympathisanten einer längst vergangenen, im Mülleimer der Geschichte gelandeten Epoche der Irrtümer. Nein, das Adjektiv lautet heutzutage »frei«, und darunter kann man sich sehr viel vorstellen. Gemeint ist aber hauptsächlich »neoliberal«, grenzenlose Freiheit im Sinne des Verzichts auf sozialen Schnickschnack und bürokratische Hemmnisse. So sehen es jedenfalls die Gewinner dieser Entwicklung.

Wer die Gewinner sind, ist noch nicht entschieden. Eine Menge derer, die glauben Gewinner zu sein, werden jedenfalls bald schon feststellen müssen, dass sie sich dummerweise doch getäuscht haben: die hoffnungsfrohen Start-up-Unternehmer beispielsweise oder auch die Führungskräfte des unteren und mittleren Managements etwa. Sie wissen es nur noch nicht, obwohl die Zeichen eigentlich schon allzu deutlich sind.

Wie gesagt: Die siebziger und achtziger Jahre des vergangenen Jahrhunderts waren noch so eine Art Paradies. Selbst in

Familien der untersten Mittelschicht war es noch möglich, mit einem einzigen Einkommen einigermaßen über die Runden zu kommen und vielleicht sogar noch etwas anzusparen für das Alter.

Diese Zeiten sind längst vorbei. Selbst in der Mittelschicht kommen Familien heute nicht mehr mit einem einzigen Gehalt zurande, auf alle Fälle ist das in den größeren Städten so, wo die Mieten einen beträchtlichen Teil selbst ordentlicher Gehälter auffressen. Die Erwerbsarbeit von Müttern ist auf diesem Hintergrund keineswegs bloß ein Akt der Emanzipation, eine Selbstverständlichkeit für Frauen, die ein selbstbestimmtes Leben wünschen und neben der Familie eine eigene Karriere machen wollen. Es ist in vielen Familien eine schlichte Notwendigkeit geworden.

Die klassische Mittelschicht verschwindet langsam

Der Aufstieg in die Mittelschicht stand einst dafür, dass man es geschafft hatte im Leben, dass man mehr oder weniger ausgesorgt hatte und sich vielleicht auch eine Eigentumswohnung oder ein Reihenhaus als Altersversicherung leisten konnte. Doch nun ist sie dabei wegzubrechen. Es gibt sie zwar noch, aber ihre Bedeutung im Wirtschaftsleben ist stark gesunken. Tatsächlich ist in den vergangenen Jahren eine Art neues »Führungskräfte-Proletariat« entstanden – an dereinst gut gestellten Managern der mittleren Ebene, die zwar immer noch sehr viel arbeiten und dem Klischee des *Workaholics* gerne entsprechen.

Aber entlohnt werden sie dafür längst nicht mehr so, dass es mit ihren Pendants in den siebziger Jahren vergleichbar wäre. Der Hauskauf ist keine Selbstverständlichkeit mehr, viele Familien zehren heute von dem, was ihnen die vorhergehende Generation übriggelassen hat. Der Schein des Wohlstands lässt sich oftmals nur aufrechterhalten, weil die Familie in einem Haus wohnt, das sich vor vielen Jahren die Eltern gebaut haben. Mit eigenen Mitteln, aus eigener Kraft ließe sich das heute längst nicht mehr finanzieren. Nicht nur, weil das Geld nicht mehr so üppig auf das Konto fließt, wie es vor 30 Jahren in manchen Kreisen der Fall gewesen sein mag. Sondern auch, weil die Banken nicht mehr so großzügig mit den Krediten umgehen. Das ist keine Böswilligkeit, sondern nur Vorsicht.

Es liegt schlicht und einfach an dem Umstand, dass Arbeitsplätze selbst für das mittlere Management unsicherer geworden sind. Wer in den Siebzigern dort angekommen war, in seiner Firma einen Führungsposten innehatte, der hatte bis zur Rente meistens ausgesorgt. Heute sind auch solche Jobs nicht mehr sicher, jedenfalls nicht mehr so sicher wie früher. Mit Mitte 50 steht in vielen Betrieben der »Golden Handshake« an, und der ist selten so dick vergoldet, dass es bis zur Rente oder gar bis ans Lebensende reicht. Wer aber dann noch kein Reihenhaus hat, der wird es auch nie mehr bezahlen können. Die Banken werden einen Teufel tun und es einem schenken …

Freilich: Für viele, für die allermeisten in unserer Gesellschaft sind das nur Luxusprobleme. Ihre Zahl wächst langsam und stetig. Man kann es ablesen an der Zahl der Arbeitslosen, die längst über 5 Millionen gestiegen ist – beziehungsweise: vielleicht gar nicht mal so sehr gestiegen ist, sondern inzwischen einfach nur ehrlicher gerechnet wird als in den Jahrzehnten zuvor, in denen die Politik immer wieder große Gruppen aus der offiziellen Arbeitslosenstatistik herausgerechnet hat, um eine in Nuancen schönere und für Wahlkämpfe besser geeignete Zahl zu bekommen.

Man kann es auch ablesen an der Zahl der Einkommen, die rechnerisch unter die Armutsgrenze gerutscht sind. In Deutschland setzt man diese Grenze bei jenen an, die weniger als 60 Prozent des deutschen Durchschnittseinkommens verdienen. Im Jahr 2003 waren das schon 13,5 Prozent der Bevölkerung –

fünf Jahre zuvor noch 12,1 Prozent. Besonders stark hat es dabei die Familien getroffen: 13,9 Prozent der Armen sind Familien, 1998 waren es noch 12,6 Prozent.

Traditionell stark von Erwerbsarmut betroffen sind auch die Ausländer. 1998 stellten sie mit 19,6 Prozent einen besonders hohen Anteil unter den Armen, und der erhöhte sich noch auf 24 Prozent, also um fast ein Viertel, im Jahr 2003.

Zugleich sahen sich im Vergleichszeitraum offenbar immer mehr Menschen veranlasst, ihre Reserven anzugreifen – zumindest jene, die es ohnehin nicht so dick haben. Sieht man sich einmal die Nettovermögen aller deutschen Haushalte an, so ergeben sich interessante Einblicke. Den oberen 10 Prozent aller Haushalte gehörten im Jahr 2003 nicht weniger als 47 Prozent des gesamten deutschen Vermögens, 2 Prozent mehr als noch fünf Jahre zuvor. Die untere Hälfte, also 50 Prozent aller Haushalte, besaß dagegen 2003 lediglich 4 Prozent des privaten Vermögens. 1998 waren es immerhin noch 4,4 Prozent gewesen.

Der schöne Schein des Wohlstands

Was diese trockenen Zahlen sagen, liegt auf der Hand. Die Schere zwischen Arm und Reich öffnet sich ganz klar, und die Zahl derer, die sich nicht mehr so viel leisten können wie noch vor fünf oder gar zehn Jahren, wird immer größer.

Es ist also kein Zufall, dass der Boom für die Discounter so stark gewesen ist in den vergangenen Jahren – selbst wenn man in Betracht zieht, dass die Käuferschichten nach allen vorhandenen Untersuchungen sich keineswegs nur aus den so genannten »niederen Schichten« rekrutieren. Wenn selbst ein Durchschnittseinkommen kaum noch ausreicht, um bedenkenlos irgendwo einzukaufen und dabei nicht auf den Preis zu schauen, muss man sich eben etwas umtun. Der Discount hilft dabei.

Hier können sich auch diejenigen, die ein normales Einkommen beziehen, den schönen Schein des ewigen Wohlstands für alle zumindest noch eine Weile bewahren. Wenn Karl Lagerfeld für die schwedischen Billigheimer von H&M eine Kollektion entwirft, dann ist die kaum teurer als das normale Angebot in den Filialen. Aber der Kunde hat den Eindruck, sich für wenig Geld etwas leisten zu können, was er sonst nicht könnte.

Für eine wachsende Zahl von Konsumenten aber hat sich die Frage, ob sie sich noch zu den Wohlhabenden zählen können, schon erledigt. Auch das lässt sich bei den Discountern ablesen und kommt zum Beispiel in Zeitungsartikeln vor, die zum Geburtstag eines erfolgreichen Firmengründers geschrieben werden, wie etwa im Falle von Anton Schlecker: »Verkäuferinnen berichten«, hieß es am 28. März 2003 in der *Stuttgarter Zeitung,* »dass die Zahl der ›Zettelkunden‹ steigt. Immer mehr kommen mit ausgetüfteltem Marschpapier, die Zahnpasta wird hier gekauft, das Deo aber dort. 10 oder 20 Cent Preisunterschied bestimmen die Laufwege.«

*

Auch wenn die Zahlen nahelegen, dass die Bäume für die Discounter in Zukunft nicht mehr in den Himmel wachsen werden und die märchenhaften Umsatzsteigerungen der neunziger Jahre und der ersten Jahre des 21. Jahrhunderts nicht anhalten werden: Dass mit stolzen 40 Prozent Marktanteil für die Discounter der Sättigungsgrad erreicht ist, dürfte dann doch nur ein frommer Wunsch sein. Die Margen bei Lebensmitteln mögen mehr oder weniger ausgeschöpft sein, allein bei Textilien oder auf dem Elektroniksektor ist noch vieles vorstellbar – insbesondere wenn China es weiterhin schafft, zu Dumpingpreisen für den Weltmarkt zu produzieren. Schon heute stammen 80 Prozent aller DVD-Player aus China, und durch den Wegfall des Welttextilabkommens zum Ende des Jahres 2004 wird der Anteil Chinas an der Welttextilproduktion innerhalb weniger Jahre auf 50 Prozent ansteigen. Das, so sind sich die Experten einig, könnten die chinesischen Produzenten stemmen.

Und aller Voraussicht nach noch viel mehr. Der Angriff auf den Weltmarkt ist ohnehin beschlossene Sache. Arbeitskräfte gibt es zuhauf; das einzige Problem der chinesischen Wirtschaft scheint es zu sein, dass es den Energieversorgern des Landes nicht gelingen könnte, in absehbarer Zeit genügend Strom zu liefern, um Abertausende neuer Fabriken überhaupt am Laufen zu halten.

Das allein ist schon eine beeindruckende Tatsache, die nichts sonderlich Gutes verheißt für den produzierenden Sektor in den westlichen Industriestaaten. Und nicht nur für den. Denn Schwellenländer wie China oder Indien bereiten sich längst darauf vor, auch auf anderen Feldern in die Konkurrenz mit dem Westen zu treten. Die Software-City Indiens, Bangalore, ist da nur ein Beispiel.

Abstriche bei der Qualität der Lebensmittel

Aber man muss nun gar nicht an derartige Auswirkungen auf die Weltwirtschaft denken, wenn man vom Billigwahn spricht. Es genügt schon, sich die ganz normalen Konsumgüter anzusehen, die wir alle täglich brauchen und kaufen.

Was die Lebensmittelproduktion angeht, werden Aldi, Lidl, Schlecker, Penny, Plus und wie sie alle heißen, nicht plötzlich auf wundersame Weise dazu übergehen, nur noch ökologisch verträgliche und rein regionale Produkte in die Regale zu packen. Im Gegenteil, es werden noch Hunderttausende weiterer Arbeitsplätze in der heimischen Landwirtschaft kaputtgehen, die Landarbeiter in den fernen Zulieferländern werden wohl kaum mehr verdienen als bisher und ihren Lebensunterhalt nicht einfacher bestreiten können, als es jetzt schon der Fall ist.

Viel wahrscheinlicher ist, dass eine ganz andere Entwicklung zum Tragen kommt. Die Produktion von Genfood wird in den kommenden Jahren stark zunehmen; genetisch veränderte Nutzpflanzen werden die Erträge ansteigen lassen und für einen neuen Rationalisierungsschub in der weltweiten Landwirtschaft sorgen. Die Transporte in die westlichen Noch-Wohlstandsländer werden noch lukrativer werden. Es ist absehbar, dass der Verbraucher irgendwann seinen meist gar nicht so rational begründeten Widerstand gegen Genprodukte ganz einfach aufgeben wird: Wenn's doch so angenehm billig ist?

Doch man muss gar nicht mal an genveränderte Pflanzen und Tiere denken. Es genügt auch schon sich zu überlegen, wie weit es eines Tages noch her sein wird mit den vergleichsweise strengen Lebensmittelgesetzen und Auflagen, die heute in Deutschland und Westeuropa gelten. Wird unser Brot noch so sortenrein und weitgehend einwandfrei hergestellt werden, wie es jetzt noch der Fall ist, wenn die unvermeidliche Backfabrik eben nicht in Nordrhein-Westfalen steht, sondern beispielsweise irgendwo auf dem Balkan oder in Afrika? Wer überprüft die Zutaten, die hineinkommen? Wer kann noch garantieren, dass sämtliche Lieferanten sich an strenge Vorschriften halten, in Ländern, die aller Wahrscheinlichkeit nach ganz andere und weniger rigide Lebensmittelgesetze haben? Wo es doch jetzt schon so ungemein schwierig zu sein scheint, die so genannten »Codes of Conduct« in der Zusammenarbeit mit Fabriken in den Sonderwirtschaftszonen der Entwicklungsländer zu überprüfen?

Keine Frage, wer im Jahr 2020 sichergehen will, dass er einwandfreie Lebensmittel bekommt, wird einen höheren Preis zahlen müssen als den, der dann der übliche ist. Möglicherweise wird die Stiftung Warentest dann den meisten Produkten der

Firma Aldi noch immer eine gute Qualität bescheinigen. Aber das könnte dann auch daran liegen, dass der Qualitätsstandard sich generell nach unten bewegt hat und ganz einfach Dinge als vertretbar gelten, die 20 oder 30 Jahre zuvor noch als völlig undenkbar gegolten hätten.

Wer weiß, vielleicht wird es dann Aktionswochen im Discounter Ihres Vertrauens geben, bei dem dann eben nicht ein konkurrenzlos günstiger Champagner angepriesen wird oder ein Hochleistungs-PC zum Schnäppchenpreis. Sondern ein garantiert biodynamisch hergestellter Jogurt von glücklichen Kühen ohne jeden künstlichen Zusatzstoff?

Ja, derartige Waren wird es auch in 15 Jahren noch geben – sogar wesentlich mehr, als es heute sind. Denn auch dieses Marktsegment wächst stetig; und nicht nur die rotgrüne Bundesregierung hat es sich zum Ziel gesetzt, den Biolandbau zu fördern und längerfristig einen Anteil von 20 Prozent zu erreichen. Biolebensmittel werden mit Sicherheit professioneller vermarktet werden, der Vertrieb wird besser funktionieren, und irgendwann wird die Nahrung aus ökologischer Produktion noch preiswerter werden. Preiswerter jedenfalls, als sie es heute noch ist.

Für die breite Masse der Verbraucher jedoch wird das wohl auch dann noch keine Alternative darstellen können zur Massenware vom Discounter. Selbst für viele nicht, die es sich vielleicht sogar leisten könnten. Denn wer jahrzehntelang gelernt hat, dass Lebensmittel immer billiger werden müssen, der stellt sich vermutlich nicht so ohne weiteres um und glaubt plötzlich, es sei besser, mehr zu zahlen.

Werden wir dann schon in zerstörten, missbrauchten, ausgelaugten Kulturlandschaften leben? Oder nicht vielleicht sogar eher in musealisierten Agrargebieten, wo alles aussieht wie vor 100 Jahren und wo glückliche Biokühe auf subventionierten und ökologisch einwandfrei gepflegten Wiesen stehen? Dort werden dann vielleicht die besseren Lebensmittel für die *Upper Class* gemacht, wohingegen das *Junk Food* für die breite Masse aus Osteuropa hergeschafft oder aus Afrika und aus Übersee eingeflogen wird.

Allzu weit weg sind wir nicht mehr von derartigen Zuständen. Wir sitzen bereits in der Geizfalle. Die Spirale aus billigen Preisen, niedrigen Löhnen und der daraus folgernden Notwendigkeit noch billigerer Preise funktioniert schon viel zu lange.

Wege aus der Geizfalle

Was Verbraucher und Politiker tun können

Es scheint, als ob es keinen Ausweg aus der Geizfalle gäbe. Der Verbraucher will billige Preise haben, oder er ist schlicht und einfach darauf angewiesen, weil er sich etwas anderes gar nicht leisten kann. Die Discounter hingegen wollen so billig wie möglich verkaufen und dabei trotzdem einen guten Schnitt machen. Das ist das eherne Gesetz der Marktwirtschaft, nicht mehr und nicht weniger.

Es wird also weitergehen wie bisher. Aldi, Lidl und Co. werden weiterhin Druck ausüben auf ihre Zulieferer, werden die Einstandspreise weiter drücken. Sie werden weiterhin mit ihrem Personal umspringen, wie es am besten ist für ihre Bilanz. Und wie immer werden die, die am Ende der Warenkette stehen, die Verlierer sein, weil sie diejenigen sind, die sich am wenigsten wehren können. Weil es kaum irgendwelche Lobbyverbände gibt, die sich für sie einsetzen. Weil sie keine Lobbyisten bezahlen können und weil sich außer ein paar idealistischen Menschenrechtsorganisationen niemand so richtig für ihre Probleme zu interessieren scheint. Weil die Gewerkschaften auch nicht so richtig viel zu sagen haben. Und weil die anderen Lobbys einfach viel einflussreicher sind und etwa eine Agrarpolitik durchsetzen können, die – so absurd auch immer sie sein mag – trotzdem europaweit gilt.

So ist die Lage. Mit anderen Worten: Es ist zum Verzweifeln. Solange das Gesetz gilt: Billige Produktion schafft niedrige Preise, lässt sich daran wohl wenig ändern. Denn damit sind ja angeblich alle zufrieden: der Händler ebenso wie der Verbraucher. Wozu also etwas ändern? Kompliziertere Zusammenhänge will ja wohl keiner der beiden Partner so genau wissen, und solange das System funktioniert, wird sich daran auch nichts ändern müssen.

Grund also zur Resignation? Wie wir gesehen haben, hat man es beim System des Discounts ja nicht zu tun mit diabolischen Gestalten, die eine gewaltige Weltverschwörung im Schilde führen und sich durch nichts, aber auch durch rein gar nichts von ihren finsteren Vorhaben abbringen lassen. Nein, so ist es ganz und gar nicht. Unsere Discounter sind im Gegenteil ganz normale, oftmals recht einfach gestrickte Menschen, denen man vielleicht sogar abnehmen kann, dass sie im Grunde das Beste für alle wollen – und vielleicht noch ein bisschen vom Allerbesten für sich. Aber ist das nicht bei uns allen so?

Das System des Discounts funktioniert weltweit nach den Gesetzen der Marktwirtschaft, und das bedeutet zugleich, dass es ziemlich einflussreiche Instrumente gibt, um dieses System in eine andere Richtung zu bewegen. Die meisten dieser Instrumente liegen nicht irgendwo im Abstrakten und Ungewissen; sie heißen nicht »moralische Selbstverpflichtung«, nicht »höhere Einsicht« und auch nicht »gesamtgesellschaftliche Verantwortung«. Sondern sie heißen »Käuferwille« und »Kundenwunsch«, mit allen ihren direkten und bisweilen auch sehr indirekten Ausformungen.

Worauf die Discounter empfindlich reagieren wie auf nichts sonst, das ist die Reaktion des Käufers. Das System der billigen Preise und der Rabattschlachten, es hat sich überhaupt nur entwickeln können, weil die Kundschaft dieses System geradezu forderte. Es ist nicht vom Himmel gefallen, es ist nicht die gedankliche Ausgeburt eines kranken Hirnes. Es ist schlicht und einfach nichts anderes als der Wunsch des Verbrauchers.

Gerade das aber ist der Punkt, an dem man ansetzen kann, um eine Änderung der Verhältnisse zu erreichen.

Und es gibt gar nicht einmal so wenige Beispiele dafür, dass dieser Ansatz Erfolg verspricht. Sicher ist es illusorisch zu glauben, auch nur eine kleine Mehrheit der Verbraucher wäre dazu bereit, Druck zu machen gegen die Ausbeutung verarmter Landarbeiter in Südamerika, würde deshalb Tchibo, H&M, Aldi, Lidl und Zara boykottieren, um bessere Arbeitsbedingungen für junge Wanderarbeiterinnen zu erreichen. Oder würde auch nur ganz auf den Kauf von Frühstückseiern aus Legebatterien verzichten. Gerade letzteres Beispiel ist frustrierend genug. Seit vielen Jahren ist bekannt, unter welchen skandalösen und geradezu grauenhaften Bedingungen diese Tiere gehalten werden: Hat es die Verbraucher davon abgehalten, Käfigeier zu kaufen? Nicht wirklich, möchte man meinen. Heute sind die Eier besser deklariert. In vielen Supermärkten stehen nun verschiedene Kartons im Regal, und sie sind gekennzeichnet, aus welcher Haltungsform sie stammen. Gekauft werden sie trotzdem – weil sie eben billiger sind.

Das Beispiel zeigt auf, wie schwierig es ist, ein Bewusstsein zu erzeugen für die perversen Auswüchse, die unser System der Lebensmittelproduktion hervorbringt. Aber es zeigt gleichzeitig auf, dass es dabei auch Erfolge geben kann. Denn die Kennzeichnungspflicht für Eier aus Käfighaltung ist nicht vom Himmel gefallen. Sie ist das Ergebnis von mittlerweile schon Jahrzehnte andauernder Aufklärungsarbeit gegen den mehr als hinhaltenden Widerstand der Agrarlobby und der bestenfalls abwartenden Haltung der großen Handelskonzerne. Letztlich aber ist es schon als Erfolg zu betrachten, dass es die Kennzeichnungspflicht gibt – und dass es das Verbot der Käfighaltung schon bald geben könnte.

Auch wenn man nur den Kopf darüber schütteln kann, dass es Übergangsfristen gibt, die das Martyrium für Millionen von

Tieren noch für viele Jahre fortsetzen wird. Aber eine ansatzweise tierfreundlichere Hennenhaltung ist zumindest schon absehbar, und es ist nicht zu geringzuschätzen, dass ein großer Händler wie Aldi, dem nichts mehr am Herzen zu liegen scheint als billige Einkaufspreise, inzwischen schon auf Frühstückseier aus Freilandhaltung umzusteigen beginnt. Da ist noch ein ziemlich weiter Weg bis hin zum Frühstücksei vom Discounter aus ausschließlich biologischer Produktion. Aber es ist ein erster Schritt dorthin, und es zeigt die tatsächliche Macht des Verbrauchers, die gar nicht überschätzt werden kann. Denn nicht nur beim Discount ist der Kunde König, solange er zahlt, und wenn er nicht mehr bereit ist zu zahlen, tun die Händler der niedrigen Preise alles, um ihm wieder das Gefühl zu geben, er sei der König.

Die Macht des Verbrauchers also. Immer wieder kann man feststellen, dass die großen Discounter sehr wohl reagieren auf alles, was ihnen die Sympathie ihrer Kundschaft kosten könnte. Anfangs versucht man es noch mit Totschweigen und mit Nichtreagieren. Doch regelmäßig ist zu beobachten, dass die Krisenbewältigungsstrategie nach dem Motto »toter Mann spielen« schon nach kurzer Zeit aufgegeben wird, wenn die Ankläger nur lange genug an ihrer Kampagne festhalten. Mit krummen oder irgendwie nicht ganz sauberen Geschäften will keiner der Discounter in Verbindung gebracht werden – schon weil das nicht zum angestrebten Image passt, allzeit höchste Qualität zu liefern.

Es gibt eigentlich nur einen Bereich, in dem diese Taktik kaum funktioniert, und das ist der Umgang mit dem eigenen Personal. Mag sein, dass sich die Discounter längst mit ihrem horrend schlechten Image als Arbeitgeber abgefunden haben – dass Aldi und Lidl, Schlecker und Penny keine hochwertigen Arbeitsplätze mit bester Bezahlung bieten, weiß inzwischen jeder in der Republik. Ist der Ruf erst ruiniert, lebt sich's gänzlich ungeniert.

Davon abgesehen aber vermeiden die Billigheimer doch lieber alles, was ihrem Ruf irgendwie schaden könnte. In der Tat kümmern sie sich bisweilen sogar schon im Vorfeld darum, möglichen Angriffen die Spitze zu nehmen. Ja, sie können auf erste Vorhaltungen sogar Zertifikate vorweisen, die die vermeintlich einwandfreie Produktion und Verarbeitung ihrer Rohstoffe nachweisen. Man weiß oft nicht, ob sie nicht sogar selbst darauf hereingefallen sind und tatsächlich glaubten, sich abgesichert zu haben. Jedenfalls aber sehen sie sich gezwungen, auf Vorwürfe zu reagieren, und gar nicht so selten auch, die monierten Waren aus dem Sortiment zu nehmen.

Eine erfolgreiche Kampagne
gegen Gartenmöbel aus Tropenholz

Ein Paradebeispiel dafür konnte man im Mai 2004 erleben. Da geriet Aldi mal wieder ins Visier der Umweltschutzorganisation Robin Wood, die sich besonders dem Schutz der Tropenwälder verschrieben hat. Den Aktivisten der Organisation war es gelungen nachzuweisen, dass Aldi-Nord Gartenmöbel im Sortiment führte, die aus nichtzertifiziertem Tropenholz hergestellt worden waren. Der Nachweis war nicht ganz einfach gewesen. Den Umweltschützern lag erst einmal nur ein Prospekt der Aldi-Kette vor, in dem stand, die billigen Gartenmöbel seien aus Meranti-Holz hergestellt, das wiederum »aus staatlich kontrollierter Forstwirtschaft« stamme. Telefonische Nachfragen bei Aldi ergaben lediglich, das Holz komme aus Indonesien.

Dort aber, das wussten die Robin-Wood-Aktivisten, ist ein Zertifikat mit der Aussage »aus staatlich kontrollierter Forstwirtschaft« nicht viel wert. Robin-Wood-Aktivisten, die sich bei Recherchen auf Java als Möbeleinkäufer ausgegeben hatten, wurden Blankozertifikate angeboten, die sie sich jederzeit selbst hätten ausfüllen können. In Indonesien, so Robin Wood, »macht der Staat mit der Holzmafia gemeinsame Sache. Behörden und Militär sind in Korruption verstrickt und verdienen selbst mit an der Plünderung der Wälder.« Und das Meranti-Holz stammt in aller Regel aus den Naturwäldern Südostasiens, deren so genannte Forstwirtschaft laut Robin Wood nur als »zerstörerisch« bezeichnet werden kann. Die bis zu 70 Meter hohen Baumriesen werden dort häufig gegen den Willen der lokalen Bevölkerung meist illegal geschlagen und sind in vielen Gebieten schon vom Aussterben bedroht. Kein Land der Erde, so Robin Wood, verliere Jahr für Jahr mehr Wald als Indonesien. Jährlich würden 3,8 Millionen Hektar Tropenwald vernichtet, das entspreche der Fläche von Nordrhein-Westfalen.

So entschlossen sich die Robin-Wood-Leute zu einer Aktion für die Presse. Mit einer Kettensäge und viel Holz zogen sie vor die Aldi-Filiale am Anhalter Bahnhof in Berlin und sägten, was das Zeug hielt. Ein 6 Meter langes Transparent wurde entrollt, auf dem Robin Wood forderte, Aldi solle sich sofort aus dem Geschäft mit dem Tropenholz zurückziehen, »sofern das Holz nicht nachweislich aus ökologisch und sozial akzeptabler Waldwirtschaft stammt und entsprechend zertifiziert ist«, wie es in der gleichzeitig verteilten Pressemitteilung hieß. Die Robin-Wood-Leute stellten selbstbewusst gleich noch eine weitere Forderung: »Sollte Aldi keinen glaubwürdigen Nachweis erbringen können«, so müsse der Discounter eben den vorhandenen Warenbestand zugunsten einer südostasiatischen Umweltorganisation abverkaufen und sicherstellen, »dass sich dieser Fehler nicht wiederholt«.

Aldi schaltete freilich erst einmal auf stur und weigerte sich, den von Robin Wood geforderten Nachweis zu liefern. So setzten die Umweltschützer ihre Aktionen fort und nahmen sich als nächstes den Aldi am Berliner Theodor-Heuss-Platz vor. »Das Aldi-Prinzip: Profit ganz oben – Regenwald platt« stand auf den Transparenten, und wieder kam die Kettensäge zum Einsatz. Peter Gerhardt, Tropenwaldreferent von Robin Wood, begründete die erneute Aktion: »Die KundInnen haben ein Recht darauf zu erfahren, ob sie mit dem Kauf der Aldi-Möbel zur Vernichtung von Regenwäldern beitragen. Deshalb raten wir dazu, die Möbel nicht zu kaufen, solange Aldi keinen glaubwürdigen Herkunftsnachweis vorlegt.«

Trotz weiterer öffentlichkeitswirksamer Aktionen, unter anderem in Göttingen und Dresden, schien Aldi weiterhin zu mauern. Robin Wood forderte schließlich Aldi-Kunden auf, die gekauften Tropenholzmöbel einfach zurückzugeben, solange der geforderte Nachweis nicht erbracht sei. Es ist nicht bekannt, inwieweit diesem Aufruf gefolgt worden ist, aber auch wenn die Kunden nicht in Scharen in die Aldi-Filialen kamen, um ihre Gartenmöbel zu reklamieren: Aldi gab schließlich doch nach.

Am 26. Mai, zwei Wochen nach Beginn der Aktion, schrieb Aldi-Nord an Robin Wood: »Aldi wird sich in Zukunft beim Einkauf von aus Tropenholz hergestellten Möbeln u. Ä. bemühen, zusätzlich zu staatlichen Zertifikaten das allseits akzeptierte FSC-Siegel einzufordern«, hieß es in der Stellungnahme. Das Siegel des Forest Stewardship Council (FSC) zertifiziert weltweit Produkte, die aus ökologisch und sozial akzeptabler Waldwirtschaft stammen, und gilt derzeit als das einzig glaubwürdige Siegel.

So recht einsehen wollten die Aldi-Oberen aber trotzdem nicht, was so falsch gewesen war an ihrer bisherigen Einkaufspolitik. »Aldi hat keinen Anlass, die Korrektheit staatlicher Zertifikate anzuzweifeln«, hieß es weiter in dem Schreiben an Robin Wood, und zum Beleg faxten die Konzernoberen aus der Essener Zentrale auch gleich noch fünf so genannte SKSHH-Zertifikate der indonesischen Regierung mit, die auf den ebenfalls in Essen ansässigen Aldi-Lieferanten Warbeg ausgestellt waren. Diese Zertifikate sollen belegen, dass das Holz legal gefällt wurde. Sie werden jedoch häufig gefälscht.

Auch Riesen hören manchmal auf Zwerge

Man muss von einem Unternehmen der Größe Aldis nun vielleicht nicht unbedingt fordern, dass es sich mit jeder ökologischen Facette auseinander setzt, die der internationale Handel so mit sich bringt. Und vielleicht haben die Konzernoberen ja wirklich in gutem Glauben gehandelt. Aber darum geht es letztlich auch gar nicht. Das Beispiel zeigt auf alle Fälle eines: Selbst ein Gigant wie Aldi ist beeinflussbar. Vielleicht nicht mit gutgemeinten Appellen, aber doch zumindest mit Aktionen, die ihn mitverantwortlich machen und ihm ein Image verpassen könnten, das ihm nicht genehm sein kann. »Einwandfreie Qualität zum niedrigsten Preis« hat sich Aldi auf die Fahnen geschrieben, und der Konzern reagiert logischerweise sehr empfindlich, wenn die Qualität doch nicht ganz so einwandfrei ist, wie behauptet wird. Denn das schlägt langfristig auf alle anderen Produkte durch.

Es gibt also Möglichkeiten, gegen die schädlichen Auswirkungen des Billigtrends vorzugehen. Selbst dann, wenn man zufällig nicht eine weithin anerkannte Umweltschutzorganisation ist. Denn der Hebel, mit dem Robin Wood in diesem Falle ansetzte, war die Macht des Verbrauchers und sein (vermuteter) Wunsch, durch den Kauf von Gartenmöbeln nicht unbedingt mitschuldig sein zu wollen an der Vernichtung des tropischen Regenwalds.

Die Discounter reagieren durchaus sehr sensibel auf Kundenwünsche. Das sollte nicht überraschen, denn letztlich ist das ihr Job. Sie brauchen gute Antennen für das, was gewünscht wird. Denn sie wollen und müssen möglichst schnell möglichst viel Ware umschlagen, damit ihr System funktioniert. Ladenhüter können sie nicht gebrauchen – ob die nun politisch, ökologisch und sozial einwandfrei hergestellt worden sind oder nicht, ist dabei vollkommen egal.

Diese Fragen müssen sich die Discounter zunächst einmal

nicht stellen. Sie müssen sie sich erst stellen, wenn ein zweifel-
haftes Produkt den Absatz gefährdet. In einer solchen Situation
werden diese Fragen unter Umständen plötzlich ganz entscheidend für die Discounter, die sich dann oftmals ganz überraschend lernfähig und erstaunlich flexibel zeigen.

Ein weiteres Beispiel betrifft die Einführung des Dosenpfands
in Deutschland nach dem Regierungsantritt der rot-grünen
Mehrheit im Jahr 1998. Jahrelang war die Einführung einer
solchen Zwangsabgabe, mit der die Zahl der ökologisch mehr
als bedenklichen Getränkedosen verringert werden sollte, ein
Streitpunkt gewesen zwischen Getränkeherstellern, Einzelhandelsunternehmen und vor allem der Partei Bündnis 90/Die Grünen, die heftig für dieses Dosenpfand stritt und es zu einem der
Hauptpunkte ihrer angestrebten ökologischen Wende gemacht
hatte.

Natürlich hatten auch die Discounter und vor allem Aldi
deutlich Position bezogen gegen die Einführung eines Dosenpfands. Der Ruin des deutschen Einzelhandels, ja wenn nicht
gar der gesamten deutschen Wirtschaft, schien unmittelbar be-
vorzustehen, wollte man den Äußerungen der Wirtschaftsführer
glauben. Eine Debatte konnte man die Diskussion um das Dosenpfand eigentlich nicht mehr nennen. Es schien um nichts weniger zu gehen als um eine Jahrhundertentscheidung, um eine
Schicksalsfrage, die derart weitreichende und völlig unkalku-
lierbare Auswirkungen zu haben schien, dass ein Politiker, der
noch einen Funken Verantwortungsgefühl im Leibe hatte, am
allerbesten die Finger von der ganzen Frage ließ ...

Bundesumweltminister Jürgen Trittin, wir wissen es, musste
irgendwie ein etwas anderes Verantwortungsgefühl im Leibe
haben, denn er hielt stur an der Idee des Dosenpfands fest und
wurde auch entsprechend heftig angefeindet. Er setzte sich
schließlich durch. Das Dosenpfand kam, und mit ihm über-
raschenderweise dann doch nicht der sofortige Untergang des

Abendlandes. Aldi nahm zum Stichtag sämtliche Getränke in Einwegverpackungen ganz einfach aus dem Sortiment, weil das die Kosten für die Pfanderhebung sparte, und verlor fürderhin kein Wort mehr über die ganze Sache. Wie man weiß, ist der Konzern auch nicht Pleite gegangen.

Ein pragmatischer Umgang mit der gesellschaftlichen Wirklichkeit ist eines der wesentlichen Merkmale unserer Billigheimer. Wenn unsere Gesellschaft Geiz geil findet – bitte sehr, dann bekommt sie eben die Gelegenheit, ihren Geiz auszuleben. Wenn sie hingegen gerade mal der Ansicht ist, Freilandeier seien ihr doch lieber als solche aus Käfighaltung, dann bekommt sie doch zumindest die Wahlmöglichkeit. Aldi, Lidl und Schlecker sind da nicht so. Sie zwingen uns nicht, irgendetwas zu kaufen, was wir nicht kaufen wollen. Noch tun sie es jedenfalls nicht. Sie richten sich allein nach unseren Wünschen. Aldi, Lidl und Schlecker würden uns auch gerne hochwertigste Waren aus biologisch-ökologisch-sozial-politisch-und-was-sonst-noch-alles einwandfreier Produktion zu Preisen verkaufen, die dem wahren, ideellen Wert der Waren entsprechen und allen Produzenten, Zulieferern und Zwischenhändlern ein anständiges Auskommen sicherten. Sie hätten kein Problem damit. Solange wir kaufen, ist für die Discounter alles gut.

Sind wir also selber schuld an den ganzen negativen Auswüchsen der Billigmasche, die unser Land und nicht nur unseres so flächendeckend überzieht?

Die Macht des Verbrauchers nutzen

Ja, das sind wir. Zugleich kann uns niemand die Aufgabe abnehmen, eine Richtungsänderung herbeizuführen. Nicht die Politik – obwohl die auch einiges dazu beitragen könnte –, nicht Umweltschutzorganisationen wie Robin Wood und Greenpeace, nicht die Europäische Union oder gar die UNO. Die Macht des

Verbrauchers ist letztlich die einzige Macht, die tatsächlich eine Wirkung hat in der freien Marktwirtschaft. Was der Verbraucher nicht will, wird irgendwann ganz einfach nicht mehr angeboten und auch nicht mehr verkauft.

Das Problem ist natürlich: Oftmals weiß der Verbraucher ja gar nicht, was er da eigentlich genau kauft. Welcher Kunde von Aldi-Nord ist schon so gut informiert, dass er ohne die Aktion von Robin Wood gewusst hätte, dass Tropenholz aus Indonesien trotz staatlichen Zertifikats alles andere als ökologisch unbedenklich ist? Welcher Kunde von Schlecker hat schon eine Ahnung davon, unter welchen Bedingungen die Orangen für sein Saftkonzentrat in Brasilien geerntet werden? Und welcher Konsument, der bei Lidl soeben das enorm preiswerte Suppenhuhn gekauft hat, ist sich darüber im Klaren, dass er da soeben das traurige Restprodukt von 14 Monaten Käfighaft und extensiver Zwangsarbeit als Eierlegemaschine in seine Einkaufstasche gepackt hat? Die wenigsten wissen das, und man kann davon ausgehen, dass viele gerne woanders einkaufen würden, wenn sie nur wüssten, wie und wo ihre Lebensmittel und ihre Dinge des täglichen Bedarfs so hergestellt werden.

Was bleibt dem Einzelnen nun, wenn er nicht einverstanden ist mit dem, was im Namen des Konsums mit Mensch und Tier geschieht? Der erste Gedanke mag sein: »Dann kauf ich solche Dinge eben einfach nicht mehr ein.« Schon wahr: Würden wir alle, die wir Verbraucher sind, in der gesamten westlichen Welt einfach keine Schokolade mehr kaufen, wenn die Kakaobohnen von Kindersklaven geerntet werden, würden wir keine T-Shirts mehr anziehen, die in Bangladesch von Näherinnen zusammengefügt werden, die bis zu 80 Stunden in der Woche für ein paar Dollar an ihrer Nähmaschine hocken, würden wir einfach kein Truthahnfleisch aus riesigen Tierfabriken mehr essen – dann wäre schnell Schluss mit dem ganzen Missbrauch, mit der Ausbeutung und der sozialen Ungerechtigkeit sowieso.

Nun ist es aber dummerweise so, dass die Welt nicht auf diese Weise funktioniert. Einmal abgesehen davon, dass es kaum ein halbwegs überzeugendes Beispiel dafür gibt, dass Boykott tatsächlich jemals so flächendeckend funktioniert hat, jemals so viele Beteiligte gefunden hat, dass er zu einer grundlegenden Veränderung im Verhalten der Produzenten einer Ware geführt hat: Bisweilen schadet er mehr, als er nützt. Menschenrechtsgruppen aller Couleur, Gewerkschafter und Umweltverbände raten entschieden davon ab, die Waffe des Boykotts anzuwenden, wenn es um die Lage südamerikanischer oder afrikanischer Landarbeiter oder auch der südostasiatischen Textilarbeiterinnen geht.

Das Fatale an der Sache ist nämlich: Wenn der Boykott einigermaßen wirksam ist und zu Umsatzrückgängen führt, so sind in den seltensten Fällen der Produzent oder gar der Einzelhändler die Notleidenden. Den Schaden haben vielmehr die einfachen Tagelöhner und Arbeiter, die auf den knappen Hungerlohn angewiesen sind, um überhaupt überleben zu können. Gibt es keine Aufträge, so gibt es auch keine Arbeit für sie. In den großen Textilfabriken sieht das nicht anders aus, und es gibt auch Beispiele dafür, dass Fabriken, die aufgrund von Protesten aus den Einkaufsländern keine Aufträge mehr bekamen von den großen Markenfirmen, einfach von den Besitzern dichtgemacht wurden. Zurück blieben die arbeitslosen Näherinnen – der Inhaber hingegen zog einfach ein paar hundert Kilometer weiter und eröffnete eine neue Fabrik ...

Das Problem ist also nicht ganz so einfach zu lösen, wie man sich das vielleicht vorstellen mag. Sinnvoll kann es eigentlich nur sein, die Markenfirmen dazu zu bewegen, ausschließlich mit solchen Zulieferern Handel zu treiben, die auch gewisse Mindeststandards für ihre Belegschaft, für ihre beschäftigten Landarbeiter bieten. Dies aber ist schwerlich durch Boykott zu erreichen, sehr viel leichter hingegen durch Nachfragen im

Laden, beim Hersteller und durch das Schaffen von Öffentlichkeit für die erkannten Probleme.

Lernen, was die Dinge wirklich wert sind

Das mag für manche nach aktionistischem Gutmenschentum klingen. Aber es ist ein gangbarer Weg, wie erste Erfolge der internationalen »Clean Clothes Campaign« zeigen. Dennoch ist es notwendig, noch viel grundlegender anzusetzen.

Ganz einfach ausgedrückt: Wir müssen wieder lernen, was die Dinge wert sind, die wir kaufen. Die Lebensmittel, die wir essen. Die Kleider, die wir anziehen. Und auch die technischen Geräte, mit denen wir uns umgeben.

Eine Ware, die wir kaufen, muss uns wohl oder übel bald wieder so viel wert sein, wie sie tatsächlich kostet. Man braucht sich da nichts vorzumachen: Alles, was furchtbar billig ist, ist es deshalb, weil irgendjemand anders dafür draufzahlt, sei es Mensch oder Tier. Mit seiner Gesundheit, seinen Lebensverhältnissen und unter Umständen vielleicht sogar mit seinem Leben. Und es ist wahrscheinlich, dass das Pendel eines Tages zurückschlägt.

Vieles in der Weltwirtschaft funktioniert nach dem System der kommunizierenden Röhren – irgendwann muss ein Ausgleich her. Ein paar Jahre, ja vielleicht sogar Jahrzehnte mag es gelingen, in Billiglohnländern Waren herzustellen, die in den Staaten, in denen Wohlstand herrscht, auf den Markt kommen. Doch dann werden auch in den Herkunftsländern die Löhne steigen müssen, und die Lebensverhältnisse werden sich zumindest ansatzweise angleichen müssen.

Wir werden nicht in alle Ewigkeit billigste Kleider aus Indonesien, Bangladesch und China bekommen, nicht auf Dauer Fernseher, CD- und DVD-Rekorder aus China und Korea zu Spottpreisen kaufen können. Eines Tages werden wir den wahren Wert bezahlen müssen, weil diejenigen, die Kleider nähen und Rekorder zusammenbauen, ihren Anteil am Wohlstand haben wollen. Der wird nicht so aussehen, wie wir ihn jetzt noch bei uns in den westlichen Staaten kennen. Fest steht aber: Er wird teurer sein, als er es jetzt ist.

Ob es den Begriff »Wohlstand« dann aber überhaupt noch geben wird? Denn, um beim Bild mit den kommunizierenden Röhren zu bleiben: Hebt sich der Wasserspiegel an der einen Seite, so muss er auf der anderen Seite sinken. Das bedeutet für uns: Wir werden unseren gewohnten Wohlstand aufgeben müssen. Je niedriger die Löhne auf anderen Kontinenten sind und je mehr wir zu diesen Löhnen unsere Waren produzieren lassen und diese Waren kaufen, desto größer wird der Druck auf unser eigenes Einkommen. Ist nicht die Klage über die hohen Lohnkosten hierzulande seit beinahe 20 Jahren ein fester Bestandteil nahezu jedes Leitartikels zu wirtschaftspolitischen Themen, jeder noch so unbedeutenden Schaufensterrede der Handelskammern und Industrieverbände?

Aber nicht nur der Bundesverband der Industrie und jener der Arbeitgeber, nicht nur ausgewiesene neoliberale Wirtschaftsführer bläuen den Deutschen seit vielen Jahren ein schlechtes Gewissen ein, weil sie es wagen, für oft genug sehr aufreibende Jobs auch so viel Geld haben zu wollen, dass sie damit ihren Lebensunterhalt bestreiten können. Das Gejammer über die viel zu hohen Löhne und die anscheinend noch höheren Lohnnebenkosten reicht bis weit hinein in die Volksparteien. Oder, noch deutlicher gesagt: Es gibt kaum mehr eine größere Partei, die dagegen auch nur schüchtern etwas einwenden würde.

Und es stimmt ja auch. Im Weltmaßstab betrachtet, sind Deutschland, zumindest der Westen Europas und große Teile der USA längst nicht mehr konkurrenzfähig, was die Massenproduktion von Gütern angeht.

Es gibt einen ganz simplen Weg, wieder konkurrenzfähig zu

werden mit Millionen chinesischen Wanderarbeitern, mit ausgebeuteten Hilfsarbeitern in Indonesien und Thailand, mit Landarbeiterfamilien in Südamerika: Wir müssen uns einfach nur mit ungefähr 1 Euro Lohn pro Arbeitstag begnügen – nun ja, vielleicht auch 2 Euro, denn die Transportkosten fielen in diesem Fall ja weg. Ist das der tiefere Sinn der Ein-Euro-Jobs? Die langsame, schrittweise Eingewöhnung in ein sehr viel niedrigeres Lohnniveau? Immerhin: Hier wird ja noch 1 Euro *pro Stunde* bezahlt!

Man sieht schon: Der Vorschlag wirkt nicht so richtig praktikabel. Es wird uns in den westlichen Wohlstandsstaaten nie gelingen, mit den Billiglohnländern zu konkurrieren. Die Lösung kann also nur darin liegen, die Arbeit dort, wo sie getan wird, entsprechend ihrem Wert zu bezahlen.

Zugegeben, das sind hohe Ziele. Nur vordergründig aber kann man diese Aufgabe ganz auf die internationale Politik abschieben, wo sie zweifellos hingehört. Es beginnt nämlich schon bei der Kaufentscheidung des Einzelnen. Das billigste Produkt ist nicht immer das beste – dieser alte Merksatz erhält auf diesem Hintergrund eine ganz neue Bedeutung.

*

In ganz ähnlicher Form trifft das auch auf die Herstellung unserer Lebensmittel zu. Hier sind natürlich die Regierungen gefragt, den haarsträubenden Unfug der europäischen Agrarpolitik endlich sein zu lassen und zu wirklich verbraucher- und tierfreundlichen Lösungen zu kommen. Wie unendlich schwer das ist, konnte man in den vergangenen Jahren ausführlich erleben.

Aber auch hier gilt der Grundsatz: Die größte Macht stellt der Konsument dar. Es ist ja nicht so, dass eine dringende Notwendigkeit besteht, Tiere industriell zu halten und zu verwerten.

Es ist ganz einfach am billigsten so. Wer es anders will, kann es auch anders haben – noch jedenfalls. Die nachhaltige Bewirtschaftung von Böden, die artgerechte Haltung von Tieren zu steuern, ist eine wichtige Aufgabe der Politik. Aber sie kann ebenso gut durch den Verbraucher selbst befördert werden. Indem er bewusst Produkte kauft, die schon heute so angebaut oder gezüchtet werden, dass man sich nicht schämen muss, sie zu essen.

Am einfachsten und leichtesten ist das heute schon am Beispiel Frühstücksei zu machen: Bei unter 1 Euro für die Zehnerpackung kann man davon ausgehen, dass der Preis zu Lasten der Tiere, der Hersteller, aber auch des regionalen Handels geht. Die Kosten für ein Ei aus Bodenhaltung betragen inklusive Verpackung zwischen 9 und 10 Cent. Wer sichergehen will, dass seine Eier einigermaßen tierfreundlich produziert werden, kauft am besten auf dem Wochenmarkt, direkt vom Bauernhof oder zumindest im klassischen Einzelhandel, der auch andere als Käfigeier führt.

Nahrungsmittel aus biologischem Anbau sind derzeit natürlich die einfachste, wenn auch nicht gerade die preisgünstigste Alternative für Verbraucher, die das Geschäft der Billigheimer nicht unterstützen wollen. Es ist (noch) nicht die einzige Möglichkeit, aber die sicherste, und die Zahl der Konsumenten wächst, die zu Ökonahrungsmitteln greift.

Auch wenn Naturkost oder Produkten aus so genanntem »fairen Handel« lange Zeit ein Hauch von selbstgestrickten, kratzenden Wollsocken anhing, von etwas betulicher Weltverbesserei – mittlerweile haben doch schon einige Marken einen Platz in den Supermarktregalen größerer Ketten gefunden. Rewe hat mit »Vierlinden« gar eine eigene Biomarktkette gegründet, und seit 2005 führen auch die großen Discounter wie Aldi und Lidl Ökoprodukte im Sortiment. Wenn die Nachfrage steigt und auch mit Naturkost gutes Geld verdient werden kann, haben die Billigheimer da keine Berührungsängste – so lange sie nicht den Ruf verlieren, immer die günstigsten Preise zu haben.

Dass ein Umdenken stattfindet, konnte man schon vorher am Beispiel des ehemaligen Aldi-Managers und jetzigen Hamburger Unternehmers Thomas Hinz ablesen. Acht Jahre lang arbeitete er bei Aldi-Nord, war dort zuständig für 75 Filialen. Heute beschäftigt er selbst um die 200 Mitarbeiter und arbeitet genau nach den Regeln des Discounts, wie er sie bei Albrecht gelernt hat: effiziente Organisation, möglichst wenig über Geschäftsgeheimnisse verraten, damit es potenzielle Nachahmer nicht so leicht haben, keine Umsatzzahlen verraten und so weiter.

Die Firma von Hinz nennt sich »Erdkorn«, ist insofern also schon ziemlich nahe dran an Ökofirmen, die ja gerne mal Namen wie »Rapunzel« oder »Zwergenwiese« tragen und dadurch etwas penetrant nach Waldorfschule und Rudolf Steiner'scher Verblasenheit klingen. Die freilich kann man Thomas Hinz nicht vorwerfen, der Mann steht mit beiden Beinen voll im Leben. Er hat Deutschlands ersten Biodiscounter gegründet; 13 Filialen gibt es schon, unter anderem in Hamburg, Berlin, Lübeck und Kiel. Jedes Jahr sollen fünf neue Läden dazukommen. Discount, sagt er, hat nichts mit Billigware zu tun, sondern lediglich mit einem kleineren Sortiment und einer möglichst einfachen Ausstattung der Geschäfte.

Und das Angebot auf Lieferantenseite ist reichlich. Viele frühere Landwirtschaftliche Produktionsgenossenschaften haben nach der Wende auf Bioanbau umgestellt, sofern sie nicht groß genug waren, um einen agrarindustriellen Betrieb aufzubauen. Und weil Naturkost im deutschen Lebensmittelhandel noch immer nur einen Anteil von rund drei Prozent hat, gibt es inzwischen sogar ein Überangebot. Ein großer Teil der deutschen Ökoproduktion wird mittlerweile exportiert.

Das wird wohl nicht mehr lange so sein. Die Biowelle rollt,

und selbst die Discounter haben entdeckt, dass man damit Geld machen kann. Im Jahr 2006 sind sie bereits die größten Anbieter auf diesem Marktsegment, quasi aus dem Stand heraus. Der Boom hat wohl nicht unbedingt damit zu tun, dass die Leute plötzlich so gesteigerten Wert auf Nachhaltigkeit legen – vielen geht es, ganz egoistisch, wohl nur darum, sich ihre Gesundheit zu erhalten. Das ist verständlich und immerhin ein erster Schritt. Ob das dem Gedanken der ökologischen Lebensweise aber entscheidend weiterhilft, ist eine andere Frage.

Schon jetzt gibt es ja kleine Naturkostläden, die mit den großen Bio-Supermärkten – an die 350 gibt es schon in Deutschland – nicht mehr mithalten können. Das lässt befürchten, dass zunehmende Professionalisierung und Rationalisierung auch in diesem Marktsegment letztlich zu Zuständen führt, wie wir sie von den normalen Discountern kennen. Wird ausbeuterische Lieferantenunterdrückung und der Kampf um den immer noch niedrigeren Preis eines Tages auch die ökologische Landwirtschaft kaputtmachen? Unwahrscheinlich ist das inzwischen nicht mehr, und die weitere Entwicklung liegt also auch hier wieder einmal in der Hand des Verbrauchers. Es ist also sehr wohl eine Gewissensfrage, wo man Bioprodukte kauft.

*

Dass Produkte aus ökologischer Erzeugung aber mehr und mehr ein Wachstumsmarkt sind, ist eigentlich ein gutes Zeichen. Nicht nur für die Produzenten, sondern auch für das wachsende Bewusstsein, dass Geiz eben doch nicht immer geil ist und dass Billig zwar schön und gut, aber letztlich dann doch nicht das Maß aller Dinge sein kann.

Nachwort zur Taschenbuchausgabe

Auf den ersten Blick scheint sich kaum etwas geändert zu haben. Noch immer boomen die Discounter, auch wenn ihre Zuwachsraten nicht mehr gar so exorbitant hoch sind, und stetig breiten sie sich weiter aus, eine Filiale nach der anderen kommt zum ohnehin schon dichten Netz hinzu. Die sinkenden Reallöhne bei denen, die Arbeit haben, und der fortschreitende Abbau von Sozialleistungen bei jenen, die keine haben, sorgen mit dafür, dass ihnen die Kundschaft nicht ausgeht.

Man sieht das allein schon am Beispiel der Schwarz-Gruppe. Mit Lidl und Kaufland hat das Unternehmen inzwischen sogar die beiden Aldi-Brüder überflügelt, was den Jahresumsatz angeht. Im Geschäftsjahr 2005 dürfte der etwa 40 Milliarden Euro betragen haben, die Zahl der Filialen in ganz Europa ist auf knapp 7400 angestiegen. Bei den anderen sieht es auch nicht schlecht aus, der Siegeszug der Billigheimer geht offenbar ungehindert weiter.

Doch das ist nur auf den ersten Blick so. Tatsächlich gibt es derzeit keine wesentlichen Steigerungsraten mehr im deutschen Lebensmittelhandel, was den Anteil der Discounter angeht. Die Zuwächse werden überwiegend im Ausland erwirtschaftet. Hierzulande scheint eine gewisse Sättigung eingetreten zu sein – auf hohem Niveau, mit einem Marktanteil von 40 Prozent.

Dass dieser Anteil nicht weiter steigt, hat möglicherweise dann doch mit einem Umdenken zu tun, das zwar noch nicht allzu weit verbreitet zu sein scheint, aber doch schon Formen annimmt. Die häufigen »Gammelfleisch-Skandale« in jüngster Zeit werden schon anders kommentiert, als es noch vor einigen Jahren der Fall gewesen ist. Sprach man damals noch gerne von »kriminellen Machenschaften einzelner«, so vermeiden es Politiker und Interessensvertreter vom Bauernverband bis hin zu den Gewerkschaften heute längst nicht mehr, auch dem Verbraucher eine Mitschuld zu geben. Die »herrschende Billig-Mentalität« leiste eben dem Betrug Vorschub, heißt es da stereotyp, und auch wenn manche Politiker mit solchen Mahnungen vielleicht auch einfach nur davon ablenken wollen, dass die Lebensmittelüberwachung unzureichend funktioniert, weil der Landrat nicht nur den Fleischgroßhändler, sondern auch den Amtstierarzt gut kennt – richtig ist die Aussage zweifelsohne. Und das beginnen auch immer mehr Verbraucher zu begreifen: dass es eben nicht möglich ist, für einen halben Euro Fleisch von bester Qualität zu bekommen, und dass nicht immer alles noch billiger und gleichzeitig besser werden kann.

Nicht nur deshalb sagen bis zu 70 Prozent der Deutschen in einschlägigen Umfragen regelmäßig, dass sie zumindest gelegentlich Biolebensmittel kaufen. Und auch wenn der ehemalige *taz*-Redakteur Bernhard Pötter in seinem Buch *König Kunde ruiniert sein Land* zu Recht darauf hinweist, in welch merkwürdigem Gegensatz diese Zahlen stehen zum tatsächlichen Marktanteil ökologisch produzierter Lebensmittel im Einzelhandel, der nämlich nur gut drei Prozent beträgt: Ein erster Hinweis ist es doch, dass sich die Menschen Gedanken machen.

Ähnlich verhält es sich mit der Sortimentserweiterung bei den Discountern um Bioprodukte, die vor allem im Jahr 2006 stark zugenommen hat und die Discounter zu einem der umsatzstärksten Anbieter auf dem Biomarkt überhaupt gemacht hat. Man muss darin, angesichts der zahlreichen in diesem Buch dokumentierten Missstände, eine Gefahr sehen für ökologischen Landbau und ökologische Tierzucht, keine Frage. Denn die Discounter sind ja nicht am kleinen Biobauern interessiert, sie brauchen leistungsstarke Lieferanten, die auch die entsprechenden Mengen garantieren können. Das sind dann wieder landwirtschaftliche Großbetriebe, die der vergleichsweise großzügigen EU-Norm entsprechen, in der Regel wohl aber nicht den strengeren Kriterien der Bioverbände. Und was die Arbeitskräfte angeht: Auch da werden größere landwirtschaftliche Biobetriebe über kurz oder lang wohl auch auf kurzfristig angeworbene Billig-Arbeitskräfte angewiesen sein. Die Bioware aus dem Discounter ist also durchaus eine zweischneidige Angelegenheit.

Aber auf der anderen Seite zeigt es auch, dass die Zahl derer, denen es völlig egal ist, was sie in sich hineinstopfen und wie das zu einem so genannten Lebensmittel geworden ist, nicht mehr so groß ist, wie sie einmal war. Und dass man mit diesem »anderen« Verbraucher inzwischen durchaus auch in einem nennenswerten Umfang Geschäfte machen kann. Manche Marktbeobachter sehen darin nur eine geänderte Ausrichtung der großen Discounter, die sich eben in zunehmendem Maße auch an den Bedürfnissen der Bessergestellten orientieren wollten – schließlich, so heißt es, kaufen 100 Prozent aller Familien mit einem Haushaltsnettoeinkommen über 4000 Euro zumindest ab und zu beim Discounter ein. Und danach richteten sich Aldi, Lidl, Plus und Penny eben auch.

Das alleine kann es freilich nicht sein, denn der Markt für Bioware wuchs allein im Jahr 2005 um 16 Prozent, im Gegensatz zu den Familien mit einem hohen Haushaltseinkommen. Es muss also etwas mit der Akzeptanz beim Verbraucher, mit den Wünschen des Konsumenten zu tun haben, der inzwischen halt doch bewusster einkauft, als man gemeinhin meint, und vielleicht doch lieber mal weniger Fleisch isst, dafür aber besseres, und es mit Gemüse ähnlich hält. Denn auch da ist es ja nicht viel anders: Mit schöner Regelmäßigkeit gibt etwa *Greenpeace* die Ergebnisse seiner Kontrollen in Supermärkten bekannt, was die Belastung mit Schadstoffen und Pestiziden angeht. Und fast alle halbe Jahre trifft es eine andere Kette. Mal schneidet der Salat bei Lidl schlecht ab, dann der bei Edeka, nächstes Mal ist Rewe dran und so weiter. Beim Verbraucher bleibt nach einiger Zeit der nicht ganz falsche Eindruck zurück, er könne sich eigentlich auf fast gar nichts mehr verlassen. Das stimmt insofern, als die großen Ketten die Zulieferer mit den belasteten Produkten halt nach den Tests schnell aus dem Sortiment werfen und woanders einkaufen. So lange, bis sich auch dort wieder etwas findet, weil es eben nicht nur am einzelnen Zulieferer liegt, sondern am gesamten System.

Das weiß inzwischen ein gar nicht mehr so geringer Prozentsatz der Bevölkerung. Mag sein, dass da gewisse Modetrends mitspielen. In den USA ist es längst auch in Hollywood schick geworden, sich als »Loha« zu outen, als jemand, der einen »Lifestyle of Health and Sustainability« pflegt, also eine gesunde und nachhaltige Lebensweise. Filmstars fahren umweltfreundliche Autos, ziehen ökologisch und politisch korrekt produzierte Mode an, lassen Solarzellen auf den Dächern ihrer Villen anbringen – und gelten damit nicht mehr als Spinner, sondern als Trendsetter. In Großbritannien ist die Bewegung »We Are What We Do« (Wir sind, was wir tun) entstanden, die es mittlerweile auch in Deutschland mit einer eigenen Website gibt. Darauf findet der Verbraucher Tipps, wie man mit kleinen Aktionen etwas bewirken kann – unter anderem auch, indem man regionale Waren kauft. Und ebenfalls in England schrieb der Journalist Leo Hickman ein Buch, in dem es darum geht, wie man es schaffen kann, ein »ethisch korrektes Leben« zu führen, und zwar in jeder Hinsicht: vom Einkaufen bis zur Geldanlage. Es wurde zum Bestseller und hat in Großbritannien eine breite Diskussion darüber angestoßen, was der einzelne Konsument tun kann.

In Deutschland ist zwar noch keine breite Bewegung zu erkennen, aber das Schlagwort vom »mündigen Konsumenten« sagt inzwischen nicht mehr nur ein paar Insidern etwas. So wurde der österreichische Dokumentarfilm *We feed the World* zum Kinoerfolg – ein Film, der auf zum Teil sehr aufrüttelnde Art den verschlungenen Wegen der Nahrungsproduktion nachspürt und die Perversion industrieller Tier- und Pflanzenzucht deutlich aufzeigt, indem er sie einfach nur abbildet. Ebenso ist im Jahr 2006 gleich eine ganze Reihe von Büchern erschienen, die sich damit beschäftigen, wie die freie Entscheidung des Einzelnen beim Einkauf auch politisch und gesellschaftlich etwas bewirken kann. Offenkundig besteht ein Bedürfnis bei einem gar nicht so kleinen Teil der Verbraucher, Aufklärung zu erhalten darüber, wo die Waren im Supermarkt herkommen, unter welchen Bedingungen sie hergestellt werden und was man tun kann, um die schlimmsten Auswüchse und Fehlentwicklungen zu verhindern oder sie doch wenigstens nicht zu unterstützen durch die eigene Kaufentscheidung.

Es hat sich offenbar herumgesprochen, dass skandalöse Produktionsweisen nicht nur in der industrialisierten Landwirtschaft üblich sind und dass es mit dem Käfigei noch lange nicht sein Bewenden hat. Man sieht es ja vor der eigenen Haustür: wenn der kleine Lebensmittelladen dichtmachen muss, weil sich ein weiterer Großdiscounter angesiedelt hat, beispielsweise. Und man kann inzwischen erfreut feststellen, dass der Zusammenhang bei vielen Käufern durchaus auch erkannt wird. In Bayern, wo es das Instrument des Bürgerbegehrens und des Bürgerentscheids gibt, haben inzwischen gleich mehrere solcher Entscheide stattgefunden mit dem Ergebnis, dass ein neuer Großdiscounter verhindert werden konnte. Es ist also offensichtlich so, dass ein nicht unerheblicher Teil der Bevölkerung sich nicht von Niedrigpreisen blenden lässt und dazu bereit ist, in einer vordergründig so banalen Frage, ob ein neuer Supermarkt gebaut werden soll oder nicht, eine verantwortliche Entscheidung zu treffen.

Und man sieht es immer wieder in den Fernsehnachrichten oder in der Tageszeitung. Wenn Electrolux sein Waschmaschinenwerk in Nürnberg dichtmacht und 1750 Arbeiter plötzlich auf der Straße stehen, weil die Produktion zum überwiegenden Teil wegen der viel niedrigeren Löhne nach Polen verlagert wird. Oder wenn man erfährt, dass die Handy-Sparte von Siemens an einen thailändischen Konzern verkauft wurde, der die deutschen Produktionsstätten ein Jahr später ganz einfach schließt, weil man die Mobiltelefone in Asien natürlich viel billiger zusammenbauen kann. Da mag dann der bayerische Wirtschaftsminister Erwin Huber die Verbraucher zum Stützungskauf von in Deutschland hergestellten Handys aufrufen – grundsätzlich ja ein schöner Gedanke, der aber leider wohl an den Realitäten der Globalisierung ziemlich meilenweit vorbeigeht. Jedenfalls könnte aber doch dem einen oder anderen, dem es bisher noch nicht aufgegangen ist, klar werden, was es mit niedrigen Preisen für elektrische und elektronische Produkte so auf sich hat.

Was die Arbeitsbedingungen bei den Discountern selbst angeht, so galten die zwar noch nie als besonders fortschrittlich und sozial. Seit etwa zwei Jahren sind sie aber noch einmal verstärkt ins Blickfeld der Öffentlichkeit gerückt. Das liegt vor allem an der groß angelegten Kampagne, die von der Gewerkschaft Verdi gegen Lidl gestartet wurde und die Unterstützung und Widerhall bei vielen anderen gesellschaftlichen Gruppen gefunden hat, unter anderem auch bei Attac. Zahlreiche Presseberichte und einige Fernsehmagazine griffen das Thema auf, und der Gewerkschaft gelang es auch, Prominente aus Politik und Wirtschaft als Unterstützer zu gewinnen. Auf das erste *Schwarz-Buch Lidl* folgte im Sommer 2006 ein zweites, das sich mit dem Auslandsengagement der Schwarz-Gruppe befasste. Das Echo auf die gesamte Kampagne war gewaltig, und eigentlich hat die Gewerkschaft in diesem Fall wirklich alles richtig gemacht: von der Konzentration auf einen exemplarischen Hauptgegner – denn im Grunde geht es Verdi natürlich um die Verbesserung der Arbeitsbedingungen bei allen Discountern – bis hin zur Kooperation mit zahlreichen anderen gesellschaftlichen Gruppen. Allein: In wenigen Monaten ist da offenbar wenig zu machen, die Erfolge der Gewerkschaft halten sich insofern in Grenzen, als es bei Lidl noch immer nur sehr wenige Betriebsräte gibt; gerade mal vier waren es zur Jahresmitte 2006 in den mehr als 2700 Filialen in Deutschland. Immerhin, Lidl sah sich anscheinend unter Druck gesetzt. Das Führungspersonal, so heißt es, habe die Anweisung erhalten, mit den Beschäftigten nicht mehr ganz so streng umzugehen. Zudem hatte man zeitweise eine PR-Agentur engagiert, die das Firmenimage ein wenig aufpolieren und den Kontakt zur Presse verbessern sollte.

Auch die Aufnahme von Produkten aus fairem Handel – Lidl führt seit Sommer 2006 auch einige Waren des gemeinnützigen Vereins TransFair in seinem Sortiment – darf man wohl getrost auf diesem Hintergrund sehen. Wer so mit seinem Personal umspringt, wie es die Schwarz-Gruppe tut, soll plötzlich sein soziales Gewissen entdecken, wenn es um die Ausbeutung von Landarbeitern, etwa in Lateinamerika, geht? Doch immerhin, die durchsichtige Aktion hat ein wenig auch ihr Gutes – Waren aus fairem Handel kommen dorthin, wo sie eigentlich auch hingehören: ins Angebot für eine breite Schicht der Bevölkerung.

Was die damit macht, ist wiederum eine andere Geschichte. Aber alles in allem scheint sich etwas zu regen unter den Konsumenten im Lande. Und das macht doch Hoffnung, dass der Billig-Trend gestoppt werden kann und der wahre Wert der Waren eines Tages wieder mehr Gewicht erhält, als es derzeit noch der Fall ist.

München, im Oktober 2006

Literatur

Angres, Volker, Claus-Peter Hutter, Lutz Ribbe: *Futter fürs Volk – Was die Lebensmittelindustrie uns auftischt,* München 2002

Bales, Kevin: *Die neue Sklaverei,* München 2001

Bosshart, David: *Billig – Wie die Lust am Discount Wirtschaft und Gesellschaft verändert,* Heidelberg 2004

Brandes, Dieter: *Die 11 Geheimnisse des Aldi-Erfolgs,* Frankfurt/Main 2003

Brandes, Dieter: *Konsequent einfach – Die Aldi-Erfolgsstory,* München 2001

Gupfinger, Henriette, Gabriele Mraz, Klaus Werner: *Prost Mahlzeit – Essen und Trinken mit gutem Gewissen,* Wien-München 2000

Hamann, Andreas, Gudrun Giese: *Schwarz-Buch Lidl – billig auf Kosten der Beschäftigten,* herausgegeben von Verdi, Berlin 2004

Heusinger, Eva, Tobias Reichert, Klaus Wöldecke: *Einkaufen verändert die Welt,* Stuttgart 2000

Hintermeier, Hannes: *Die Aldi-Welt – Nachforschungen im Reich der Discount-Milliardäre,* München 1998

Kampagne für saubere Kleidung: *Tchibo – jeden Tag eine neue Welt?,* Wuppertal, Februar 2005

Klein, Naomi: *No Logo – Der Kampf der Global Players um Marktmacht,* München 2001

KPMG Deutsche Treuhand Gesellschaft: *Status Quo und Perspektiven im deutschen Lebensmittelhandel,* Köln 2001

Maxeiner, Dirk, Michael Miersch: *Öko-Optimismus,* Düsseldorf 1996

Pötter, Bernhard: *König Kunde ruiniert sein Land,* München 2005

Reinecke, Ingrid, Petra Thorbrietz: *Lügen, Lobbies, Lebensmittel – Wer bestimmt, was Sie essen müssen,* Reinbek 1998

Retail Forward, Inc.: *The Age of Wal-Mart,* Columbus, Ohio, August 2002

Schmidt, Götz, Ulrich Jasper: *Agrarwende oder die Zukunft unserer Ernährung,* München 2001

Südwind e.V.: *Nähen für den Weltmarkt – Frauenarbeit in Freien Export-zonen und der Schattenwirtschaft,* Siegburg, Januar 2005

Ulfkotte, Udo: *So lügen Journalisten – Der Kampf um Quote und Auflage,* München 2001

Werner, Klaus, Hans Weiss: *Schwarzbuch Markenfirmen,* Wien/Frankfurt 2001

Artikel

Anfang, Gerrit: »Untergang der Mangroven – Garnelenzucht bedroht un-ersetzliche Ökosysteme«, *Robin Wood Magazin* 1/97, S. 28 ff.

Barboza, David: »China Prepares to Clothe the Planet«, *New York Times European Supplement* vom 3. Januar 2005, S. 1 und 4

Behrens, Chrischan: »Zielstrebigkeit zahlt sich aus«, *Positive News,* www.gilthserano.de

Bitala, Michael: »Kontinent der verkauften Kinder«, *Süddeutsche Zeitung* vom 18. April 2001, S. 2

Böhm, Michaela: »Zustände wie im 19. Jahrhundert«, *Frankfurter Rund-schau* vom 14. Februar 2004, S. 33

Brück, Mario: »Erste Konturen«, *Wirtschaftswoche* vom 29. Januar 2004, S. 48

Dembowski, Hans: »Preiskampf per Mausklick«, *Frankfurter Rundschau* vom 18. Mai 2002

Giard, Sönke: »Alles hört auf ›de Gaulles‹ Kommando«, *Der Standard* vom 7. Oktober 2000, auch veröffentlicht unter dem Titel »Die Kin-dersklaven von Mali«, *Welt am Sonntag* vom 22. April 2001, S. 13

Grüttner, Anna, Marcus Pfeil: »Die Orangen-Dynastie«, *Die Zeit* vom 11. Dezember 2003, S. 30

Hartz, Peter: »Geiz ist nicht mehr ›geil‹«, *ADAC Motorwelt* 11/2004, S. 48

Hawksley, Humphrey: »Meeting the ›chocolate slaves‹«, *BBC News on-line* vom 13. Juni 2002, http://news.bbc.co.uk/1/low/world/Africa/2042474.stm

Hielscher, Hans, Jimo Hakeem: »Blutiger Kakao«, *Der Spiegel,* 23. April 2001, S. 176

Hielscher, Henryk: »Die billige Tour«, *Stern* 51/2004, S. 162

Hummel, Thomas: »Milch fließt in die Güllegrube«, *Süddeutsche Zeitung (Dachauer Neueste Nachrichten)* vom 30. März 2004

Kastner, Bernd: »Zwischen den Regalen herrscht Angst«, *Süddeutsche Zeitung* vom 14. November 2003, S. 47

Kastner, Bernd: »Schutz vor Schikanen – Aldi-Mitarbeiter werfen Marktleiter Mobbing vor und wollen Betriebsrat kündigen«, *Süddeutsche Zeitung* vom 8. April 2004, S. 45

Kastner, Bernd: »Aldi-Angestellte lehnen Betriebsrat ab«, *Süddeutsche Zeitung* vom 30. April 2004

Keun, Christian, Karsten Langer: »Knüppeln, knausern, kontrollieren«, *manager-magazin.de,* 4. Dezember 2003

Klusmann, Steffen, Petra Schlitt: »Angriff des Super-Krämers«, *Manager Magazin* 9/2003, S. 38 ff.

Lange, Fabian und Cornelius: »Der niedrigste Preis und seine Schattenseiten«, *Die Zeit* vom 12. Dezember 2002

Mayer-Kuckuk, Finn: »Rabatt-Aktionen geraten in die Kritik«, *Süddeutsche Zeitung* vom 7. Januar 2005, S. 18

Obertreis, Rolf, Angela Giese: »McKinsey räumt im Supermarkt auf«, *Nürnberger Nachrichten* vom 19. Februar 2004, S. 21

Peitsmeier, Henning, Thimo Heeg: »Die Discounter unter Druck«, *Frankfurter Allgemeine Sonntagszeitung* vom 12. Dezember 2004, S. 35

Pötter, Bernhard: »Bei Aldi gehen die Eierpreise in Bodenhaltung«, *tageszeitung* vom 21. August 2004, S. 8

Preuß, Susanne: »Schlecker plant 1000 neue Märkte in diesem Jahr«, *Frankfurter Allgemeine Zeitung* vom 13. Januar 2004, S. 20

Queck, Matthias, Hans-Jürgen Schulz: »Kontrollierte Offensive bei Norma«, *Lebensmittel-Zeitung* online vom 8. Juli 2004

Rickens, Christian: »Wahre Härte«, *Manager Magazin* vom 1. Dezember 2003, S. 180 ff.

Sautter, Ulrich: »Glauben Sie ja nicht, was Sie vor sich haben«, *Wein-Gourmet* 1/2005, S. 58 ff.

Schallenberg, Jörg: »Betriebsrat? Nicht bei Aldi«, *tageszeitung* vom 28. April 2004, S. 3

Schmidt, Matthias: »Jeder Cent an Kosten ist ein Cent zu viel«, *Stuttgarter Zeitung* vom 28. März 2003, S. 13

Schmidt, Matthias: »Nehmen wir doch den Tischwein«, *Stuttgarter Zeitung* online vom 12. April 2003

Steinberger, Karin: »Ein Herr Schwarz aus Neckarsulm«, *Süddeutsche Zeitung* vom 29. November 2003, S. 3

Stiftung Warentest: »Qualität wäre geil«, *Test* 11/2004, S. 66 ff.

Schmitt, Jörg: »Altes Fleisch in neuen Folien«, *Der Spiegel* vom 21. März 2005, S. 58

Thiede, Meite: »Discount funktioniert auch für Bioware«, *Süddeutsche Zeitung* vom 7. Januar 2005, S. 21

Artikel ohne Autorenangaben

»Geiz macht arm«, *Der Spiegel* vom 13. Dezember 2004, S. 83

»Ohne Moos nix los«, *Focus* vom 28. April 1997, S. 292

»Die ungleichen Brüder«, *Handelsblatt-Online* vom 17. August 2004

»Der Geheimnis-Krämer«, *Focus* vom 23. August 2004, S. 146 ff.

»Aldi Süd düpiert den großen Bruder«, *Lebensmittel-Zeitung* vom 3. November 2000, S. 4

»Chef des Drogerie-Imperiums Schlecker wird 60«, *Wirtschaftsblatt online* vom 22. Oktober 2004

»Teure Miete fürs Regal«, *Der Spiegel* vom 24. Juni 1996, S. 94 ff.

»Herbe Kritik am deutschen Handel«, *Lebensmittel-Zeitung* vom 29. Juni 2000

Greenpeace-Magazin 2/05 vom 28. Februar 2005, S. 4

»Geflügel hat noch Absatzpotential«, *Frankfurter Allgemeine Zeitung* vom 20. Februar 2004, S. 18

»Aldi: Hinter den Kulissen des Discounters«, *stern.de* vom 16. Dezember 2002

»Die Jobmacher«, *Focus* vom 27. April 1998, S. 248 ff.

»Düstere Aussichten«, *Der Spiegel* vom 5. Februar 2005, S. 69

Anmerkungen

1 *Rendezvous unterm Nierentisch – Die Wirtschaftswunderrolle,* Deutschland 1987; Regie: Manfred Breuersbrock, Wolfgang Dresler, Dieter Fietzke

2 dpa vom 16. März 2005

3 Hannes Hintermeier: *Die Aldi-Welt – Nachforschungen im Reich der Discount-Milliardäre,* München 1998, S. 217 f.

4 ebd., S. 208 ff.

5 Andreas Hamann, Gudrun Giese: *Schwarz-Buch Lidl,* S. 7

6 ebd., S. 9

7 Wal-Mart steht auf Nummer eins der Rangliste großer Wirtschaftsunternehmen, die vom amerikanischen Wirtschaftsmagazin *Fortune* Jahr für Jahr erstellt wird

8 *Lebensmittel-Zeitung* vom 4. September 1975, zit. nach Brandes, *Konsequent einfach,* S. 19 ff.

9 Andreas Hamann, Gudrun Giese: *Schwarz-Buch Lidl,* S. 13

10 ebd.

11 Die Darstellung folgt dem Artikel im *Manager Magazin* vom 15. August 2003

12 Finn Mayer-Kuckuk: »Rabatt-Aktionen geraten in die Kritik«, *Süddeutsche Zeitung* vom 7. Januar 2005, S. 18

13 Fabian und Cornelius Lange: »Der niedrigste Preis und seine Schattenseiten«, *Die Zeit* vom 12. Dezember 2002

14 Die Grundprämie beträgt in der ganzen EU einheitlich 0,815 Cent pro Liter für 2004, 1,631 Cent für 2005 und 2,449 Cent für die folgenden Jahre; die Ergänzungsprämie wird jährlich neu festgesetzt und ist je nach Mitgliedsland unterschiedlich. 2004 betrug sie in Deutschland 0,367 Cent je Liter.

15 Bundesverfassungsgericht, 2. Senat, Urteil vom 6. Juni 1999. Zit. nach Volker Angres, Claus-Peter Hutter, Lutz Ribbe: *Futter fürs Volk – Was die Lebensmittelindustrie uns auftischt,* München 2002, S. 171 ff.

16 Zit. nach Volker Angres, Claus-Peter Hutter, Lutz Ribbe: *Futter fürs Volk – Was die Lebensmittelindustrie uns auftischt,* München 2002, S. 177. Agrarindustrie in Deutschland – Beteiligungsverhältnisse und Marktanteile am Beispiel großer Unternehmen der Legehennen- und Mastschweinhaltung, Studie im Auftrag des Bund Naturschutz, Oktober 1998

17 Die Rechnung folgt im Wesentlichen den Angaben im *FAZ*-Bericht »Geflügel hat noch Absatzpotential« vom 20. Februar 2004 und den Angaben in Volker Angres, Claus-Peter Hutter, Lutz Ribbe: *Futter fürs Volk – Was die Lebensmittelindustrie uns auftischt,* München 2002, S. 185 und 189 f.

18 www.but.co.uk

19 Seit Dezember 2004 waren die Netto-Discounter Tochtergesellschaften der französischen Handelskette ITM Entreprises S.A., die aber bereits seit 1997 Mehrheitsaktionär der Spar AG gewesen ist und sowohl Spar als auch Netto im April 2005 an die Edeka AG verkaufte

20 Bernd Kastner: »Aldi-Angestellte lehnen Betriebsrat ab«, *Süddeutsche Zeitung* vom 30. April 2004

21 Andreas Hamann, Gudrun Giese: *Schwarz-Buch Lidl,* S. 65 ff.

22 Aktenzeichen 7 ABR 45/01, Entscheidung vom 27. November 2002

23 Die Alianca wurde eine der bedeutendsten Reedereien Brasiliens. 1998 verkaufte die Familie Fischer das Unternehmen für 50 Millionen Euro an die Reederei Hamburg Süd. Alle Angaben lt. Anna Grüttner und Marcus Pfeil: »Die Orangen-Dynastie«, *Die Zeit* vom 11. Dezember 2003, S. 30

24 »Schutz vor Schleppern«, *Terre des Hommes,* 9/2000

25 Kevin Bales: *Die neue Sklaverei,* München 2001

26 Alle Angaben nach David Barboza: »China Prepares to Clothe the Planet«, *New York Times European Supplement* vom 3. Januar 2005, S. 1 und 4

27 Zit. nach Südwind e.V.: *Nähen für den Weltmarkt,* S. 20 ff.

28 Retail Forward, Inc.: *The Age of Wal-Mart,* Columbus, Ohio, August 2002